# TRANZLATY

## La lingua è per tutti

اللغة للجميع

# Il richiamo della foresta

نداء البرية

## Jack London
جاك لندن

Italiano / العربية

## Nel primitivo
### إلى البدائية

**Buck non leggeva i giornali.**

لم يقرأ باك الصحف.

**Se avesse letto i giornali avrebbe saputo che i guai si stavano avvicinando.**

لو كان قد قرأ الصحف لكان قد عرف أن المشاكل كانت تلوح في الأفق.

**Non erano guai solo per lui, ma per tutti i cani da caccia.**

لم تكن هناك مشكلة بالنسبة له وحده، بل بالنسبة لكل كلب من كلاب المد والجزر.

**Ogni cane con muscoli forti e pelo lungo e caldo sarebbe stato nei guai.**

كل كلب قوي العضلات وذو شعر طويل ودافئ سيكون في ورطة.

**Da Puget Bay a San Diego nessun cane poteva sfuggire a ciò che stava per accadere.**

من خليج بوغيت إلى سان دييغو لم يتمكن أي كلب من الهروب مما كان قادمًا.

**Gli uomini, brancolando nell'oscurità artica, avevano trovato un metallo giallo.**

كان الرجال يبحثون في ظلام القطب الشمالي عن معدن أصفر.

**Le compagnie di navigazione a vapore e di trasporto erano alla ricerca della scoperta.**

وكانت شركات السفن البخارية والنقل تلاحق الاكتشاف.

**Migliaia di uomini si riversarono nel Nord.**

كان الآلاف من الرجال يتدفقون إلى الشمال.

**Questi uomini volevano dei cani, e i cani che volevano erano cani pesanti.**

أراد هؤلاء الرجال كلابًا، وكانت الكلاب التي أرادوها كلابًا ثقيلة.

**Cani dotati di muscoli forti per lavorare duro.**

الكلاب ذات العضلات القوية التي يمكنها العمل بها.

**Cani con il pelo folto che li protegge dal gelo.**

كلاب ذات معاطف فروية لحمايتها من الصقيع.

**Buck viveva in una grande casa nella soleggiata Santa Clara Valley.**

عاش باك في منزل كبير في وادي سانتا كلارا المشمس.

La casa del giudice Miller era chiamata così.

مكان القاضي ميلر، كان يسمى منزله.

La sua casa era nascosta tra gli alberi, lontana dalla strada.

كان منزله بعيدًا عن الطريق، مخفيًا جزئيًا بين الأشجار.

Si poteva intravedere l'ampia veranda che circondava la casa.

كان من الممكن إلقاء نظرة خاطفة على الشرفة الواسعة التي تحيط بالمنزل.

Si accedeva alla casa tramite vialetti ghiaiosi.

تم الوصول إلى المنزل عبر ممرات مرصوفة بالحصى.

I sentieri si snodavano attraverso ampi prati.

تتعرج المسارات عبر المروج الواسعة.

In alto si intrecciavano i rami degli alti pioppi.

في الأعلى كانت هناك أغصان متشابكة من أشجار الحور الطويلة.

Nella parte posteriore della casa le cose erano ancora più spaziose.

في الجزء الخلفي من المنزل كانت الأمور أكثر اتساعًا.

C'erano grandi scuderie, dove una dozzina di stallieri chiacchieravano

كانت هناك اسطبلات رائعة، حيث كان هناك عشرة من العرسان يتحادثون

C'erano file di cottage per i servi ricoperti di vite

كانت هناك صفوف من أكواخ الخدم المغطاة بالكروم

E c'era una serie infinita e ordinata di latrine

وكان هناك مجموعة لا نهاية لها ومنظمة من المراحيض الخارجية

Lunghi pergolati d'uva, pascoli verdi, frutteti e campi di bacche.

شرفات العنب الطويلة، والمراعي الخضراء، والبساتين، وبقع التوت.

Poi c'era l'impianto di pompaggio per il pozzo artesiano.

وبعد ذلك كانت هناك محطة الضخ للبئر الارتوازي.

E c'era la grande cisterna di cemento piena d'acqua.

وكان هناك خزان الأسمنت الكبير المملوء بالماء.

Qui i ragazzi del giudice Miller hanno fatto il loro tuffo mattutino.

هنا أخذ أولاد القاضي ميلر غطستهم الصباحية.

E lì si rinfrescavano anche nel caldo pomeriggio.

وتبردوا هناك في فترة ما بعد الظهر الحارة أيضًا.

E su questo grande dominio, Buck era colui che lo governava tutto.

وعلى هذا النطاق العظيم، كان باك هو الذي يحكم كل ذلك.

Buck nacque su questa terra e visse qui tutti i suoi quattro anni.

وُلِد باك على هذه الأرض وعاش هنا طوال سنواته الأربع.

C'erano effettivamente altri cani, ma non avevano molta importanza.

لقد كانت هناك بالفعل كلاب أخرى، لكنها لم تكن ذات أهمية حقيقية.

In un posto vasto come questo ci si aspettava la presenza di altri cani.

كان من المتوقع وجود كلاب أخرى في مكان واسع مثل هذا.

Questi cani andavano e venivano oppure vivevano nei canili affollati.

جاءت هذه الكلاب وذهبت، أو عاشت داخل بيوت الكلاب المزدحمة.

Alcuni cani vivevano nascosti in casa, come Toots e Ysabel.

بعض الكلاب عاشت مختبئة في المنزل، مثل توتس وإيزابيل.

Toots era un carlino giapponese, Ysabel una cagnolina messicana senza pelo.

كان توتس كلبًا من فصيلة البج اليابانية، بينما كانت إيزابيل كلبة مكسيكية أصلع.

Queste strane creature raramente uscivano di casa.

نادرًا ما كانت هذه المخلوقات الغريبة تخرج من المنزل.

Non toccarono terra né annusarono l'aria esterna.

لم يلمسوا الأرض، ولم يشتموا الهواء الطلق في الخارج.

C'erano anche i fox terrier, almeno una ventina.

وكان هناك أيضًا كلاب فوكس تيرير، وكان عددها عشرين على الأقل.

Questi terrier abbaiavano ferocemente a Toots e Ysabel in casa.

نبح هؤلاء الكلاب بشدة على توتس وإيزابيل في الداخل.

Toots e Ysabel rimasero dietro le finestre, al sicuro da ogni pericolo.

بقيت توتس وإيزابيل خلف النوافذ، في مأمن من الأذى.

Erano sorvegliati da domestiche armate di scope e stracci.

وكانوا تحت حراسة الخادمات بالمكانس والمماسح.

Ma Buck non era un cane da casa e nemmeno da canile.

لكن باك لم يكن كلبًا منزليًا، ولم يكن كلبًا بيتيًا أيضًا.

L'intera proprietà apparteneva a Buck come suo legittimo regno.

كانت الممتلكات بأكملها مملوكة لباك باعتبارها مملكته الشرعية.

Buck nuotava nella vasca o andava a caccia con i figli del giudice.

كان الغزال يسبح في الخزان أو يذهب للصيد مع أبناء القاضي.

Camminava con Mollie e Alice nelle prime ore del mattino o tardi.

كان يمشي مع مولي وأليس في الساعات الأولى أو المتأخرة.

Nelle notti fredde si sdraiava davanti al fuoco della biblioteca insieme al giudice.

وفي الليالي الباردة كان يرقد أمام نار المكتبة مع القاضي.

Buck accompagnava i nipoti del giudice sulla sua robusta schiena.

قام باك بنقل أحفاد القاضي على ظهره القوي.

Si rotolava nell'erba insieme ai ragazzi, sorvegliandoli da vicino.

كان يتدحرج في العشب مع الأولاد، ويحرسهم عن كثب.

Si avventurarono fino alla fontana e addirittura oltre i campi di bacche.

لقد ذهبوا إلى النافورة وحتى حقول التوت.

Tra i fox terrier, Buck camminava sempre con orgoglio regale.

بين كلاب فوكس تيرير، كان باك يمشي بفخر ملكي دائمًا.

Ignorò Toots e Ysabel, trattandoli come se fossero aria.

لقد تجاهل توتس وإيزابيل، وعاملهما كما لو كانا هواءً.

Buck governava tutte le creature viventi sulla terra del giudice Miller.

كان باك يحكم كل الكائنات الحية على أرض القاضي ميلر.

Dominava gli animali, gli insetti, gli uccelli e perfino gli esseri umani.

لقد حكم الحيوانات والحشرات والطيور وحتى البشر.

Il padre di Buck, Elmo, era un enorme e fedele San Bernardo.

كان والد باك إلمو كلبًا كبيرًا من نوع سانت برنارد ومخلصًا.

Elmo non si allontanò mai dal Giudice e lo servì fedelmente.

لم يترك إلمو جانب القاضي أبدًا، وخدمه بإخلاص.

Buck sembrava pronto a seguire il nobile esempio del padre.

وبدا باك مستعدًا لاتباع مثال والده النبيل.

Buck non era altrettanto grande: pesava sessanta chili.

لم يكن باك كبيرًا تمامًا، إذ كان وزنه مائة وأربعين رطلاً.

Sua madre, Shep, era una splendida cagnolina da pastore scozzese.

كانت والدته، شيب، كلبة راعية اسكتلندية رائعة.

Ma nonostante il suo peso, Buck camminava con una presenza regale.

ولكن حتى مع هذا الوزن، كان باك يمشي بحضور ملكي.

Ciò derivava dal buon cibo e dal rispetto che riceveva sempre.

جاء هذا من خلال الطعام الجيد والاحترام الذي يحظى به دائمًا.

Per quattro anni Buck aveva vissuto come un nobile viziato.

لقد عاش باك لمدة أربع سنوات مثل النبيل المدلل.

Era orgoglioso di sé stesso e perfino un po' egocentrico.

لقد كان فخوراً بنفسه، وحتى أنانياً بعض الشيء.

Quel tipo di orgoglio era comune tra i signori delle campagne remote.

كان هذا النوع من الفخر شائعًا بين أمراء المناطق النائية.

Ma Buck si salvò dal diventare un cane domestico viziato.

لكن باك أنقذ نفسه من أن يصبح كلبًا مدللًا في المنزل.

Rimase snello e forte grazie alla caccia e all'esercizio fisico.

لقد ظل نحيفًا وقويًا من خلال الصيد وممارسة الرياضة.

Amava profondamente l'acqua, come chi si bagna nei laghi freddi.

كان يحب الماء بشدة، مثل الأشخاص الذين يستحمون في البحيرات الباردة.

Questo amore per l'acqua mantenne Buck forte e molto sano.

لقد ساعد هذا الحب للماء على البقاء باك قويًا وصحيًا للغاية.

Questo era il cane che Buck era diventato nell'autunno del 1897.

كان هذا هو الكلب الذي أصبح عليه باك في خريف عام 1897.

Quando lo sciopero del Klondike spinse gli uomini verso il gelido Nord.

عندما دفعت ضربة كلوندايك الرجال إلى الشمال المتجمد.

Da ogni parte del mondo la gente accorse in massa verso la fredda terra.

هرع الناس من جميع أنحاء العالم إلى الأرض الباردة.

Buck, tuttavia, non leggeva i giornali e non capiva le notizie.

لكن باك لم يقرأ الصحف ولم يفهم الأخبار.

Non sapeva che Manuel fosse una persona cattiva con cui stare.

لم يكن يعلم أن مانويل رجل سيء للتعامل معه.

Manuel, che aiutava in giardino, aveva un grosso problema.

مانويل، الذي كان يساعد في الحديقة، كان يعاني من مشكلة عميقة.

Manuel era dipendente dal gioco d'azzardo alla lotteria cinese.

كان مانويل مدمنًا على القمار في اليانصيب الصيني.

Credeva fermamente anche in un sistema fisso per vincere.

وكان يؤمن أيضًا بشدة بوجود نظام ثابت للفوز.

Questa convinzione rese il suo fallimento certo e inevitabile.

وهذا الاعتقاد جعل فشله مؤكدا ولا مفر منه.

Per giocare con un sistema erano necessari soldi, soldi che a Manuel mancavano.

يتطلب اللعب بنظام ما المال، وهو ما كان يفتقر إليه مانويل.

Il suo stipendio bastava a malapena a sostenere la moglie e i numerosi figli.

كان راتبه بالكاد يكفي زوجته وأطفاله الكثيرين.

La notte in cui Manuel tradì Buck, tutto era normale.

في الليلة التي خان فيها مانويل باك، كانت الأمور طبيعية.

Il giudice si trovava a una riunione dell'Associazione dei coltivatori di uva passa.

وكان القاضي حاضرا في اجتماع جمعية مزارعي الزبيب.

A quel tempo i figli del giudice erano impegnati a fondare un club sportivo.

وكان أبناء القاضي منشغلين آنذاك بتأسيس نادي رياضي.

Nessuno vide Manuel e Buck uscire dal frutteto.

لم يشاهد أحد مانويل وبوك يغادران البستان.

Buck pensava che questa fosse solo una semplice passeggiata notturna.

اعتقد باك أن هذه الرحلة كانت مجرد نزهة ليلية بسيطة.

Incontrarono un solo uomo alla stazione della bandiera, a College Park.

لقد التقوا برجل واحد فقط في محطة العلم، في كوليدج بارك.

Quell'uomo parlò con Manuel e si scambiarono i soldi.

وتحدث ذلك الرجل مع مانويل، وتبادلا الأموال. .

"Imballa la merce prima di consegnarla", suggerì.

قم بتغليف البضائع قبل تسليمها"، اقترح-"

La voce dell'uomo era roca e impaziente mentre parlava.

كان صوت الرجل خشنًا وغير صبور أثناء حديثه.

Manuel legò con cura una corda spessa attorno al collo di Buck.

قام مانويل بربط حبل سميك حول رقبة باك بعناية.

"Se giri la corda, lo strangolerai di brutto"

"لف الحبل، وسوف تخنقه كثيرًا"

Lo straniero emise un grugnito, dimostrando di aver capito bene.

أطلق الغريب أنينًا، مما يدل على أنه فهم جيدًا.

Quel giorno Buck accettò la corda con calma e silenziosa dignità.

لقد تقبل باك الحبل بهدوء وكرامة في ذلك اليوم.

Era un atto insolito, ma Buck si fidava degli uomini che conosceva.

لقد كان هذا تصرفًا غير عادي، لكن باك كان يثق بالرجال الذين يعرفهم.

Credeva che la loro saggezza andasse ben oltre il suo pensiero.

كان يعتقد أن حكمتهم كانت أبعد بكثير من تفكيره.

Ma poi la corda venne consegnata nelle mani dello straniero.

ولكن بعد ذلك تم تسليم الحبل إلى يد الغريب.

Buck emise un ringhio basso che suonava come un avvertimento e una minaccia silenziosa.

أطلق باك هديرًا منخفضًا حذر من خلال التهديد الهادئ.

Era orgoglioso e autoritario e intendeva mostrare il suo disappunto.

لقد كان فخوراً ومتسلطاً، وكان ينوي أن يُظهر استياءه.

Buck credeva che il suo avvertimento sarebbe stato interpretato come un ordine.

اعتقد باك أن تحذيره سوف يُفهم على أنه أمر.

Con suo grande stupore, la corda si strinse rapidamente attorno al suo grosso collo.

لقد صدم عندما شدّ الحبل بسرعة حول رقبته السميكة.

Gli mancò l'aria e cominciò a lottare in preda a una rabbia improvvisa.

انقطع عنه الهواء وبدأ بالقتال في غضب مفاجئ.

Si lanciò verso l'uomo, che si lanciò rapidamente contro Buck a mezz'aria.

اندفع نحو الرجل، الذي التقى بسرعة بباك في الهواء.

L'uomo afferrò Buck per la gola e lo fece ruotare abilmente in aria.

أمسك الرجل بحلق باك وقام بلفه في الهواء بمهارة.

Buck venne scaraventato a terra con violenza, atterrando sulla schiena.

تم إلقاء باك بقوة، وهبط على ظهره.

La corda ora lo strangolava crudelmente mentre lui scalciava selvaggiamente.

الآن خنقه الحبل بقسوة بينما كان يركل بعنف.

La sua lingua cadde fuori, il suo petto si sollevò, ma non riprese fiato.

سقط لسانه، وارتفع صدره، لكنه لم يلتقط أنفاسه.

Non era mai stato trattato con tanta violenza in vita sua.

لم يتم التعامل معه بمثل هذا العنف في حياته.

Non era mai stato così profondamente invaso da una rabbia così profonda.

ولم يسبق له أن امتلأ بمثل هذا الغضب العميق من قبل.

Ma il potere di Buck svanì e i suoi occhi diventarono vitrei.

لكن قوة باك تلاشت، وتحولت عيناه إلى زجاجيتين.

Svenne proprio mentre un treno veniva fermato lì vicino.

لقد أغمي عليه عندما تم إيقاف القطار بالقرب منه.

Poi i due uomini lo caricarono velocemente nel vagone bagagli.

ثم ألقاه الرجلان بسرعة في عربة الأمتعة.

La cosa successiva che Buck sentì fu dolore alla lingua gonfia.

الشيء التالي الذي شعر به باك هو الألم في لسانه المتورم.

Si muoveva su un carro traballante, solo vagamente cosciente.

كان يتحرك في عربة تهتز، ولم يكن واعيًا إلا بشكل خافت.

Il fischio acuto di un treno rivelò a Buck la sua posizione.

أخبر صراخ صافرة القطار الحاد باك بمكانه.

Aveva spesso cavalcato con il Giudice e conosceva quella sensazione.

لقد ركب مع القاضي عدة مرات وكان يعرف هذا الشعور.

Fu un'esperienza unica viaggiare di nuovo in un vagone bagagli.

لقد كانت الصدمة الفريدة من نوعها هي السفر في عربة الأمتعة مرة أخرى.

Buck aprì gli occhi e il suo sguardo ardeva di rabbia.

فتح باك عينيه، وكانت نظراته مليئة بالغضب.

Questa era l'ira di un re orgoglioso detronizzato.

كان هذا غضب الملك الفخور الذي تم نزعه عن عرشه.

Un uomo allungò la mano per afferrarlo, ma Buck colpì per primo.

حاول رجل أن يمسك به، لكن باك ضربه أولاً بدلاً من ذلك.

Affondò i denti nella mano dell'uomo e la strinse forte.

غرس أسنانه في يد الرجل وأمسك بها بقوة.

Non mi lasciò andare finché non svenne per la seconda volta.

لم يتركه حتى فقد وعيه للمرة الثانية.

"Sì, ha degli attacchi", borbottò l'uomo al facchino.

نعم، يصاب بنوبات"، تمتم الرجل لحامل الأمتعة."

Il facchino aveva sentito la colluttazione e si era avvicinato.

سمع حامل الأمتعة الصراع وجاء بالقرب.

"Lo porto a Frisco per conto del capo", spiegò l'uomo.

سآخذه إلى فريسكو من أجل الرئيس"، أوضح الرجل."

"C'è un bravo dottore per cani che dice di poterli curare."

"يوجد طبيب كلاب جيد هناك يقول أنه يستطيع علاجهم."

Più tardi quella notte l'uomo raccontò la sua versione completa.

وفي وقت لاحق من تلك الليلة، قدم الرجل روايته الكاملة.

Parlava da un capannone dietro un saloon sul molo.

كان يتحدث من سقيفة خلف صالون على الأرصفة.

"Mi hanno dato solo cinquanta dollari", si lamentò con il gestore del saloon.

كل ما أعطوني هو خمسون دولارًا"، اشتكى إلى صاحب الصالون."

"Non lo rifarei, nemmeno per mille dollari in contanti."

"لن أفعل ذلك مرة أخرى، حتى ولو مقابل ألف نقدًا."

La sua mano destra era strettamente avvolta in un panno insanguinato.

كانت يده اليمنى ملفوفة بإحكام بقطعة قماش ملطخة بالدماء.

La gamba dei suoi pantaloni era completamente strappata dal ginocchio al piede.

كانت ساق بنطاله ممزقة على نطاق واسع من الركبة إلى القدم.

"Quanto è stato pagato l'altro tizio?" chiese il gestore del saloon.

كم حصل صاحب الصالون على أجر؟ "سأل صاحب الصالون."

«Cento», rispose l'uomo, «non ne accetterebbe uno in meno».

مائة"، أجاب الرجل، "لن يقبل بسنتين أقل"."

"Questo fa centocinquanta", disse il gestore del saloon.

هذا يعادل مائة وخمسين"، قال صاحب الصالون."

"E lui li merita tutti, altrimenti non sono meglio di uno stupido."

"وهو يستحق كل هذا العناء، وإلا فلن أكون أفضل من أحمق."

L'uomo aprì gli involucri per esaminarsi la mano.

فتح الرجل الغلافات لفحص يده.

La mano era gravemente graffiata e ricoperta di croste di sangue secco.

كانت اليد ممزقة بشدة ومغطاة بالدماء الجافة.

"Se non mi viene l'idrofobia..." cominciò a dire.

إذا لم أحصل على رهاب الماء ... "بدأ يقول."

"Sarà perché sei nato per impiccarti", giunse una risata.

سيكون ذلك لأنك ولدت لتشنق"، جاء ضحك."

"Aiutami prima di partire", gli chiesero.

تعال ساعدني قبل أن تذهب"، طلب منه."

Buck era stordito dal dolore alla lingua e alla gola.

كان باك في حالة ذهول من الألم في لسانه وحلقه.

Era mezzo strangolato e riusciva a malapena a stare in piedi.

لقد كان مخنوقًا جزئيًا، وبالكاد كان قادرًا على الوقوف منتصبًا.

Ciononostante, Buck cercò di affrontare gli uomini che lo avevano ferito così duramente.

ومع ذلك، حاول باك مواجهة الرجال الذين أذوه كثيرًا.

Ma lo gettarono a terra e lo strangolarono ancora una volta.

لكنهم ألقوه أرضًا وخنقوه مرة أخرى.

Solo allora riuscirono a segargli il pesante collare di ottone.

حينها فقط استطاعوا أن يخلعوا طوقه النحاسي الثقيل.

Tolsero la corda e lo spinsero in una cassa.

قاموا بإزالة الحبل ووضعوه في صندوق.

La cassa era piccola e aveva la forma di una gabbia di ferro grezza.

كان الصندوق صغيرًا وشكله يشبه قفصًا حديديًا خشنًا.

Buck rimase lì per tutta la notte, pieno di rabbia e di orgoglio ferito.

ظل باك ملقى هناك طوال الليل، ممتلئًا بالغضب والكبرياء الجريح.

Non riusciva nemmeno a capire cosa gli stesse succedendo.

لم يكن يستطيع أن يفهم ما كان يحدث له.

Perché quegli strani uomini lo tenevano in quella piccola cassa?

لماذا كان هؤلاء الرجال الغريبون يحتجزونه في هذا الصندوق الصغير؟

Cosa volevano da lui e perché questa crudele prigionia?

ماذا يريدون منه ولماذا هذا الأسر القاسي؟

Sentì una pressione oscura e la sensazione che il disastro si avvicinasse.

لقد شعر بضغط مظلم، وإحساس بالكارثة تقترب.

Era una paura vaga, ma si impadronì pesantemente del suo spirito.

لقد كان خوفًا غامضًا، لكنه استقر بشكل كبير على روحه.

Diverse volte sobbalzò quando la porta del capanno sbatteva.

قفز عدة مرات عندما اهتز باب السقيفة.

Si aspettava che il giudice o i ragazzi apparissero e lo salvassero.

كان يتوقع أن يظهر القاضي أو الأولاد وينقذوه.

Ma ogni volta solo la faccia grassa del gestore del saloon faceva capolino all'interno.

لكن في كل مرة كان وجه صاحب الصالون السمين فقط هو الذي يظهر إلى الداخل.

Il volto dell'uomo era illuminato dalla debole luce di una candela di sego.

كان وجه الرجل مضاءً بضوء خافت من شمعة الشحم.

Ogni volta, il latrato gioioso di Buck si trasformava in un ringhio basso e arrabbiato.

في كل مرة، كان نباح باك المبهج يتغير إلى هدير منخفض وغاضب.

Il gestore del saloon lo ha lasciato solo per la notte nella cassa

تركه صاحب الصالون بمفرده طوال الليل في الصندوق

Ma quando si svegliò la mattina seguente, altri uomini stavano arrivando.

ولكن عندما استيقظ في الصباح كان هناك المزيد من الرجال قادمين.

Arrivarono quattro uomini e, con cautela, sollevarono la cassa senza dire una parola.

جاء أربعة رجال وأخذوا الصندوق بحذر دون أن يقولوا كلمة.

Buck capì subito in quale situazione si trovava.

أدرك باك على الفور الوضع الذي وجد نفسه فيه.

Erano ulteriori tormentatori che doveva combattere e temere.

وكانوا معذبين آخرين كان عليه أن يقاتلهم ويخاف منهم.

Questi uomini apparivano malvagi, trasandati e molto mal curati.

بدا هؤلاء الرجال أشرارًا، رثّين، ومهندمين للغاية.

Buck ringhiò e si lanciò contro di loro con furia attraverso le sbarre.

هدر باك وانقض عليهم بشراسة عبر القضبان.

Si limitarono a ridere e a colpirlo con lunghi bastoni di legno.

لقد ضحكوا فقط وضربوه بالعصي الخشبية الطويلة.

Buck morse i bastoncini, poi capì che era quello che gli piaceva.

عض باك العصي، ثم أدرك أن هذا هو ما يحبونه.

Così si sdraiò in silenzio, imbronciato e acceso da una rabbia silenziosa.

لذلك استلقى بهدوء، متجهمًا ومشتعلًا بالغضب الهادئ.

Caricarono la cassa su un carro e se ne andarono con lui.

رفعوا الصندوق إلى عربة وسافروا به.

La cassa, con Buck chiuso dentro, cambiò spesso proprietario.

كان الصندوق، الذي كان باك محبوسًا بداخله، يتغير من يد إلى أخرى كثيرًا.

Gli impiegati dell'ufficio espresso presero in mano la situazione e si occuparono di lui per un breve periodo.

تولى موظفو مكتب البريد السريع المسؤولية وتعاملوا معه لفترة وجيزة.

Poi un altro carro trasportò Buck attraverso la rumorosa città.

ثم حملت عربة أخرى باك عبر المدينة الصاخبة.

Un camion lo portò con sé scatole e pacchi su un traghetto.

أخذته شاحنة مع الصناديق والطرود إلى عبارة.

Dopo l'attraversamento, il camion lo scaricò presso un deposito ferroviario.

بعد العبور، أنزلته الشاحنة في مستودع للسكك الحديدية.

Alla fine Buck venne fatto salire a bordo di un vagone espresso in attesa.

وأخيرًا، تم وضع باك داخل سيارة سريعة كانت في انتظاره.

Per due giorni e due notti i treni trascinarono via il vagone espresso.

لمدة يومين وليلتين، سحبت القطارات عربة القطار بعيدًا.

Buck non mangiò né bevve durante tutto il doloroso viaggio.

لم يأكل باك ولم يشرب طيلة الرحلة المؤلمة.

Quando i messaggeri cercarono di avvicinarlo, lui ringhiò.

وعندما حاول الرسل الوصول إليه، أطلق صوتا غاضبا.

Risposero prendendolo in giro e prendendolo in giro crudelmente.

فاستجابوا له بالسخرية والاستهزاء الشديد.

Buck si gettò contro le sbarre, schiumando e tremando

ألقى باك نفسه على القضبان، وهو يرغي ويرتجف

risero sonoramente e lo presero in giro come i bulli della scuola.

لقد ضحكوا بصوت عالي، وسخروا منه مثل المتنمرين في ساحة المدرسة.

Abbaiavano come cani finti e agitavano le braccia.

لقد نبحوا مثل الكلاب المزيفة ولوحوا بأذرعهم.

Arrivarono persino a cantare come galli, solo per farlo arrabbiare ancora di più.

حتى أنهم صاحوا مثل الديكة فقط لإزعاجه أكثر.

Era un comportamento sciocco e Buck sapeva che era ridicolo.

لقد كان هذا سلوكًا أحمقًا، وكان باك يعلم أنه سخيف.

Ma questo non fece altro che accrescere il suo senso di indignazione e vergogna.

ولكن هذا فقط زاد من شعوره بالغضب والعار.

Durante il viaggio la fame non lo disturbò molto.

لم يزعجه الجوع كثيرًا أثناء الرحلة.

Ma la sete portava con sé dolori acuti e sofferenze insopportabili.

لكن العطش جلب الألم الحاد والمعاناة التي لا تطاق.

La sua gola secca e infiammata e la lingua bruciavano per il calore.

كان حلقه ولسانه الجافان الملتهبان يحترقان من الحرارة.

Questo dolore alimentava la febbre che cresceva nel suo corpo orgoglioso.

لقد أدى هذا الألم إلى تغذية الحمى المتصاعدة داخل جسده الفخور.

Durante questa prova Buck fu grato per una sola cosa.

كان باك شاكراً لشيء واحد فقط خلال هذه المحنة.

Gli avevano tolto la corda dal grosso collo.

لقد تم إزالة الحبل من حول رقبته السميكة.

La corda aveva dato a quegli uomini un vantaggio ingiusto e crudele.

لقد أعطى الحبل لهؤلاء الرجال ميزة غير عادلة وقاسية.

Ora la corda non c'era più e Buck giurò che non sarebbe mai più tornata.

والآن ذهب الحبل، وأقسم باك أنه لن يعود أبدًا.

Decise che nessuna corda gli sarebbe mai più passata intorno al collo.

لقد قرر أن لا يلف الحبل حول رقبته مرة أخرى.

Per due lunghi giorni e due lunghe notti soffrì senza cibo.

لمدة يومين وليلتين طويلتين، عانى من عدم تناول الطعام.

E in quelle ore, accumulò dentro di sé una rabbia enorme.

وفي تلك الساعات، تراكم غضب هائل في داخله.

I suoi occhi diventarono iniettati di sangue e selvaggi per la rabbia costante.

تحولت عيناه إلى اللون الأحمر والأحمر بسبب الغضب المستمر.

Non era più Buck, ma un demone con le fauci che schioccavano.

لم يعد باك، بل أصبح شيطانًا ذو فكين متقطعين.

Nemmeno il Giudice avrebbe potuto riconoscere questa folle creatura.

حتى القاضي لن يعرف هذا المخلوق المجنون.

I messaggeri espressi tirarono un sospiro di sollievo quando giunsero a Seattle

تنهد الرسل السريعون بارتياح عندما وصلوا إلى سياتل

Quattro uomini sollevarono la cassa e la portarono in un cortile sul retro.

قام أربعة رجال برفع الصندوق وحملوه إلى الفناء الخلفي.

Il cortile era piccolo, circondato da mura alte e solide.

كانت الساحة صغيرة، محاطة بأسوار عالية ومتينة.

Un uomo corpulento uscì dalla stanza con una scollatura larga e una camicia rossa.

خرج رجل كبير يرتدي قميصًا أحمر مترهلًا.

Firmò il registro delle consegne con una calligrafia spessa e decisa.

وقّع على دفتر التسليم بخط سميك وجريء.

Buck intuì subito che quell'uomo era il suo prossimo aguzzino.

أحس باك على الفور أن هذا الرجل سيكون معذبه التالي.

Si lanciò violentemente contro le sbarre, con gli occhi rossi di rabbia.

انقض بعنف على القضبان، وكانت عيناه حمراء من الغضب.

L'uomo si limitò a sorridere amaramente e andò a prendere un'ascia.

ابتسم الرجل ابتسامة سوداء وذهب ليحضر فأسًا.

Teneva anche una mazza nella sua grossa e forte mano destra.

كما أحضر معه هراوة في يده اليمنى السميكة والقوية.

"Lo porterai fuori adesso?" chiese l'autista preoccupato.

هل ستخرج به الآن؟ "سأل السائق بقلق."

"Certo", disse l'uomo, infilando l'ascia nella cassa come se fosse una leva.

بالتأكيد، "قال الرجل وهو يدفع الفأس في الصندوق كرافعة."

I quattro uomini si dileguarono all'istante, saltando sul muro del cortile.

تفرق الرجال الأربعة على الفور، وقفزوا على جدار الفناء.

Dai loro punti sicuri in alto, aspettavano di ammirare lo spettacolo.

ومن أماكنهم الآمنة في الأعلى، انتظروا لمشاهدة هذا المنظر.

Buck si lanciò contro il legno scheggiato, mordendolo e scuotendolo violentemente.

انقض باك على الخشب المكسور، يعض ويهتز بشدة.

Ogni volta che l'ascia colpiva la gabbia, Buck era lì pronto ad attaccarla.

في كل مرة ضربت فيها الفأس القفص، كان باك هناك لمهاجمته.

Ringhiò e schioccò le dita in preda a una rabbia selvaggia, desideroso di essere liberato.

لقد هدّر وأطلق العنان لغضبه الشديد، راغبًا في التحرر.

L'uomo all'esterno era calmo e fermo, concentrato sul suo compito.

كان الرجل بالخارج هادئًا وثابتًا، يركز على مهمته.

"Bene allora, diavolo dagli occhi rossi", disse quando il buco fu grande.

" حسنًا، أيها الشيطان ذو العيون الحمراء"، قال ذلك عندما أصبح الثقب كبيرًا.

Lasciò cadere l'ascia e prese la mazza nella mano destra.

ألقى الفأس وأخذ النادي بيده اليمنى.

Buck sembrava davvero un diavolo: aveva gli occhi iniettati di sangue e fiammeggianti.

لقد بدا باك حقا مثل الشيطان؛ عيناه حمراء ومشتعلة.

Il suo pelo si rizzò, la schiuma gli salì alla bocca e gli occhi brillarono.

كان معطفه منتفخًا، وكانت الرغوة تزبد على فمه، وكانت عيناه تلمعان.

Lui tese i muscoli e si lanciò dritto verso il maglione rosso.

لقد جمع عضلاته وقفز مباشرة نحو السترة الحمراء.

Centoquaranta libbre di furia si riversarono sull'uomo calmo.

مائة وأربعون رطلاً من الغضب طارت نحو الرجل الهادئ.

Un attimo prima che le sue fauci si chiudessero, un colpo terribile lo colpì.

قبل أن يغلق فكيه، ضربته ضربة رهيبة.

I suoi denti si schioccarono insieme solo sull'aria

اصطدمت أسنانه ببعضها البعض على الهواء فقط

una scossa di dolore gli risuonò nel corpo

تردد صدى الألم في جسده

Si capovolse a mezz'aria e cadde sulla schiena e su un fianco.

انقلب في الهواء وسقط على ظهره وجانبه۔

Non aveva mai sentito prima un colpo di mazza e non riusciva a sostenerlo.

لم يسبق له أن شعر بضربة مضرب ولم يستطع استيعابها۔

Con un ringhio acuto, in parte abbaio, in parte urlo, saltò di nuovo.

مع صرخة قوية، جزء منها نباح، وجزء منها صراخ، قفز مرة أخرى۔

Un altro colpo violento lo colpì e lo scaraventò a terra.

ضربة وحشية أخرى أصابته وألقته على الأرض۔

Questa volta Buck capì: era la pesante clava dell'uomo.

هذه المرة فهم باك - كانت هذه هي الهراوة الثقيلة التي يحملها الرجل۔

Ma la rabbia lo accecò e non pensò minimamente di ritirarsi.

لكن الغضب أعماه، ولم يفكر في التراجع۔

Dodici volte si lanciò e dodici volte cadde.

لقد ألقى بنفسه اثنتي عشرة مرة، وسقط اثنتي عشرة مرة۔

La mazza di legno lo colpiva ogni volta con una forza spietata e schiacciante.

كانت الهراوة الخشبية تضربه في كل مرة بقوة ساحقة لا هوادة فيها۔

Dopo un colpo violento, si rialzò barcollando, stordito e lento.

وبعد ضربة عنيفة واحدة، تعثر على قدميه، مذهولاً وبطيئًا۔

Il sangue gli colava dalla bocca, dal naso e perfino dalle orecchie.

كان الدم يسيل من فمه، ومن أنفه، وحتى من أذنيه۔

Il suo mantello, un tempo bellissimo, era imbrattato di schiuma insanguinata.

كان معطفه الجميل في السابق ملطخًا برغوة دموية۔

Poi l'uomo si fece avanti e gli sferrò un violento colpo al naso.

ثم تقدم الرجل وضرب ضربة شريرة على الأنف۔

L'agonia fu più acuta di qualsiasi cosa Buck avesse mai provato.

كان الألم أشد من أي شيء شعر به باك على الإطلاق۔

Con un ruggito più da bestia che da cane, balzò di nuovo all'attacco.

مع زئير أكثر وحشية من الكلب، قفز مرة أخرى للهجوم.

Ma l'uomo gli afferrò la mascella inferiore e la torse all'indietro.

لكن الرجل أمسك بفكه السفلي وأداره إلى الخلف.

Buck si girò a testa in giù e cadde di nuovo violentemente al suolo.

انقلب باك على رأسه فوق الكعب، وسقط بقوة مرة أخرى.

Un'ultima volta, Buck si lanciò verso di lui, ormai a malapena in grado di reggersi in piedi.

في المرة الأخيرة، انقض عليه باك، وهو الآن بالكاد قادر على الوقوف.

L'uomo colpì con sapiente tempismo, sferrando il colpo finale.

لقد ضرب الرجل بمهارة عالية، ووجه الضربة النهائية.

Buck crollò a terra, privo di sensi e immobile.

انهار باك في كومة، فاقدًا للوعي وغير قادر على الحركة.

"Non è uno stupido ad addestrare i cani, ecco cosa dico io", urlò un uomo.

"إنه ليس سيئًا في تدريب الكلاب، هذا ما أقوله"، صرخ أحد الرجال.

"Druther può spezzare la volontà di un seguio in qualsiasi giorno della settimana."

"يستطيع درثر أن يكسر إرادة كلب الصيد في أي يوم من أيام الأسبوع."

"E due volte di domenica!" aggiunse l'autista.

ومرتين يوم الأحد. "أضاف السائق."

Salì sul carro e tirò le redini per partire.

صعد إلى العربة وفتح اللجام ليغادر.

Buck riprese lentamente il controllo della sua coscienza

استعاد باك السيطرة على وعيه ببطء

ma il suo corpo era ancora troppo debole e rotto per muoversi.

لكن جسده كان لا يزال ضعيفًا جدًا ومكسورًا لدرجة أنه لم يتمكن من الحركة.

Rimase lì dove era caduto, osservando l'uomo con il maglione rosso.

كان مستلقيا حيث سقط، وهو يراقب الرجل ذو السترة الحمراء.

"Risponde al nome di Buck", disse l'uomo, leggendo ad alta voce.

"إنه يجيب على اسم باك"، قال الرجل وهو يقرأ بصوت عالٍ.

Citò la nota inviata con la cassa di Buck e i dettagli.

واقتبس من المذكرة المرسلة مع صندوق باك والتفاصيل.

"Bene, Buck, ragazzo mio", continuò l'uomo con tono amichevole,

"حسنًا، باك، يا بني، "تابع الرجل بنبرة ودية"

"Abbiamo avuto il nostro piccolo litigio, e ora tra noi è finita."

"لقد كان لدينا قتالنا الصغير، والآن انتهى الأمر بيننا."

"Tu hai imparato qual è il tuo posto, e io ho imparato qual è il mio", ha aggiunto.

"لقد تعلمت مكانك، وتعلمت مكاني"، أضاف.

"Sii buono e tutto andrà bene e la vita sarà piacevole."

"كن جيدًا، وسوف يكون كل شيء على ما يرام، وستكون الحياة ممتعة."

"Ma se sei cattivo, ti spaccherò a morte, capito?"

"لكن كن سيئًا، وسأضربك حتى الموت، هل فهمت؟"

Mentre parlava, allungò la mano e accarezzò la testa dolorante di Buck.

وبينما كان يتحدث، مد يده وربّت على رأس باك المؤلم.

I capelli di Buck si rizzarono al tocco dell'uomo, ma lui non oppose resistenza.

ارتفع شعر باك عند لمسة الرجل، لكنه لم يقاوم.

L'uomo gli portò dell'acqua e Buck la bevve a grandi sorsi.

أحضر الرجل له الماء، فشربه باك في دفعات كبيرة.

Poi arrivò la carne cruda, che Buck divorò pezzo per pezzo.

ثم جاء اللحم النيء، الذي التهمه باك قطعة قطعة.

Sapeva di essere stato sconfitto, ma sapeva anche di non essere distrutto.

لقد عرف أنه تعرض للضرب، لكنه عرف أيضًا أنه لم ينكسر.

Non aveva alcuna possibilità contro un uomo armato di manganello.

لم تكن لديه أي فرصة ضد رجل مسلح بهراوة.

Aveva imparato la verità e non dimenticò mai quella lezione.

لقد تعلم الحقيقة، ولم ينس هذا الدرس أبدًا.

Quell'arma segnò l'inizio della legge nel nuovo mondo di Buck.

كان هذا السلاح بمثابة بداية القانون في عالم باك الجديد.

Fu l'inizio di un ordine duro e primitivo che non poteva negare.

لقد كانت بداية نظام قاسٍ وبدائي لا يستطيع إنكاره.

Accettò la verità: i suoi istinti selvaggi erano ormai risvegliati.

لقد تقبل الحقيقة، وأصبحت غرائزه الجامحة مستيقظة الآن.

Il mondo era diventato più duro, ma Buck lo affrontò coraggiosamente.

لقد أصبح العالم أكثر قسوة، لكن باك واجهه بشجاعة.

Affrontò la vita con una nuova cautela, astuzia e una forza silenziosa.

لقد واجه الحياة بحذر جديد، ومكر، وقوة هادئة.

Arrivarono altri cani, legati con corde o gabbie, come era successo a Buck.

وصل المزيد من الكلاب، مربوطة بالحبال أو الصناديق مثلما كان باك.

Alcuni cani procedevano con calma, altri si infuriavano e combattevano come bestie feroci.

بعض الكلاب جاءت بهدوء، والبعض الآخر ثار وقاتل مثل الوحوش البرية.

Tutti loro furono sottoposti al dominio dell'uomo con il maglione rosso.

لقد أصبحوا جميعهم تحت حكم الرجل ذو السترة الحمراء.

Ogni volta Buck osservava e vedeva svolgersi la stessa lezione.

في كل مرة، كان باك يراقب ويرى نفس الدرس يتكشف.

L'uomo con la clava era la legge: un padrone a cui obbedire.

كان الرجل الذي يحمل النادي هو القانون، وهو سيد يجب طاعته.

Non era necessario che gli piacesse, ma che gli si obbedisse.

لم يكن بحاجة إلى أن يكون محبوبًا، لكن كان لا بد من طاعته.

Buck non si è mai mostrato adulatore o scodinzolante come facevano i cani più deboli.

لم يتملق باك أو يهز جسده أبدًا كما تفعل الكلاب الأضعف.

Vide dei cani che erano stati picchiati e che continuavano a leccare la mano dell'uomo.

فرأى الكلاب مضروبة ولا تزال تلعق يد الرجل.

Vide un cane che non obbediva né si sottometteva affatto.

لقد رأى كلبًا واحدًا لا يطيع ولا يخضع على الإطلاق.

Quel cane ha combattuto fino alla morte nella battaglia per il controllo.

لقد حارب هذا الكلب حتى قُتل في معركة السيطرة.

A volte degli sconosciuti venivano a trovare l'uomo con il maglione rosso.

في بعض الأحيان كان يأتي الغرباء لرؤية الرجل ذو السترة الحمراء.

Parlavano con toni strani, supplicando, contrattando e ridendo.

لقد تحدثوا بنبرة غريبة، متوسلين، ومساومين، وضاحكين.

Dopo aver scambiato i soldi, se ne andavano con uno o più cani.

وعندما تم تبادل الأموال، غادروا مع كلب واحد أو أكثر.

Buck si chiese dove andassero questi cani, perché nessuno faceva mai ritorno.

وتساءل باك عن المكان الذي ذهبت إليه هذه الكلاب، لأنه لم يعد أي منها أبدًا.

la paura dell'ignoto riempiva Buck ogni volta che un uomo sconosciuto si avvicinava

كان الخوف من المجهول يملأ باك في كل مرة يأتي فيها رجل غريب

era contento ogni volta che veniva preso un altro cane, al posto suo.

كان سعيدًا في كل مرة يتم فيها أخذ كلب آخر، بدلاً من نفسه.

Ma alla fine arrivò il turno di Buck con l'arrivo di uno strano uomo.

ولكن في النهاية جاء دور باك مع وصول رجل غريب.

Era piccolo, nervoso e parlava un inglese stentato e imprecava.

كان قصيرًا، نحيلًا، ويتحدث الإنجليزية المكسورة ويلعن.

"Sacredam!" urlò quando vide il corpo di Buck.

يا إلهي. "صرخ عندما رأى جسد باك."

"Che cane maledetto e prepotente! Eh? Quanto costa?" chiese ad alta voce.

يا له من كلبٍ شرس. هاه؟ كم ثمنه؟ "سأل بصوتٍ عالٍ."

"Trecento, ed è un regalo a quel prezzo",

"ثلاثمائة، وهو هدية بهذا السعر"

"Dato che sono soldi del governo, non dovresti lamentarti, Perrault."

"بما أن هذه أموال حكومية، فلا ينبغي لك أن تشتكي، بيرولت."

Perrault sorrise pensando all'accordo che aveva appena concluso con quell'uomo.

ابتسم بيرولت بسبب الصفقة التي أبرمها للتو مع الرجل.

Il prezzo dei cani è salito alle stelle a causa della domanda improvvisa.

ارتفعت أسعار الكلاب بسبب الطلب المفاجئ.

Trecento dollari non erano ingiusti per una bestia così bella.

ثلاثمائة دولار لم تكن مبلغًا غير عادل بالنسبة لحيوان جميل كهذا.

Il governo canadese non perderebbe nulla dall'accordo

لن تخسر الحكومة الكندية أي شيء في هذه الصفقة

Né i loro comunicati ufficiali avrebbero subito ritardi nel trasporto.

ولن تتأخر إرسالياتهم الرسمية أثناء النقل.

Perrault conosceva bene i cani e capì che Buck era una rarità.

كان بيرولت يعرف الكلاب جيدًا، وكان بإمكانه أن يرى أن باك كان شيئًا نادرًا.

"Uno su dieci diecimila", pensò, mentre studiava la corporatura di Buck.

واحد من عشرة آلاف، "فكر، بينما كان يدرس بنية باك."

Buck vide il denaro cambiare di mano, ma non mostrò alcuna sorpresa.

رأى باك أن الأموال تنتقل من يد إلى أخرى، لكنه لم يظهر أي مفاجأة.

Poco dopo lui e Curly, un gentile Terranova, furono portati via.

وبعد قليل تم اقتياده هو وكيرلي، وهو كلب نيوفاوندلاند لطيف، بعيدًا.

Seguirono l'omino dal cortile della casa con il maglione rosso.

لقد تبعوا الرجل الصغير من ساحة السترة الحمراء.

Quella fu l'ultima volta che Buck vide l'uomo con la mazza di legno.

كانت تلك آخر مرة رأى فيها باك الرجل الذي يحمل الهراوة الخشبية.

Dal ponte del Narwhal guardò Seattle svanire in lontananza.

من سطح السفينة النروال ، شاهد سياتل تتلاشى في المسافة.

Fu anche l'ultima volta che vide le calde terre del Sud.

وكانت هذه أيضًا المرة الأخيرة التي رأى فيها منطقة الجنوب الدافئة.

Perrault li portò sottocoperta e li lasciò con François.

أخذهم بيرولت إلى أسفل سطح السفينة، وتركهم مع فرانسوا.

François era un gigante con la faccia nera e le mani ruvide e callose.

كان فرانسوا عملاقًا أسود الوجه وذو يدين خشنتين ومتصلبتين.

Era un uomo dalla carnagione scura e dalla carnagione scura, un meticcio franco-canadese.

كان داكن البشرة وبشرته سمراء، وهو من أصول مختلطة فرنسية كندية.

Per Buck, quegli uomini erano come non li aveva mai visti prima.

بالنسبة لباك، هؤلاء الرجال كانوا من النوع الذي لم يره من قبل.

Nei giorni a venire avrebbe avuto modo di conoscere molti di questi uomini.

وسوف يتعرف على العديد من هؤلاء الرجال في الأيام القادمة.

Non cominciò ad affezionarsi a loro, ma finì per rispettarli.

لم يكن يحبهم، لكنه أصبح يحترمهم.

Erano giusti e saggi e non si lasciavano ingannare facilmente da nessun cane.

لقد كانوا عادلين وحكماء، ولم يخدعهم أي كلب بسهولة.

Giudicavano i cani con calma e punivano solo quando meritavano.

لقد حكموا على الكلاب بهدوء، وعاقبوها فقط عندما تستحق العقاب.

Sul ponte inferiore del Narwhal, Buck e Curly incontrarono due cani.

في الطابق السفلي من سفينة النروال ، التقى باكو كيرلي بكلبين.

Uno era un grosso cane bianco proveniente dalle lontane e gelide isole Spitzbergen.

كان أحدهما كلبًا أبيضًا كبيرًا من مكان بعيد، من جزيرة سفالبارد الجليدية.

In passato aveva navigato su una baleniera e si era unito a un gruppo di ricerca.

لقد أبحر ذات مرة مع سفينة صيد الحيتان وانضم إلى مجموعة مسح.

Era amichevole, ma astuto, subdolo e subdolo.

لقد كان ودودًا بطريقة ماكرة ومخادعة وماكرة.

Al loro primo pasto, rubò un pezzo di carne dalla padella di Buck.

في وجبتهم الأولى، سرق قطعة لحم من مقلاة باك.

Buck saltò per punirlo, ma la frusta di François colpì per prima.

قفز باك لمعاقبته، لكن سوط فرانسوا ضربه أولاً.

Il ladro bianco urlò e Buck reclamò l'osso rubato.

صرخ اللص الأبيض، واستعاد باك العظمة المسروقة.

Questa correttezza colpì Buck e François si guadagnò il suo rispetto.

لقد أثار هذا الإنصاف إعجاب باك، وكسب فرانسوا احترامه.

L'altro cane non lo salutò e non volle nessuno in cambio.

أما الكلب الآخر فلم يقدم أي تحية، ولم يرغب في أي تحية في المقابل.

Non rubava il cibo, né annusava con interesse i nuovi arrivati.

لم يسرق الطعام، ولم ينظر إلى الوافدين الجدد باهتمام.

Questo cane era cupo e silenzioso, cupo e lento nei movimenti.

كان هذا الكلب متجهمًا وهادئًا، كئيبًا وبطيئ الحركة.

Avvertì Curly di stargli lontano semplicemente lanciandole un'occhiata fulminante.

حذر كيرلي من الابتعاد عنها بمجرد التحديق فيها.

Il suo messaggio era chiaro: lasciatemi in pace o saranno guai.

كانت رسالته واضحة: اتركوني وحدي وإلا ستكون هناك مشكلة.

Si chiamava Dave e non faceva quasi caso a ciò che lo circondava.

كان اسمه ديف، وكان بالكاد يلاحظ ما يحيط به.

Dormiva spesso, mangiava tranquillamente e sbadigliava di tanto in tanto.

كان ينام كثيرًا، ويأكل بهدوء، ويتثاءب بين الحين والآخر.


La nave ronzava costantemente con il rumore dell'elica sottostante.

كانت السفينة تطن باستمرار بسبب نبض المروحة في الأسفل.

I giorni passarono senza grandi cambiamenti, ma il clima si fece più freddo.

مرت الأيام دون تغيير يذكر، لكن الطقس أصبح أكثر برودة.

Buck se lo sentiva nelle ossa e notò che anche gli altri lo sentivano.

كان باك يشعر بذلك في عظامه، ولاحظ أن الآخرين فعلوا ذلك أيضًا.

Poi una mattina l'elica si fermò e tutto rimase immobile.

ثم في صباح أحد الأيام، توقفت المروحة وظل كل شيء ساكنًا.

Un'energia percorse la nave: qualcosa era cambiato.

انتشرت طاقة عبر السفينة؛ لقد تغير شيء ما.

François scese, li mise al guinzaglio e li portò su.

نزل فرانسوا، وربطهم بالمقود، ورفعهم.

Buck uscì e trovò il terreno morbido, bianco e freddo.

خرج باك ليجد الأرض ناعمة، بيضاء، وباردة.

Lui fece un balzo indietro allarmato e sbuffò in preda alla confusione più totale.

قفز إلى الوراء في حالة من الذعر وشخر في ارتباك تام.

Una strana sostanza bianca cadeva dal cielo grigio.

كانت هناك أشياء بيضاء غريبة تتساقط من السماء الرمادية.

Si scosse, ma i fiocchi bianchi continuavano a cadergli addosso.

لقد هز نفسه، لكن الرقاقات البيضاء استمرت في الهبوط عليه.

Annusò attentamente la sostanza bianca e ne leccò alcuni pezzetti ghiacciati.

استنشق المادة البيضاء بعناية ولعق بعض القطع الجليدية.

La polvere bruciò come il fuoco e poi svanì subito dalla sua lingua.

أحرق المسحوق مثل النار، ثم اختفى مباشرة من على لسانه.

Buck ci riprovò, sconcertato dallo strano freddo che svaniva.

حاول باك مرة أخرى، في حيرة من البرودة المتلاشيه الغريبة.

Gli uomini intorno a lui risero e Buck si sentì in imbarazzo.

ضحك الرجال من حوله، وشعر باك بالحرج.

Non sapeva perché, ma si vergognava della sua reazione.

لم يكن يعرف السبب، لكنه كان يخجل من رد فعله.

Era la sua prima esperienza con la neve e la cosa lo confuse.

لقد كانت هذه تجربته الأولى مع الثلج، وقد أربكته.

## La legge del bastone e della zanna
### قانون النادي والناب

Il primo giorno di Buck sulla spiaggia di Dyea è stato un terribile incubo.

كان اليوم الأول لباك على شاطئ دايا أشبه بكابوس رهيب.

Ogni ora portava con sé nuovi shock e cambiamenti inaspettati per Buck.

كل ساعة جلبت صدمات جديدة وتغييرات غير متوقعة لباك.

Era stato strappato alla civiltà e gettato nel caos più totale.

لقد تم سحبه من الحضارة وإلقائه في حالة من الفوضى العارمة.

Questa non era una vita soleggiata e pigra, fatta di noia e riposo.

لم تكن هذه حياة مشمسة وكسولة مليئة بالملل والراحة.

Non c'era pace, né riposo, né momento senza pericolo.

لم يكن هناك سلام، ولا راحة، ولا لحظة خالية من الخطر.

La confusione regnava su tutto e il pericolo era sempre vicino.

كان الارتباك يسيطر على كل شيء، وكان الخطر دائمًا قريبًا.

Buck doveva stare attento perché quegli uomini e quei cani erano diversi.

كان على باك أن يبقى متيقظًا لأن هؤلاء الرجال والكلاب كانوا مختلفين.

Non provenivano da città; erano selvaggi e spietati.

لم يكونوا من المدن، بل كانوا متوحشين وبلا رحمة.

Questi uomini e questi cani conoscevano solo la legge del bastone e della zanna.

هؤلاء الرجال والكلاب لم يعرفوا إلا قانون الهراوة والأنياب.

Buck non aveva mai visto dei cani combattere come questi feroci husky.

لم يسبق لباك أن رأى كلابًا تقاتل مثل هذه الكلاب الهاسكي المتوحشة.

La sua prima esperienza gli insegnò una lezione che non avrebbe mai dimenticato.

لقد علمته تجربته الأولى درسًا لن ينساه أبدًا.

Fu una fortuna che non fosse lui, altrimenti sarebbe morto anche lui.

لقد كان محظوظا أنه لم يكن هو، وإلا لكان قد مات أيضا.

Curly era quello che soffriva, mentre Buck osservava e imparava.

كان كيرلي هو الشخص الذي عانى بينما كان باك يشاهد ويتعلم.

Si erano accampati vicino a un deposito costruito con tronchi.

لقد أقاموا مخيمًا بالقرب من متجر مبني من جذوع الأشجار.

Curly cercò di essere amichevole con un grosso husky simile a un lupo.

حاول كيرلي أن يكون ودودًا مع كلب الهاسكي الكبير الذي يشبه الذئب.

L'husky era più piccolo di Curly, ma aveva un aspetto selvaggio e cattivo.

كان الهاسكي أصغر من كيرلي، لكنه بدا متوحشًا وخبيثًا.

Senza preavviso, lui saltò su e le tagliò il viso.

بدون سابق إنذار، قفز وفتح وجهها.

Con un solo movimento i suoi denti le tagliarono l'occhio fino alla mascella.

قطعت أسنانه من عينها إلى فكها بحركة واحدة.

Ecco come combattevano i lupi: colpivano velocemente e saltavano via.

هكذا كانت الذئاب تقاتل ـ تضرب بسرعة وتقفز بعيدًا.

Ma c'era molto di più da imparare da quell'unico attacco.

ولكن كان هناك المزيد لنتعلمه من ذلك الهجوم الواحد.

Decine di husky si precipitarono dentro e formarono un cerchio silenzioso.

اندفعت العشرات من كلاب الهاسكي وشكلوا دائرة صامتة.

Osservavano attentamente e si leccavano le labbra per la fame.

لقد راقبوا عن كثب ولحسوا شفاههم من الجوع.

Buck non capiva il loro silenzio né i loro occhi ansiosi.

لم يفهم باك صمتهم أو عيونهم المتلهفة.

Curly si lanciò ad attaccare l'husky una seconda volta.

هرع كيرلي لمهاجمة الهاسكي للمرة الثانية.

Usò il suo petto per buttarla a terra con un movimento violento.

استخدم صدره ليطرحها أرضًا بحركة قوية.

Cadde su un fianco e non riuscì più a rialzarsi.

سقطت على جانبها ولم تتمكن من النهوض مرة أخرى.

Era proprio quello che gli altri aspettavano da tempo.

وهذا ما كان ينتظره الآخرون طوال الوقت.

Gli husky le saltarono addosso, guaindo e ringhiando freneticamente.

قفز عليها الهاسكي، وهم ينبحون ويزمجرون في حالة من الهياج.

Lei urlò mentre la seppellivano sotto una pila di cani.

صرخت عندما دفنوها تحت كومة من الكلاب.

L'attacco fu così rapido che Buck rimase immobile per lo shock.

كان الهجوم سريعًا جدًا لدرجة أن باك تجمد في مكانه من الصدمة.

Vide Spitz tirare fuori la lingua in un modo che sembrava una risata.

لقد رأى سبيتز يخرج لسانه بطريقة تبدو وكأنها ضحكة.

François afferrò un'ascia e corse dritto verso il gruppo di cani.

أمسك فرانسوا بفأس وركض مباشرة نحو مجموعة الكلاب.

Altri tre uomini hanno usato dei manganelli per allontanare gli husky.

ثلاثة رجال آخرين استخدموا الهراوات لمساعدتهم في ضرب الكلاب الهاسكي.

In soli due minuti la lotta finì e i cani se ne andarono.

في دقيقتين فقط، انتهى القتال واختفت الكلاب.

Curly giaceva morta nella neve rossa calpestata, con il corpo fatto a pezzi.

كانت كيرلي ملقاة ميتة في الثلج الأحمر المدوس، وكان جسدها ممزقًا.

Un uomo dalla pelle scura era in piedi davanti a lei, maledicendo la scena brutale.

كان هناك رجل ذو بشرة داكنة يقف فوقها، وهو يلعن المشهد الوحشي.

Il ricordo rimase con Buck e ossessionò i suoi sogni notturni.

ظلت الذكرى عالقة في ذهن باك وطاردته في أحلامه ليلاً.

Ecco come funzionava: niente equità, niente seconda possibilità.

كانت هذه هي الطريقة هنا؛ لا عدالة، ولا فرصة ثانية.

Una volta caduto un cane, gli altri lo uccidevano senza pietà.

عندما يسقط كلب، فإن الآخرين سوف يقتلونه بلا رحمة.

Buck decise allora che non si sarebbe mai lasciato cadere.

قرر باك حينها أنه لن يسمح لنفسه بالسقوط أبدًا.

Spitz tirò fuori di nuovo la lingua e rise guardando il sangue.

أخرج سبيتز لسانه مرة أخرى وضحك على الدم.

Da quel momento in poi, Buck odiò Spitz con tutto il cuore.

منذ تلك اللحظة، أصبح باك يكره سبيتز من كل قلبه.

Prima che Buck potesse riprendersi dalla morte di Curly, accadde qualcosa di nuovo.

قبل أن يتمكن باك من التعافي من وفاة كيرلي، حدث شيء جديد.

François si avvicinò e legò qualcosa attorno al corpo di Buck.

جاء فرانسوا وربط شيئًا حول جسد باك.

Era un'imbracatura simile a quelle usate per i cavalli al ranch.

كان عبارة عن حزام مثل الذي يستخدم على الخيول في المزرعة.

Così come Buck aveva visto lavorare i cavalli, ora era costretto a lavorare anche lui.

كما رأى باك الخيول تعمل، فقد أُجبر الآن على العمل أيضًا.

Dovette trascinare François su una slitta nella foresta vicina.

كان عليه أن يسحب فرانسوا على مزلجة إلى الغابة القريبة.

Poi dovette trascinare indietro un pesante carico di legna da ardere.

ثم كان عليه أن يسحب حمولة من الحطب الثقيل.

Buck era orgoglioso e gli faceva male essere trattato come un animale da lavoro.

كان باك فخورًا، لذلك كان يؤلمه أن يتم التعامل معه كحيوان عمل.

Ma era saggio e non cercò di combattere la nuova situazione.

ولكنه كان حكيما ولم يحاول محاربة الوضع الجديد.

Accettò la sua nuova vita e diede il massimo in ogni compito.

تقبل حياته الجديدة وأعطى ما لديه أفضل في كل مهمة.

Tutto di quel lavoro gli risultava strano e sconosciuto.

كان كل شيء في العمل غريبًا وغير مألوف بالنسبة له.

François era severo e pretendeva obbedienza senza indugio.

كان فرانسوا صارمًا ويطالب بالطاعة دون تأخير.

La sua frusta garantiva che ogni comando venisse eseguito immediatamente.

كان سوطه يضمن تنفيذ كل الأوامر على الفور.

Dave era il timoniere, il cane più vicino alla slitta dietro Buck.

كان ديف هو سائق الزلاجة، وكان الكلب الأقرب إلى الزلاجة خلف باك.

Se commetteva un errore, Dave mordeva Buck sulle zampe posteriori.

ديف يعض باك على رجليه الخلفيتين إذا ارتكب خطأ.

Spitz era il cane guida, abile ed esperto nel ruolo.

كان سبيتز هو الكلب الرائد، وكان ماهرًا وذو خبرة في الدور.

Spitz non riusciva a raggiungere Buck facilmente, ma lo corresse comunque.

لم يتمكن سبيتز من الوصول إلى باك بسهولة، لكنه مع ذلك قام بتصحيحه.

Ringhiava aspramente o tirava la slitta in modi che insegnavano a Buck.

كان يزأر بشدة أو يسحب الزلاجة بطرق علمت باك.

Grazie a questo addestramento, Buck imparò più velocemente di quanto tutti si aspettassero.

بفضل هذا التدريب، تعلم باك أسرع مما توقعه أي منهم.

Lavorò duramente e imparò sia da François che dagli altri cani.

لقد عمل بجد وتعلم من فرانسوا والكلاب الأخرى.

Quando tornarono, Buck conosceva già i comandi chiave.

بحلول الوقت الذي عادوا فيه، كان باك يعرف بالفعل الأوامر الرئيسية.

Imparò a fermarsi al suono della parola "oh" di François.

لقد تعلم التوقف عند صوت "هو" من فرانسوا.

Imparò quando era il momento di tirare la slitta e correre.

لقد تعلم عندما كان عليه سحب الزلاجة والركض.

Imparò a svoltare senza problemi nelle curve del sentiero.

لقد تعلم كيفية الانعطاف بشكل واسع عند المنعطفات في الطريق دون مشكلة.

Imparò anche a evitare Dave quando la slitta scendeva velocemente.

وتعلم أيضًا كيفية تجنب ديف عندما تتحدر الزلاجة بسرعة.

"Sono cani molto buoni", disse orgoglioso François a Perrault.

إنهم كلاب جيدة جدًا"، قال فرانسوا بفخر لبيرولت."

"Quel Buck tira come un dannato, glielo insegno subito."

هذا باك يسحب مثل الجحيم ـ أعلمه بسرعة مثل أي شيء."

Più tardi quel giorno, Perrault tornò con altri due husky.

وفي وقت لاحق من ذلك اليوم، عاد بيرولت مع اثنين آخرين من كلاب الهاسكي.

Si chiamavano Billee e Joe ed erano fratelli.

كان اسمهم بيلي وجو، وكانوا أخوة.

Provenivano dalla stessa madre, ma non erano affatto simili.

لقد جاءوا من نفس الأم، ولكن لم يكونوا متشابهين على الإطلاق.

Billee era un tipo dolce e molto amichevole con tutti.

كان بيلي لطيفًا جدًا وودودًا مع الجميع.

Joe era l'opposto: silenzioso, arrabbiato e sempre ringhiante.

كان جو على العكس تمامًا - هادئًا، غاضبًا، ودائمًا ما يزأر.

Buck li salutò amichevolmente e si mantenne calmo con entrambi.

استقبلهم باك بطريقة ودية وكان هادئًا مع كليهما.

Dave non prestò loro attenzione e rimase in silenzio come al solito.

لم يهتم ديف بهم وظل صامتًا كعادته.

Spitz attaccò prima Billee, poi Joe, per dimostrare la sua superiorità.

هاجم سبيتز بيلي أولاً، ثم جو، لإظهار سيطرته.

Billee scodinzolava e cercava di essere amichevole con Spitz.

حرك بيلي ذيله وحاول أن يكون ودودًا مع سبيتز.

Quando questo non funzionò, cercò di scappare.

وعندما لم ينجح ذلك، حاول الهرب بدلاً من ذلك.

Pianse tristemente quando Spitz lo morse forte sul fianco.

لقد بكى بحزن عندما عضه سبيتز بقوة على جانبه.

Ma Joe era molto diverso e si rifiutava di farsi prendere in giro.

لكن جو كان مختلفًا جدًا ورفض أن يتعرض للتنمر.

Ogni volta che Spitz si avvicinava, Joe si girava velocemente per affrontarlo.

في كل مرة كان سبيتز يقترب، كان جو يستدير لمواجهته بسرعة.

La sua pelliccia si drizzò, le sue labbra si arricciarono e i suoi denti schioccarono selvaggiamente.

كان فراءه منتصبا، وشفتاه ملتفة، وأسنانه تكسر بعنف.

Gli occhi di Joe brillavano di paura e rabbia, sfidando Spitz a colpire.

كانت عينا جو تلمعان بالخوف والغضب، متحديًا سبيتز بالضرب.

Spitz abbandonò la lotta e si voltò, umiliato e arrabbiato.

استسلم سبيتز للقتال واستدار بعيدًا، مهانًا وغاضبًا.

Sfogò la sua frustrazione sul povero Billee e lo cacciò via.

أخرج إحباطه على بيلي المسكين وطارده بعيدًا.

Quella sera Perrault aggiunse un altro cane alla squadra.

وفي ذلك المساء، أضاف بيرولت كلبًا آخر إلى الفريق.

Questo cane era vecchio, magro e coperto di cicatrici di battaglia.

كان هذا الكلب عجوزًا ونحيفًا ومغطى بندوب المعركة.

Gli mancava un occhio, ma l'altro brillava di potere.

كانت إحدى عينيه مفقودة، لكن الأخرى كانت تتألق بقوة.

Il nome del nuovo cane era Solleks, che significa "l'Arrabbiato".

وكان اسم الكلب الجديد هو سوليكس، والذي يعني الغاضب.

Come Dave, Solleks non chiedeva nulla agli altri e non dava nulla in cambio.

مثل ديف، لم يطلب سوليكس أي شيء من الآخرين، ولم يقدم أي شيء في المقابل.

Quando Solleks entrò lentamente nell'accampamento, persino Spitz rimase lontano.

عندما دخل سوليكس المخيم ببطء، حتى سبيتز بقي بعيدًا.

Aveva una strana abitudine che Buck ebbe la sfortuna di scoprire.

كان لديه عادة غريبة لم يكن باك محظوظًا باكتشافها.

Solleks detestava essere avvicinato dal lato in cui era cieco.

كان سوليكس يكره أن يقترب منه أحد من الجانب الذي كان أعمى فيه.

Buck non lo sapeva e commise quell'errore per sbaglio.

لم يكن باك يعلم هذا وارتكب هذا الخطأ عن طريق الصدفة.

Solleks si voltò di scatto e colpì la spalla di Buck in modo profondo e rapido.

استدار سوليكس وضرب كتف باك بقوة وسرعة.

Da quel momento in poi, Buck non si avvicinò mai più al lato cieco di Solleks.

منذ تلك اللحظة، لم يقترب باك أبدًا من الجانب الأعمى لسوليكس.

Non ebbero mai più problemi per il resto del tempo che trascorsero insieme.

لم يواجهوا أي مشاكل مرة أخرى طوال الفترة التي قضوها معًا.

Solleks voleva solo essere lasciato solo, come il tranquillo Dave.

أراد سولييكس فقط أن يُترك وحيدًا، مثل ديف الهادئ.

Ma Buck avrebbe scoperto in seguito che ognuno di loro aveva un altro obiettivo segreto.

لكن باك علم لاحقًا أن كل واحد منهما كان لديه هدف سري آخر.

Quella notte Buck si trovò ad affrontare una nuova e preoccupante sfida: come dormire.

في تلك الليلة واجه باك تحديًا جديدًا ومزعجًا ـ كيفية النوم.

La tenda era illuminata caldamente dalla luce delle candele nel campo innevato.

أضاءت الخيمة بدفء على ضوء الشموع في الحقل الثلجي.

Buck entrò, pensando che lì avrebbe potuto riposare come prima.

دخل باك إلى الداخل، معتقدًا أنه يستطيع الراحة هناك كما كان من قبل.

Ma Perrault e François gli urlarono contro e gli tirarono delle padelle.

لكن بيرولت وفرانسوا صرخوا عليه وألقوا عليه الأواني.

Sconvolto e confuso, Buck corse fuori nel freddo gelido.

صُدم باك وارتبك، فركض إلى البرد القارس.

Un vento gelido gli pungeva la spalla ferita e gli congelava le zampe.

لسعته ريح مريرة في كتفه المجروح وجمدت كفوفه.

Si sdraiò sulla neve e cercò di dormire all'aperto.

استلقى في الثلج وحاول النوم في العراء.

Ma il freddo lo costrinse presto a rialzarsi, tremando forte.

لكن البرد سرعان ما أجبره على النهوض مرة أخرى، وكان يرتجف بشدة.

Vagò per l'accampamento, cercando di trovare un posto più caldo.

تجول في المخيم، محاولاً العثور على مكان أكثر دفئًا.

Ma ogni angolo era freddo come quello precedente.

لكن كل زاوية كانت باردة تمامًا مثل الزاوية التي قبلها.

A volte dei cani feroci gli saltavano addosso dall'oscurità.

في بعض الأحيان كانت الكلاب المتوحشة تقفز عليه من الظلام.

Buck drizzò il pelo, scoprì i denti e ringhiò in tono ammonitore.

انتفض باك من شدة الغضب، وكشف عن أسنانه، وزأر محذرا.

Lui stava imparando in fretta e gli altri cani si sono subito tirati indietro.

لقد كان يتعلم بسرعة، والكلاب الأخرى تراجعت بسرعة.

Tuttavia, non aveva un posto dove dormire e non aveva idea di cosa fare.

ومع ذلك، لم يكن لديه مكان للنوم، ولم تكن لديه أي فكرة عما يجب فعله.

Alla fine gli venne in mente un pensiero: andare a dare un'occhiata ai suoi compagni di squadra.

وأخيرًا، خطرت في ذهنه فكرة وهي الاطمئنان على زملائه في الفريق.

Ritornò nella loro zona e rimase sorpreso nel constatare che non c'erano più.

عاد إلى منطقتهم وفوجئ باختفائهم.

Cercò di nuovo nell'accampamento, ma ancora non riuscì a trovarli.

فبحث مرة أخرى في المخيم، لكنه لم يتمكن من العثور عليهم.

Sapeva che loro non potevano stare nella tenda, altrimenti ci sarebbe stato anche lui.

لقد علم أنه لا يمكنهما التواجد في الخيمة، وإلا فإنه سيكون هناك أيضًا.

E allora, dove erano finiti tutti i cani in quell'accampamento ghiacciato?

إذن، أين ذهبت كل الكلاب في هذا المخيم المتجمد؟

Buck, infreddolito e infelice, girò lentamente intorno alla tenda.

كان باك باردًا وبائسًا، وكان يدور ببطء حول الخيمة.

All'improvviso, le sue zampe anteriori sprofondarono nella neve soffice e lo spaventarono.

وفجأة، غرقت ساقيه الأماميتان في الثلج الناعم، مما أثار دهشته.

Qualcosa si mosse sotto i suoi piedi e lui fece un salto indietro per la paura.

كان هناك شيء يتحرك تحت قدميه، فقفز إلى الوراء خوفًا.

Ringhiava e ringhiava, non sapendo cosa si nascondesse sotto la neve.

لقد هدّر وهدر، وهو لا يعرف ما الذي يكمن تحت الثلج.

Poi udì un piccolo abbaio amichevole che placò la sua paura.

ثم سمع نباحًا صغيرًا ودودًا خفف من خوفه.

Annusò l'aria e si avvicinò per vedere cosa fosse nascosto.

استنشق الهواء واقترب ليرى ما كان مخفيًا.

Sotto la neve, rannicchiata in una calda palla, c'era la piccola Billee.

تحت الثلج، كانت بيلي الصغيرة ملتفة على شكل كرة دافئة.

Billee scodinzolò e leccò il muso di Buck per salutarlo.

حرك بيلي ذيله ولعق وجه باك للترحيب به.

Buck vide come Billee si era costruito un posto per dormire nella neve.

رأى باك كيف صنع بيلي مكانًا للنوم في الثلج.

Aveva scavato e sfruttato il suo calore per scaldarsi.

لقد حفر بعمق واستخدم حرارته الخاصة ليبقى دافئًا.

Buck aveva imparato un'altra lezione: ecco come dormivano i cani.

لقد تعلم باك درسًا آخر ـ هكذا تنام الكلاب.

Scelse un posto e cominciò a scavare la sua buca nella neve.

اختار مكانًا وبدأ بحفر حفرة خاصة به في الثلج.

All'inizio si muoveva troppo e sprecava energie.

في البداية، كان يتحرك كثيرًا ويهدر طاقته.

Ma ben presto il suo corpo riscaldò lo spazio e si sentì al sicuro.

ولكن سرعان ما أصبح جسده دافئًا في المكان، وشعر بالأمان.

Si rannicchiò forte e poco dopo si addormentò profondamente.

لقد التفت بإحكام، وبعد فترة وجيزة كان نائماً بسرعة.

La giornata era stata lunga e dura e Buck era esausto.

لقد كان اليوم طويلاً وشاقًا، وكان باك مرهقًا.

Dormì profondamente e comodamente, anche se fece sogni selvaggi.

لقد نام بعمق وبشكل مريح، على الرغم من أن أحلامه كانت جامحة.

Ringhiava e abbaiava nel sonno, contorcendosi mentre sognava.

كان يزأر وينبح أثناء نومه، ويتلوى أثناء حلمه.


Buck non si svegliò finché l'accampamento non cominciò a prendere vita.

لم يستيقظ باك إلا عندما بدأ المخيم ينبض بالحياة بالفعل.

All'inizio non sapeva dove si trovasse o cosa fosse successo.

في البداية، لم يكن يعرف أين هو أو ماذا حدث.

La neve era caduta durante la notte e aveva seppellito completamente il suo corpo.

تساقطت الثلوج طوال الليل ودفنت جسده بالكامل.

La neve lo circondava, fitta su tutti i lati.

كان الثلج يضغط عليه من جميع الجوانب.

All'improvviso un'ondata di paura percorse tutto il corpo di Buck.

فجأة، موجة من الخوف اجتاح جسد باك بأكمله.

Era la paura di rimanere intrappolati, una paura che proveniva da istinti profondi.

كان الخوف من الوقوع في الفخ، خوفًا من الغرائز العميقة.

Sebbene non avesse mai visto una trappola, la paura era viva dentro di lui.

رغم أنه لم يرى فخًا قط، إلا أن الخوف عاش بداخله.

Era un cane addomesticato, ma ora i suoi vecchi istinti selvaggi si stavano risvegliando.

لقد كان كلبًا أليفًا، لكن غرائزه البرية القديمة كانت تستيقظ الآن.

I muscoli di Buck si irrigidirono e il pelo gli si rizzò su tutta la schiena.

توترت عضلات باك، ووقف فروه على ظهره بالكامل.

Ringhiò furiosamente e balzò in piedi nella neve.

لقد هدر بشدة وقفز مباشرة عبر الثلج.

La neve volava in ogni direzione mentre lui irrompeva nella luce del giorno.

تطايرت الثلوج في كل اتجاه عندما انفجر في ضوء النهار.

Ancora prima di atterrare, Buck vide l'accampamento disteso davanti a lui.

حتى قبل الهبوط، رأى باك المخيم منتشرًا أمامه.

Ricordò tutto del giorno prima, tutto in una volta.

لقد تذكر كل شيء من اليوم السابق، دفعة واحدة.

Ricordava di aver passeggiato con Manuel e di essere finito in quel posto.

تذكر أنه كان يتجول مع مانويل وينتهي به الأمر في هذا المكان.

Ricordava di aver scavato la buca e di essersi addormentato al freddo.

تذكر أنه حفر الحفرة ونام في البرد.

Ora era sveglio e il mondo selvaggio intorno a lui era limpido.

والآن أصبح مستيقظًا، والعالم البري من حوله أصبح واضحًا.

Un grido di François annunciò l'improvvisa apparizione di Buck.

صرخة من فرانسوا ترحب بظهور باك المفاجئ.

"Cosa ho detto?" gridò a gran voce il conducente del cane a Perrault.

ماذا قلت؟ "صرخ سائق الكلب بصوت عالٍ إلى بيرولت."

"Quel Buck impara sicuramente in fretta", ha aggiunto François.

وأضاف فرانسوا "من المؤكد أن باك يتعلم بسرعة أكبر من أي شيء آخر".

Perrault annuì gravemente, visibilmente soddisfatto del risultato.

أومأ بيرولت برأسه بجدية، وكان سعيدًا بوضوح بالنتيجة.

In qualità di corriere del governo canadese, trasportava dispacci.

وباعتباره رسولًا للحكومة الكندية، فقد كان يحمل الإرساليات.

Era ansioso di trovare i cani migliori per la sua importante missione.

وكان حريصًا على العثور على أفضل الكلاب لمهمته المهمة.

Ora si sentiva particolarmente contento che Buck facesse parte della squadra.

لقد شعر بسعادة خاصة الآن لأن باك أصبح جزءًا من الفريق.

Nel giro di un'ora, alla squadra furono aggiunti altri tre husky.

تمت إضافة ثلاثة كلاب هاسكي أخرى إلى الفريق خلال ساعة.

Ciò ha portato il numero totale dei cani della squadra a nove.

وبذلك أصبح العدد الإجمالي للكلاب في الفريق تسعة.

Nel giro di quindici minuti tutti i cani erano imbracati.

في غضون خمسة عشر دقيقة كانت جميع الكلاب في أحزمةهم.

La squadra di slitte stava risalendo il sentiero verso Dyea Cañon.

كان فريق الزلاجات يتأرجح على طول الطريق نحو ديا كانون.

Buck era contento di andarsene, anche se il lavoro che lo attendeva era duro.

شعر باك بالسعادة لمغادرته، حتى لو كان العمل الذي ينتظره صعبًا.

Scoprì di non disprezzare particolarmente né il lavoro né il freddo.

لقد اكتشف أنه لا يحتقر العمل أو البرد بشكل خاص.

Fu sorpreso dall'entusiasmo che pervadeva tutta la squadra.

لقد تفاجأ بالحماس الذي ملأ الفريق بأكمله.

Ancora più sorprendente fu il cambiamento avvenuto in Dave e Solleks.

وكان الأمر الأكثر إثارة للدهشة هو التغيير الذي طرأ على ديف وسوليكس.

Questi due cani erano completamente diversi quando venivano imbrigliati.

كان هذان الكلبان مختلفين تمامًا عندما تم تسخيرهما.

La loro passività e la loro disattenzione erano completamente scomparse.

لقد اختفى سلبيتهم وعدم اهتمامهم تمامًا.

Erano attenti e attivi, desiderosi di svolgere bene il loro lavoro.

وكانوا متيقظين ونشيطين ومتحمسين للقيام بعملهم على أكمل وجه.

Si irritavano ferocemente per qualsiasi cosa provocasse ritardi o confusione.

لقد أصبحوا منزعجين بشدة من أي شيء يسبب التأخير أو الارتباك.

Il duro lavoro sulle redini era il centro del loro intero essere.

كان العمل الشاق على اللجام هو مركز وجودهم بأكمله.

Sembrava che l'unica cosa che gli piacesse davvero fosse tirare la slitta.

يبدو أن سحب الزلاجات كان الشيء الوحيد الذي يستمتعون به حقًا.

Dave era in fondo al gruppo, il più vicino alla slitta.

وكان ديف في مؤخرة المجموعة، الأقرب إلى الزلاجة نفسها.

Buck fu messo davanti a Dave e Solleks superò Buck.

تم وضع باك أمام ديف، وسوليكس متقدمًا على باك.

Il resto dei cani era disposto in fila indiana davanti a loro.

تم تجميع بقية الكلاب في صف واحد في المقدمة.

La posizione di testa in prima linea era occupata da Spitz.

شغل سبيتز منصب القائد في المقدمة.

Buck era stato messo tra Dave e Solleks per essere istruito.

تم وضع باك بين ديف وسوليكس للحصول على التعليمات.

Lui imparava in fretta e gli insegnanti erano risoluti e capaci.

لقد كان سريع التعلم، وكانوا معلمين حازمين وقادرين.

Non permisero mai a Buck di restare a lungo nell'errore.

لم يسمحوا لباك أبدًا بالبقاء في الخطأ لفترة طويلة.

Quando necessario, impartivano le lezioni con denti affilati.

لقد قاموا بتدريس دروسهم بأسنان حادة عندما كان ذلك ضروريا.

Dave era giusto e dimostrava una saggezza pacata e seria.

كان ديف عادلاً وأظهر نوعًا من الحكمة الهادئة والجادة.

Non mordeva mai Buck senza una buona ragione.

لم يعض باك أبدًا دون سبب وجيه للقيام بذلك.

Ma non mancava mai di mordere quando Buck aveva
bisogno di essere corretto.

ولكنه لم يفشل أبدًا في العض عندما كان باك بحاجة إلى التصحيح.

La frusta di François era sempre pronta e sosteneva la loro
autorità.

وكان سوط فرانسوا جاهزًا دائمًا ويدعم سلطتهم.

Buck scoprì presto che era meglio obbedire che reagire.

سرعان ما أدرك باك أنه من الأفضل أن يطيع بدلاً من أن يقاتل.

Una volta, durante un breve riposo, Buck rimase impigliato
nelle redini.

ذات مرة، أثناء فترة راحة قصيرة، تشابك باك في اللجام.

Ritardò la partenza e confuse i movimenti della squadra.

أدى إلى تأخير البداية وإرباك حركة الفريق.

Dave e Solleks si avventarono su di lui e lo picchiarono
duramente.

طار ديف وسوليكس نحوه وضربوه بشدة.

La situazione peggiorò ulteriormente, ma Buck imparò bene
la lezione.

لقد أصبح التشابك أسوأ، لكن باك تعلم درسه جيدًا.

Da quel momento in poi tenne le redini tese e lavorò con
attenzione.

ومنذ ذلك الحين، أبقى زمام الأمور مشدودة، وعمل بعناية.

Prima che la giornata finisse, Buck aveva portato a termine
gran parte del suo compito.

قبل أن ينتهي اليوم، كان باك قد أتقن جزءًا كبيرًا من مهمته.

I suoi compagni di squadra quasi smisero di correggerlo o di morderlo.

كاد زملاؤه في الفريق أن يتوقفوا عن تصحيحه أو عضه.

La frusta di François schioccava nell'aria sempre meno spesso.

أصبح صوت سوط فرانسوا يتكسر في الهواء بشكل أقل وأقل.

Perrault sollevò addirittura i piedi di Buck ed esaminò attentamente ogni zampa.

حتى أن بيرولت رفع قدمي باك وفحص كل مخلب بعناية.

Era stata una giornata di corsa dura, lunga ed estenuante per tutti loro.

لقد كان يومًا شاقًا، طويلًا ومضنيًا بالنسبة لهم جميعًا.

Risalirono il Cañon, attraversarono Sheep Camp e superarono le Scales.

لقد سافروا عبر الوادي، عبر معسكر الأغنام، وبعد ذلك عبر المقاييس.

Superarono il limite della vegetazione arborea, poi ghiacciai e cumuli di neve alti diversi metri.

لقد عبروا خط الأشجار، ثم عبروا الأنهار الجليدية والثلوج التي يصل عمقها إلى عدة أقدام.

Scalarono il grande e freddo Chilkoot Divide.

لقد تسلقوا منحدر تشيلكوت البارد والشديد القسوة.

Quella cresta elevata si ergeva tra l'acqua salata e l'interno ghiacciato.

كانت تلك التلال المرتفعة تقع بين المياه المالحة والداخل المتجمد.

Le montagne custodivano il triste e solitario Nord con ghiaccio e ripide salite.

تحرس الجبال الشمال الحزين والوحيد بالجليد والمنحدرات الشديدة.

Scesero rapidamente lungo una lunga catena di laghi sotto la dorsale.

لقد حققوا وقتًا جيدًا في النزول عبر سلسلة طويلة من البحيرات أسفل التقسيم.

Questi laghi riempivano gli antichi crateri di vulcani spenti.

كانت تلك البحيرات تملأ فوهات البراكين المنقرضة القديمة.

Quella notte tardi raggiunsero un grande accampamento presso il lago Bennett.

وفي وقت متأخر من تلك الليلة، وصلوا إلى معسكر كبير في بحيرة بينيت.

Migliaia di cercatori d'oro erano lì, intenti a costruire barche per la primavera.

كان هناك آلاف الباحثين عن الذهب، يقومون ببناء القوارب للربيع.

Il ghiaccio si sarebbe presto rotto e dovevano essere pronti.

كان الجليد على وشك أن يتكسر قريبًا، وكان عليهم أن يكونوا مستعدين.

Buck scavò la sua buca nella neve e cadde in un sonno profondo.

حفر باك حفرته في الثلج وسقط في نوم عميق.

Dormiva come un lavoratore, esausto dopo una dura giornata di lavoro.

لقد نام كرجل عامل، منهكًا من يوم العمل الشاق.

Ma venne strappato al sonno troppo presto, nell'oscurità.

ولكن في وقت مبكر جدًا من الظلام، تم سحبه من النوم.

Fu nuovamente imbrigliato insieme ai suoi compagni e attaccato alla slitta.

تم ربطه مع زملائه مرة أخرى وربطه بالزلاجة.

Quel giorno percorsero quaranta miglia, perché la neve era ben calpestata.

في ذلك اليوم قطعوا أربعين ميلاً، لأن الثلج كان ممطراً بشكل كبير.

Il giorno dopo, e per molti giorni a seguire, la neve era soffice.

وفي اليوم التالي، ولعدة أيام بعد ذلك، كان الثلج ناعمًا.

Dovettero farsi strada da soli, lavorando di più e muovendosi più lentamente.

كان عليهم أن يصنعوا الطريق بأنفسهم، ويبذلوا جهدًا أكبر ويتحركوا ببطء.

Di solito, Perrault camminava davanti alla squadra con le ciaspole palmate.

عادة، كان بيرولت يمشي أمام الفريق مرتديًا أحذية الثلج المزودة بشبكة.

I suoi passi compattavano la neve, facilitando lo spostamento della slitta.

كانت خطواته تضغط على الثلج، مما يجعل من السهل على الزلاجة التحرك.

François, che era al timone della barca a vela, a volte prendeva il comando.

كان فرانسوا، الذي كان يقود من اتجاه الجي، يتولى القيادة في بعض الأحيان.

Ma era raro che François prendesse l'iniziativa

ولكن كان من النادر أن يتولى فرانسوا زمام المبادرة

perché Perrault aveva fretta di consegnare le lettere e i
pacchi.

لأن بيرولت كان في عجلة من أمره لتسليم الرسائل والطرود.

Perrault era orgoglioso della sua conoscenza della neve, e in
particolare del ghiaccio.

كان بيرولت فخوراً بمعرفته بالثلج، وخاصة الجليد.

Questa conoscenza era essenziale perché il ghiaccio
autunnale era pericolosamente sottile.

كانت هذه المعرفة ضرورية، لأن الجليد في الخريف كان رقيقًا بشكل
خطير.

Dove l'acqua scorreva rapidamente sotto la superficie non
c'era affatto ghiaccio.

حيث كان الماء يتدفق بسرعة تحت السطح، ولم يكن هناك جليد على
الإطلاق.


Giorno dopo giorno, la stessa routine si ripeteva senza fine.

يوما بعد يوم، نفس الروتين يتكرر بلا نهاية.

Buck lavorava senza sosta con le redini, dall'alba alla sera.

كان باك يتعب بلا نهاية في قيادة الحصان من الفجر حتى الليل.

Lasciarono l'accampamento al buio, molto prima che
sorgesse il sole.

غادروا المخيم في الظلام، قبل وقت طويل من شروق الشمس.

Quando spuntò l'alba, avevano già percorso molti
chilometri.

وبحلول ضوء النهار، كانوا قد قطعوا أميالاً عديدة بالفعل.

Si accamparono dopo il tramonto, mangiando pesce e
scavando buche nella neve.

أقاموا المخيم بعد حلول الظلام، وأكلوا الأسماك وحفروا في الثلوج.

Buck era sempre affamato e non era mai veramente
soddisfatto della sua razione.

كان باك دائمًا جائعًا ولم يكن راضيًا أبدًا عن حصته.

Riceveva ogni giorno mezzo chilo di salmone essiccato.

كان يتلقى رطلاً ونصفًا من سمك السلمون المجفف يوميًا.

Ma il cibo sembrò svanire dentro di lui, lasciandogli solo la
fame.

لكن الطعام بدا وكأنه يختفي بداخله، تاركا الجوع خلفه.

Soffriva di continui morsi della fame e sognava di avere più cibo.

كان يعاني من نوبات الجوع المستمرة، ويحلم بالمزيد من الطعام.

Gli altri cani hanno ricevuto solo mezzo chilo di cibo, ma sono rimasti forti.

حصلت الكلاب الأخرى على رطل واحد فقط من الطعام، لكنها ظلت قوية.

Erano più piccoli ed erano nati in una società nordica.

لقد كانوا أصغر حجمًا، وولدوا في الحياة الشمالية.

Perse rapidamente la pignoleria che aveva caratterizzato la sua vecchia vita.

لقد فقد بسرعة الصرامة التي ميزت حياته القديمة.

Fino a quel momento era stato un mangiatore prelibato, ma ora non gli era più possibile.

لقد كان يأكل طعامًا لذيذًا، لكن الآن لم يعد ذلك ممكنًا.

I suoi compagni arrivarono primi e gli rubarono la razione rimasta.

انتهى أصدقاؤه أولاً وسرقوا منه حصته غير المكتملة.

Una volta cominciati, non c'era più modo di difendere il cibo da loro.

بمجرد أن بدأوا لم يكن هناك طريقة للدفاع عن طعامه منهم.

Mentre lui lottava contro due o tre cani, gli altri rubarono il resto.

بينما كان يقاتل كلبين أو ثلاثة، قام الآخرون بسرقة الباقي.

Per risolvere il problema, cominciò a mangiare velocemente come mangiavano gli altri.

ولإصلاح ذلك، بدأ يأكل بسرعة مثل الآخرين.

La fame lo spingeva così forte che arrivò persino a prendere del cibo non suo.

كان الجوع يدفعه بقوة إلى أن يتناول طعامًا ليس من حقه.

Osservò gli altri e imparò rapidamente dalle loro azioni.

لقد راقب الآخرين وتعلم بسرعة من أفعالهم.

Vide Pike, un nuovo cane, rubare una fetta di pancetta a Perrault.

لقد رأى بايك، وهو كلب جديد، يسرق شريحة من لحم الخنزير المقدد من بيرولت.

Pike aveva aspettato che Perrault gli voltasse le spalle per rubare la pagnotta.

انتظر بايك حتى أصبح ظهر بيرولت بعيدًا لسرقة لحم الخنزير المقدد.

Il giorno dopo, Buck copiò Pike e rubò l'intero pezzo.

في اليوم التالي، قام باك بنسخ بايك وسرق القطعة بأكملها.

Seguì un gran tumulto, ma Buck non fu sospettato.

وقد أعقب ذلك ضجة كبيرة، لكن لم يكن هناك أي شك في باك.

Al suo posto venne punito Dub, un cane goffo che veniva sempre beccato.

دب، الكلب الأخرق الذي يتم القبض عليه دائمًا، تم معاقبته بدلاً من ذلك.

Quel primo furto fece di Buck un cane adatto a sopravvivere al Nord.

كانت تلك السرقة الأولى بمثابة إشارة إلى أن باك هو الكلب المناسب للبقاء على قيد الحياة في الشمال.

Ha dimostrato di sapersi adattare alle nuove condizioni e di saper imparare rapidamente.

وأظهر أنه قادر على التكيف مع الظروف الجديدة والتعلم بسرعة.

Senza tale adattabilità, sarebbe morto rapidamente e gravemente.

ولولا هذه القدرة على التكيف لكان قد مات بسرعة وبصورة سيئة.

Segnò anche il crollo della sua natura morale e dei suoi valori passati.

كما أنها كانت بمثابة انهيار لطبيعته الأخلاقية وقيمه الماضية.

Nel Southland aveva vissuto secondo la legge dell'amore e della gentilezza.

لقد عاش في الجنوب تحت قانون الحب واللطف.

Lì aveva senso rispettare la proprietà e i sentimenti degli altri cani.

هناك كان من المنطقي احترام الممتلكات ومشاعر الكلاب الأخرى.

Ma i Northland seguivano la legge del bastone e la legge della zanna.

لكن سكان نورثلاند اتبعوا قانون النادي وقانون الأنياب.

Chiunque rispettasse i vecchi valori era uno sciocco e avrebbe fallito.

من احترم القيم القديمة هنا كان أحمقًا وسوف يفشل.

Buck non rifletté su tutto questo nella sua mente.

لم يكن باك قادراً على تفسير كل هذا في ذهنه.

Era in forma e quindi si adattò senza pensarci due volte.

لقد كان لائقًا، لذا فقد تكيف دون الحاجة إلى التفكير.

In tutta la sua vita non era mai fuggito da una rissa.

طوال حياته، لم يهرب أبدًا من القتال.

Ma la mazza di legno dell'uomo con il maglione rosso cambiò la regola.

لكن الهراوة الخشبية للرجل ذو السترة الحمراء غيّرت هذه القاعدة.

Ora seguiva un codice più profondo e antico, inscritto nel suo essere.

والآن أصبح يتبع قانونًا أعمق وأقدم مكتوبًا في كيانه.

Non rubava per piacere, ma per il dolore della fame.

لم يسرق من أجل المتعة، بل من أجل ألم الجوع.

Non rubava mai apertamente, ma rubava con astuzia e attenzione.

لم يسرق علانيةً قط، بل سرق بمكر وحرص.

Agì per rispetto verso la clava di legno e per paura delle zanne.

لقد تصرف بدافع الاحترام للنادي الخشبي والخوف من الناب.

In breve, ha fatto ciò che era più facile e sicuro che non farlo.

باختصار، لقد فعل ما كان أسهل وأكثر أمانًا من عدم فعله.

Il suo sviluppo, o forse il suo ritorno ai vecchi istinti, fu rapido.

وكان تطوره - أو ربما عودته إلى غرائزه القديمة - سريعًا.

I suoi muscoli si indurirono fino a diventare forti come il ferro.

تصلبت عضلاته حتى أصبح شعرها قويا مثل الحديد.

Non gli importava più del dolore, a meno che non fosse grave.

لم يعد يهتم بالألم، إلا إذا كان خطيرًا.

Divenne efficiente dentro e fuori, senza sprecare nulla.

لقد أصبح فعالاً من الداخل والخارج، ولم يهدر أي شيء على الإطلاق.

Poteva mangiare cose disgustose, marce o difficili da digerire.

كان بإمكانه أن يأكل أشياء كريهة، أو فاسدة، أو صعبة الهضم.

Qualunque cosa mangiasse, il suo stomaco ne sfruttava ogni singolo pezzetto di valore.

مهما كان ما يأكله، فإن معدته تستهلك كل ما فيه من قيمة.

Il suo sangue trasportava i nutrienti in tutto il suo potente corpo.

حمل دمه العناصر الغذائية إلى كل أنحاء جسده القوي.

Ciò gli ha permesso di sviluppare tessuti forti che gli hanno conferito un'incredibile resistenza.

لقد أدى ذلك إلى بناء أنسجة قوية أعطته قدرة تحمل لا تصدق.

La sua vista e il suo olfatto diventarono molto più sensibili di prima.

أصبحت حاسة البصر والشم لديه أكثر حساسية من ذي قبل.

Il suo udito diventò così acuto che riusciva a percepire anche i suoni più deboli durante il sonno.

لقد أصبح سمعه حادًا لدرجة أنه كان قادرًا على اكتشاف الأصوات الخافتة أثناء النوم.

Nei sogni sapeva se quei suoni significavano sicurezza o pericolo.

كان يعرف في أحلامه ما إذا كانت الأصوات تعني الأمان أم الخطر.

Imparò a mordere con i denti il ghiaccio tra le dita dei piedi.

لقد تعلم كيفية قضم الجليد بين أصابع قدميه بأسنانه.

Se una pozza d'acqua si ghiacciava, lui rompeva il ghiaccio con le gambe.

إذا تجمدت حفرة الماء، فإنه يكسر الجليد بساقيه.

Si impennò e colpì duramente il ghiaccio con gli arti anteriori rigidi.

نهض وضرب الجليد بقوة بأطرافه الأمامية الصلبة.

La sua abilità più sorprendente era quella di prevedere i cambiamenti del vento durante la notte.

كانت قدرته الأبرز هي التنبؤ بتغيرات الرياح أثناء الليل.

Anche quando l'aria era immobile, sceglieva luoghi riparati dal vento.

حتى عندما كان الهواء ساكنًا، اختار أماكن محمية من الرياح.

Ovunque scavasse il nido, il vento del giorno dopo lo superava.

أينما حفر عشه، مرت به رياح اليوم التالي.

Alla fine si ritrovava sempre al sicuro e protetto, al riparo dal vento.

لقد انتهى به الأمر دائمًا إلى أن يكون مرتاحًا ومحميًا، في مأمن من النسيم.

Buck non solo imparò dall'esperienza: anche il suo istinto tornò.

لم يتعلم باك من خلال الخبرة فحسب، بل عادت غرائزه أيضًا.

Le abitudini delle generazioni addomesticate cominciarono a scomparire.

بدأت عادات الأجيال المستأنسة في التلاشي.

Ricordava vagamente i tempi antichi della sua razza.

وبطرق غامضة، تذكر العصور القديمة لسلالاته.

Ripensò a quando i cani selvatici correvano in branco nelle foreste.

لقد فكر في الوقت الذي كانت فيه الكلاب البرية تركض في مجموعات عبر الغابات.

Avevano inseguito e ucciso la loro preda mentre la inseguivano.

لقد طاردوا فريستهم وقتلوها أثناء مطاردتها.

Per Buck fu facile imparare a combattere con forza e velocità.

لقد كان من السهل على باك أن يتعلم كيفية القتال بقوة وسرعة.

Come i suoi antenati, usava tagli, squarci e schiocchi rapidi.

لقد استخدم القطع والتشريح والالتقاطات السريعة تمامًا مثل أسلافه.

Quegli antenati si risvegliarono in lui e risvegliarono la sua natura selvaggia.

لقد تحرك هؤلاء الأجداد في داخله وأيقظوا طبيعته البرية.

Le loro vecchie abilità gli erano state trasmesse attraverso la linea di sangue.

لقد انتقلت مهاراتهم القديمة إليه من خلال سلالة الدم.

Ora i loro trucchi erano suoi, senza bisogno di pratica o sforzo.

أصبحت حيلهم الآن بين يديه، دون الحاجة إلى التدريب أو بذل الجهد.

Nelle notti fredde e tranquille, Buck sollevava il naso e ululò.

في الليالي الباردة الهادئة، كان باك يرفع أنفه ويصرخ.

Ululò a lungo e profondamente, come facevano i lupi tanto tempo fa.

عوى طويلاً وعميقاً، كما فعل الذئاب منذ زمن بعيد.

Attraverso di lui, i suoi antenati defunti puntarono il naso e ulularono.

ومن خلاله أشار أسلافه الموتى بأنوفهم وعووا.

Hanno ululato attraverso i secoli con la sua voce e la sua forma.

لقد صرخوا عبر القرون بصوته وشكلته.

Le sue cadenze erano le loro, vecchi gridi che parlavano di dolore e di freddo.

كانت إيقاعاته هي إيقاعاتهم، صرخات قديمة تحكي عن الحزن والبرد.

Cantavano dell'oscurità, della fame e del significato dell'inverno.

لقد غنوا عن الظلام، والجوع، ومعنى الشتاء.

Buck ha dimostrato come la vita sia plasmata da forze che vanno oltre noi stessi,

أثبت باك كيف تتشكل الحياة من خلال قوى خارج الذات،

l'antico canto risuonò nelle vene di Buck e si impadronì della sua anima.

ارتفعت الأغنية القديمة عبر باك واستولت على روحه.

Ritrovò se stesso perché gli uomini avevano trovato l'oro nel Nord.

لقد وجد نفسه لأن الرجال وجدوا الذهب في الشمال.

E lo trovò perché Manuel, l'aiutante giardiniere, aveva bisogno di soldi.

ووجد نفسه لأن مانويل، مساعد البستاني، كان يحتاج إلى المال.

## La Bestia Primordiale Dominante
### الوحش البدائي المسيطر

La bestia primordiale dominante era più forte che mai in Buck.

كان الوحش البدائي المهيمن قويًا كما كان دائمًا في باك.

Ma la bestia primordiale dominante era rimasta dormiente in lui.

لكن الوحش البدائي المسيطر كان كامنًا بداخله.

La vita sui sentieri era dura, ma rafforzava la bestia che era in Buck.

كانت حياة الطريق قاسية، لكنها عززت الوحش داخل باك.

Segretamente la bestia diventava sempre più forte ogni giorno.

في الخفاء، أصبح الوحش أقوى وأقوى كل يوم.

Ma quella crescita interiore è rimasta nascosta al mondo esterno.

لكن هذا النمو الداخلي بقي مخفيا عن العالم الخارجي.

Una forza primordiale calma e silenziosa si stava formando dentro Buck.

كانت هناك قوة بدائية هادئة وساكنة تتراكم داخل باك.

Una nuova astuzia diede a Buck equilibrio, calma e compostezza.

لقد أعطى المكر الجديد باك التوازن والتحكم الهادئ والاتزان.

Buck si concentrò molto sull'adattamento, senza mai sentirsi completamente rilassato.

ركز باك بشدة على التكيف، ولم يشعر بالاسترخاء التام أبدًا.

Evitava i conflitti, non iniziava mai litigi e non cercava mai guai.

كان يتجنب الصراع، ولا يبدأ القتال أبدًا، ولا يسعى إلى المتاعب.

Ogni mossa di Buck era scandita da una riflessione lenta e costante.

كان التفكير البطيء والثابت هو الذي شكل كل تحركات باك.

Evitava scelte avventate e decisioni improvvise e sconsiderate.

كان يتجنب الاختيارات المتهورة والقرارات المفاجئة المتهورة.

Sebbene Buck odiasse profondamente Spitz, non gli mostrò alcuna aggressività.

على الرغم من أن باك كان يكره سبيتز بشدة، إلا أنه لم يظهر له أي عدوان.

Buck non provocò mai Spitz e mantenne le sue azioni moderate.

لم يستفز باك سبيتز أبدًا، وحافظ على أفعاله مقيدة.

Spitz, d'altro canto, percepì il pericolo crescente in Buck.

ومن ناحية أخرى، شعر سبيتز بالخطر المتزايد في باك.

Vedeva Buck come una minaccia e una seria sfida al suo potere.

لقد رأى باك كتهديد وتحدي خطير لسلطته.

Coglieva ogni occasione per ringhiare e mostrare i suoi denti aguzzi.

لقد استغل كل فرصة للهجوم وإظهار أسنانه الحادة.

Stava cercando di dare inizio allo scontro mortale che sarebbe dovuto avvenire.

لقد كان يحاول بدء القتال المميت الذي كان لا بد أن يأتي.

All'inizio del viaggio, tra loro scoppiò quasi una lite.

وفي وقت مبكر من الرحلة، كاد قتال أن يندلع بينهما.

Ma un incidente inaspettato impedì che il combattimento avesse luogo.

ولكن حادث غير متوقع منع حدوث القتال.

Quella sera si accamparono sul gelido lago Le Barge.

وفي ذلك المساء أقاموا مخيمهم على بحيرة لو بارج شديدة البرودة.

La neve cadeva fitta e il vento era tagliente come una lama.

كان الثلج يتساقط بغزارة، والريح تقطع مثل السكين.

La notte era scesa troppo in fretta e l'oscurità li aveva avvolti.

لقد جاء الليل سريعًا جدًا، والظلام يحيط بهم.

Difficilmente avrebbero potuto scegliere un posto peggiore per riposare.

لم يكن بإمكانهم اختيار مكان أسوأ للراحة.

I cani cercavano disperatamente un posto dove sdraiarsi.

بحثت الكلاب بشكل يائس عن مكان للاستلقاء.

Dietro il piccolo gruppo si ergeva un'alta parete rocciosa.

ارتفع جدار صخري طويل بشكل حاد خلف المجموعة الصغيرة.

Per alleggerire il carico, la tenda era stata lasciata a Dyea.

لقد تم ترك الخيمة في دايا لتخفيف الحمل.

Non avevano altra scelta che accendere il fuoco direttamente sul ghiaccio.

لم يكن أمامهم خيار سوى إشعال النار على الجليد نفسه.

Stendevano i loro accappatoi direttamente sul lago ghiacciato.

قاموا بنشر أردية نومهم مباشرة على البحيرة المتجمدة.

Qualche pezzo di legno galleggiante dava loro un po' di fuoco.

أعطتهم بضعة أعواد من الخشب الطافي القليل من النار.

Ma il fuoco è stato acceso sul ghiaccio e attraverso di esso si è scongelato.

لكن النار اشتعلت على الجليد، وذابت من خلاله.

Alla fine cenarono al buio.

وفي النهاية كانوا يتناولون عشاءهم في الظلام.

Buck si rannicchiò accanto alla roccia, al riparo dal vento freddo.

انحنى باك بجانب الصخرة، محميًا من الرياح الباردة.

Il posto era così caldo e sicuro che Buck non voleva andarsene.

كان المكان دافئًا وآمنًا لدرجة أن باك كان يكره الانتقال بعيدًا.

Ma François aveva scaldato il pesce e stava distribuendo le razioni.

لكن فرانسوا قام بتسخين الأسماك وقام بتوزيع الحصص.

Buck finì di mangiare in fretta e tornò a letto.

انتهى باك من تناول الطعام بسرعة، وعاد إلى سريره.

Ma Spitz ora giaceva dove Buck aveva preparato il suo letto.

لكن سبيتز كان مستلقيًا الآن حيث صنع باك سريره.

Un ringhio basso avvertì Buck che Spitz si rifiutava di muoversi.

حذرت صرخة منخفضة باك من أن سبيتز رفض التحرك.

Finora Buck aveva evitato lo scontro con Spitz.

حتى الآن، كان باك يتجنب هذه المعركة مع سبيتز.

Ma nel profondo di Buck la bestia alla fine si liberò.

ولكن في أعماق باك، انطلق الوحش أخيرًا.

Il furto del suo posto letto era troppo da tollerare.

لقد كانت سرقة مكان نومه أمرًا لا يطاق.

Buck si lanciò contro Spitz, pieno di rabbia e furore.

انقض باك على سبيتز، وكان مليئًا بالغضب والغضب.

Fino a quel momento Spitz aveva pensato che Buck fosse solo un grosso cane.

حتى ذلك الوقت كان سبيتز يعتقد أن باك كان مجرد كلب كبير.

Non pensava che Buck fosse sopravvissuto grazie al suo spirito.

لم يعتقد أن باك قد نجا من خلال روحه.

Si aspettava paura e codardia, non furia e vendetta.

كان يتوقع الخوف والجبن، وليس الغضب والانتقام.

François rimase a guardare mentre entrambi i cani schizzavano fuori dal nido in rovina.

حدق فرانسوا بينما خرج الكلبان من العش المدمر.

Capì subito cosa aveva scatenato quella violenta lotta.

لقد فهم على الفور سبب بدء الصراع الوحشي.

"Aa-ah!" gridò François in sostegno del cane marrone.

آه-آه. "صرخ فرانسوا دعماً للكلب البني."

"Dategli una bella lezione! Per Dio, punite quel ladro furbo!"

"اضربوه. والله، عاقبوا هذا اللص الماكر."

Spitz dimostrò altrettanta prontezza e fervore nel combattere.

وأظهر سبيتز استعدادًا مماثلاً وحماسًا شديدًا للقتال.

Gridò di rabbia mentre girava velocemente in tondo, cercando un varco.

صرخ بغضب وهو يدور بسرعة، باحثًا عن فرصة.

Buck mostrò la stessa fame di combattere e la stessa cautela.

وأظهر باك نفس الرغبة في القتال، ونفس الحذر.

Anche lui girò intorno al suo avversario, cercando di avere la meglio nella battaglia.

كما حاصر خصمه أيضًا، محاولًا كسب اليد العليا في المعركة.

Poi accadde qualcosa di inaspettato e cambiò tutto.

ثم حدث شيء غير متوقع وغير كل شيء.

Quel momento ritardò l'eventuale lotta per la leadership.

لقد أدت تلك اللحظة إلى تأخير المعركة النهائية على القيادة.

Ci sarebbero ancora molti chilometri di sentiero e di lotta da percorrere prima della fine.

لا تزال أميال عديدة من الطريق والنضال تنتظر قبل النهاية.

Perrault urlò un'imprecazione mentre una mazza colpiva l'osso.

صرخ بيرولت بقسم بينما كانت الهراوة تصطدم بالعظم.

Seguì un acuto grido di dolore, poi il caos esplose tutt'intorno.

تبع ذلك صرخة حادة من الألم، ثم انفجرت الفوضى في كل مكان.

Forme scure si muovevano nell'accampamento: husky selvatici, affamati e feroci.

تحركت الأشكال المظلمة في المخيم؛ كلاب الهاسكي البرية، الجائعة والشرسة.

Quattro o cinque dozzine di husky avevano fiutato l'accampamento da molto lontano.

كان هناك أربعة أو خمسة عشرات من الكلاب الهاسكي تشم المخيم من بعيد.

Si erano introdotti furtivamente mentre i due cani litigavano lì vicino.

لقد تسللوا بهدوء بينما كان الكلبان يتقاتلان في مكان قريب.

François e Perrault si lanciarono all'attacco, colpendo con i manganelli gli invasori.

هاجم فرانسوا وبيرو الغزاة، ولوحوا بالهراوات في وجههم.

Gli husky affamati mostrarono i denti e si dibatterono freneticamente.

أظهرت الكلاب الهاسكي الجائعة أسنانها وقاتلت بشراسة.

L'odore della carne e del pane li aveva fatti superare ogni paura.

لقد دفعتهم رائحة اللحوم والخبز إلى تجاوز كل الخوف.

Perrault picchiò un cane che aveva nascosto la testa nella buca delle vivande.

ضرب بيرولت كلبًا دفن رأسه في صندوق الطعام.

Il colpo fu violento e la scatola si ribaltò, facendo fuoriuscire il cibo.

كانت الضربة قوية، وانقلب الصندوق، وتناثر الطعام خارجه.

Nel giro di pochi secondi, una ventina di bestie feroci si avventarono sul pane e sulla carne.

في ثوانٍ، هاجمت مجموعة من الوحوش البرية الخبز واللحم.

I bastoni degli uomini sferrarono un colpo dopo l'altro, ma nessun cane si allontanò.

وسددت أندية الرجال ضربة تلو الأخرى، لكن لم يتراجع أحد.

Urlavano di dolore, ma continuarono a lottare finché non rimase più cibo.

لقد صرخوا من الألم، لكنهم قاتلوا حتى لم يبق طعام.

Nel frattempo i cani da slitta erano saltati giù dalle loro culle innevate.

وفي هذه الأثناء، قفزت كلاب الزلاجات من أسرتها الثلجية.

Furono immediatamente attaccati dai feroci e affamati husky.

لقد تعرضوا على الفور لهجوم من قبل الكلاب الهاسكي الجائعة الشرسة.

Buck non aveva mai visto prima creature così selvagge e affamate.

لم يسبق لباك أن رأى مثل هذه المخلوقات البرية والجائعة من قبل.

La loro pelle pendeva flaccida, nascondendo a malapena lo scheletro.

كانت جلودهم متدلية، بالكاد تخفي هياكلهم العظمية.

C'era un fuoco nei loro occhi, per fame e follia

وكان في عيونهم نار من الجوع والجنون

Non c'era modo di fermarli, di resistere al loro assalto selvaggio.

لم يكن هناك ما يوقفهم، ولا ما يقاوم اندفاعهم الوحشي.

I cani da slitta vennero spinti indietro e premuti contro la parete della scogliera.

تم دفع كلاب الزلاجات إلى الخلف، وضغطها على جدار الجرف.

Tre husky attaccarono Buck contemporaneamente, lacerandogli la carne.

هاجم ثلاثة كلاب هاسكي باك في وقت واحد، وقاموا بتمزيق لحمه.

Il sangue gli colava dalla testa e dalle spalle, dove era stato tagliato.

تدفق الدم من رأسه وكتفيه حيث تم قطعه.

Il rumore riempì l'accampamento: ringhi, guaiti e grida di dolore.

امتلأ المخيم بالضجيج؛ هدير، صراخ، وصراخ الألم.

Billee pianse forte, come al solito, presa dal panico e dalla mischia.

بكت بيلي بصوت عالٍ، كعادتها، وهي عالقة في المعركة والذعر.

Dave e Solleks rimasero fianco a fianco, sanguinanti ma con aria di sfida.

كان ديف وسوليكس واقفين جنبًا إلى جنب، ينزفان ولكنهما متحدان.

Joe lottava come un demonio, mordendo tutto ciò che gli si avvicinava.

كان جو يقاتل مثل الشيطان، يعض أي شيء يقترب منه.

Con un violento schiocco di mascelle schiacciò la zampa di un husky.

لقد سحق ساق الهاسكي بضربة وحشية من فكيه.

Pike saltò sull'husky ferito e gli ruppe il collo all'istante.

قفز بايك على الهاسكي الجريح وكسر رقبته على الفور.

Buck afferrò un husky per la gola e gli strappò la vena.

أمسك باك كلب الهاسكي من حلقه ومزقه من خلال الوريد.

Il sangue schizzò e il sapore caldo mandò Buck in delirio.

تناثر الدم، والطعم الدافئ دفع باك إلى الجنون.

Si lanciò contro un altro aggressore senza esitazione.

ألقى بنفسه على مهاجم آخر دون تردد.

Nello stesso momento, denti aguzzi si conficcarono nella gola di Buck.

وفي نفس اللحظة، حفرت أسنان حادة في حلق باك.

Spitz aveva colpito di lato, attaccando senza preavviso.

لقد ضرب سبيتز من الجانب، مهاجمًا دون سابق إنذار.

Perrault e François avevano sconfitto i cani rubando il cibo.

تمكن بيرولت وفرانسوا من هزيمة الكلاب التي كانت تسرق الطعام.

Ora si precipitarono ad aiutare i loro cani a respingere gli aggressori.

والآن سارعوا لمساعدة كلابهم في محاربة المهاجمين.

I cani affamati si ritirarono mentre gli uomini roteavano i loro manganelli.

تراجعت الكلاب الجائعة بينما كان الرجال يهزون هراواتهم.

Buck riuscì a liberarsi dall'attacco, ma la fuga fu breve.

تمكن باك من الهروب من الهجوم، لكن الهروب كان قصيرًا.

Gli uomini corsero a salvare i loro cani e gli husky tornarono ad attaccarli.

ركض الرجال لإنقاذ كلابهم، وهاجمتهم الكلاب الهاسكي مرة أخرى.

Billee, spaventato e coraggioso, si lanciò nel branco di cani.

بيلي، خائفًا من الشجاعة، قفز إلى مجموعة الكلاب.

Ma poi fuggì attraverso il ghiaccio, in preda al terrore e al panico.

لكن بعد ذلك هرب عبر الجليد، في حالة من الرعب والذعر.

Pike e Dub li seguirono da vicino, correndo per salvarsi la vita.

وتبعهما بايك ودب عن كثب، يركضان لإنقاذ حياتهما.

Il resto della squadra si disperse e li inseguì.

بقية الفريق انكسر وتشتت، وتبعهم.

Buck raccolse le forze per correre, ma poi vide un lampo.

جمع باك قوته للركض، ولكن بعد ذلك رأى وميضًا.

Spitz si lanciò verso Buck, cercando di buttarlo a terra.

انقض سبيتز على جانب باك، محاولاً إسقاطه على الأرض.

Sotto quella banda di husky, Buck non avrebbe avuto scampo.

تحت هذا الحشد من الكلاب الهاسكي، لم يكن لدى باك أي فرصة للهروب.

Ma Buck rimase fermo e si preparò al colpo di Spitz.

لكن باك صمد وقاوم الضربة التي وجهها له سبيتز.

Poi si voltò e corse sul ghiaccio con la squadra in fuga.

ثم استدار وركض إلى الجليد مع الفريق الهارب.


Più tardi i nove cani da slitta si radunarono al riparo del bosco.

وفي وقت لاحق، تجمعت الكلاب التسعة في ملجأ الغابة.

Nessuno li inseguiva più, ma erano malconci e feriti.

لم يعد أحد يطاردهم، لكنهم تعرضوا للضرب والجرح.

Ogni cane presentava delle ferite: quattro o cinque tagli profondi su ogni corpo.

كان لدى كل كلب جروح؛ أربعة أو خمسة جروح عميقة في كل جسم.

Dub aveva una zampa posteriore ferita e ora faceva fatica a camminare.

كان لدى داب إصابة في ساقه الخلفية وكان يكافح من أجل المشي الآن.

Dolly, l'ultimo cane arrivato da Dyea, aveva la gola tagliata.

دوللي، أحدث كلب من دايا، أصيب بجرح في الحلق.

Joe aveva perso un occhio e l'orecchio di Billee era stato tagliato a pezzi

لقد فقد جو إحدى عينيه، وقُطعت أذن بيلي إلى قطع.

Tutti i cani piansero per il dolore e la sconfitta durante la notte.

بكت كل الكلاب من الألم والهزيمة طوال الليل.

All'alba tornarono lentamente all'accampamento, doloranti e distrutti.

وعند الفجر، تسللوا عائدين إلى المخيم، متألمين ومكسورين.

Gli husky erano scomparsi, ma il danno era fatto.

لقد اختفت الكلاب الهاسكي، لكن الضرر كان قد وقع.

Perrault e François erano di pessimo umore e osservavano le rovine.

كان بيرولت وفرانسوا واقفين في مزاج سيئ فوق الأنقاض.

Metà del cibo era sparito, rubato dai ladri affamati.

لقد اختفى نصف الطعام، وسرقه اللصوص الجائعون.

Gli husky avevano strappato le corde e la tela della slitta.

لقد مزقت الكلاب الهاسكي أربطة الزلاجات والقماش.

Tutto ciò che aveva odore di cibo era stato divorato completamente.

لقد تم التهام أي شيء له رائحة الطعام بالكامل.

Mangiarono un paio di stivali da viaggio in pelle di alce di Perrault.

لقد أكلوا زوجًا من أحذية السفر المصنوعة من جلد الموظ الخاصة بـ بيرولت.

Hanno masticato le pelli e rovinato i cinturini rendendoli inutilizzabili.

لقد قاموا بمضغ الريس الجلدي وإتلاف الأشرطة حتى أصبحت غير صالحة للاستخدام.

François smise di fissare la frusta strappata per controllare i cani.

توقف فرانسوا عن النظر إلى الرموش الممزقة للتحقق من الكلاب.

«Ah, amici miei», disse con voce bassa e preoccupata.

آه، أصدقائي، "قال بصوت منخفض ومليء بالقلق."

"Forse tutti questi morsi vi trasformeranno in bestie pazze."

"ربما كل هذه اللدغات سوف تحولك إلى وحوش مجنونة."

"Forse tutti cani rabbiosi, sacredam! Che ne pensi, Perrault?"

ربما كل الكلاب المسعورة، يا إلهي. ما رأيك يا بيرولت؟

Perrault scosse la testa, con gli occhi scuri per la preoccupazione e la paura.

هز بيرولت رأسه، وكانت عيناه مظلمتين بالقلق والخوف.

C'erano ancora quattrocento miglia tra loro e Dawson.

لا يزال هناك أربعمائة ميل بينهم وبين داوسون.

La follia dei cani potrebbe ormai distruggere ogni possibilità
di sopravvivenza.

جنون الكلب الآن قد يدمر أي فرصة للبقاء على قيد الحياة.

Hanno passato due ore a imprecare e a cercare di riparare
l'attrezzatura.

لقد أمضوا ساعتين في الشتائم ومحاولة إصلاح المعدات.

La squadra ferita alla fine lasciò l'accampamento, distrutta e
sconfitta.

وأخيراً غادر الفريق الجريح المعسكر مكسوراً ومهزوماً.

Questo è stato il sentiero più duro finora e ogni passo è stato
doloroso.

لقد كان هذا هو الطريق الأصعب حتى الآن، وكل خطوة كانت مؤلمة.

Il fiume Thirty Mile non era ghiacciato e scorreva
impetuoso.

لم يتجمد نهر الثلاثين ميلاً، وكان يتدفق بعنف.

Soltanto nei punti calmi e nei vortici il ghiaccio riusciva a
resistere.

لم يتمكن الجليد من الصمود إلا في الأماكن الهادئة والتيارات الدوامية.

Trascorsero sei giorni di duro lavoro per percorrere le trenta
miglia.

لقد مرت ستة أيام من العمل الشاق حتى تم قطع الثلاثين ميلاً.

Ogni miglio del sentiero porta con sé pericoli e minacce di
morte.

كان كل ميل من الطريق يحمل خطرًا وتهديدًا بالموت.

Uomini e cani rischiavano la vita a ogni passo doloroso.

لقد خاطر الرجال والكلاب بحياتهم مع كل خطوة مؤلمة.

Perrault riuscì a superare i sottili ponti di ghiaccio una
dozzina di volte.

نجح بيرولت في اختراق الجسور الجليدية الرقيقة عشرات المرات
المختلفة.

Prese un palo e lo lasciò cadere nel buco creato dal suo
corpo.

حمل عمودًا وتركه يسقط على الحفرة التي صنعها جسده.

Quel palo salvò Perrault più di una volta dall'annegamento.

لقد أنقذ هذا العمود بيرولت من الغرق أكثر من مرة.

L'ondata di freddo persisteva, la temperatura era di cinquanta gradi sotto zero.

ظلت موجة البرد قوية، وكانت درجة حرارة الهواء خمسين درجة تحت الصفر.

Ogni volta che cadeva, Perrault era costretto ad accendere un fuoco per sopravvivere.

في كل مرة كان يسقط فيها، كان على بيرولت أن يشعل النار ليتمكن من البقاء على قيد الحياة.

Gli abiti bagnati si congelavano rapidamente, perciò li faceva asciugare vicino al calore cocente.

تجمدت الملابس المبللة بسرعة، لذا قام بتجفيفها بالقرب من الحرارة الشديدة.

Perrault non provava mai paura, e questo faceva di lui un corriere.

لم يكن الخوف يمس بيرولت على الإطلاق، وهذا ما جعله رسولاً.

Fu scelto per affrontare il pericolo e lo affrontò con silenziosa determinazione.

لقد تم اختياره لمواجهة الخطر، وقابله بهدوء وتصميم.

Si spinse in avanti controvento, con il viso raggrinzito e congelato.

تقدم للأمام في مواجهة الريح، وكان وجهه المتجعد مغطى بالصقيع.

Perrault li guidò in avanti dall'alba al tramonto.

من الفجر الخافت حتى حلول الليل، قادهم بيرولت إلى الأمام.

Camminava sul ghiaccio sottile che scricchiolava a ogni passo.

كان يمشي على حافة الجليد الضيقة التي كانت تتشقق مع كل خطوة.

Non osavano fermarsi: ogni pausa rischiava di provocare un crollo mortale.

لم يجرؤوا على التوقف ـ كل توقف كان يهدد بانهيار مميت.

Una volta la slitta si ruppe, trascinando dentro Dave e Buck.

في إحدى المرات، اخترقت الزلاجة الطريق، وسحبت ديف وبوك إلى الداخل.

Quando furono liberati, entrambi erano quasi congelati.

بحلول الوقت الذي تم فيه سحبهما بحرية، كان كلاهما متجمدين تقريبًا.

Gli uomini accesero rapidamente un fuoco per salvare Buck e Dave.

قام الرجال بإشعال النار بسرعة لإبقاء باك وديف على قيد الحياة.

I cani erano ricoperti di ghiaccio dal naso alla coda, rigidi come legno intagliato.

كانت الكلاب مغطاة بالجليد من الأنف إلى الذيل، صلبة مثل الخشب المنحوت.

Gli uomini li fecero correre in cerchio vicino al fuoco per scongelarne i corpi.

قام الرجال بتدويرهم في دوائر بالقرب من النار لتذويب أجسادهم.

Si avvicinarono così tanto alle fiamme che la loro pelliccia rimase bruciacchiata.

لقد اقتربوا من النيران لدرجة أن فرائهم احترق.

Spitz ruppe poi il ghiaccio, trascinando dietro di sé la squadra.

ثم اخترق سبيتز الجليد، وسحب الفريق خلفه.

La frenata arrivava fino al punto in cui Buck stava tirando.

وصل الكسر إلى كل الطريق حتى حيث كان باك يسحب.

Buck si appoggiò bruscamente allo schienale, con le zampe che scivolavano e tremavano sul bordo.

انحنى باك إلى الخلف بقوة، وكانت كفوفه تنزلق وترتجف على الحافة.

Anche Dave si sforzò all'indietro, proprio dietro Buck sulla linea.

كما بذل ديف جهدًا كبيرًا في التراجع إلى الخلف، خلف باك مباشرة على الخط

François tirava la slitta e i suoi muscoli scricchiolavano per lo sforzo.

سحب فرانسوا الزلاجة، وكانت عضلاته تتكسر من شدة الجهد.

Un'altra volta, il ghiaccio del bordo si è crepato davanti e dietro la slitta.

في مرة أخرى، تصدع الجليد على الحافة أمام الزلاجة وخلفها.

Non avevano altra via d'uscita se non quella di arrampicarsi su una parete ghiacciata.

لم يكن لديهم أي وسيلة للخروج سوى تسلق جدار الجرف المتجمد.

In qualche modo Perrault riuscì a scalare il muro: un miracolo lo tenne in vita.

تمكن بيرولت بطريقة ما من تسلق الجدار؛ وأبقته معجزة على قيد الحياة.

François rimase sottocoperta, pregando che gli capitasse la stessa fortuna.

وبقي فرانسوا في الأسفل، وهو يصلي من أجل نفس النوع من الحظ.

Legarono ogni cinghia, legatura e tirante in un'unica lunga corda.

قاموا بربط كل حزام، وربط، وأثر في حبل واحد طويل.

Gli uomini trascinarono i cani uno alla volta fino in cima.

سحب الرجال كل كلب على حدة إلى الأعلى.

François salì per ultimo, dopo la slitta e tutto il carico.

تسلق فرانسوا أخيرًا، بعد الزلاجة والحمولة بأكملها.

Poi iniziò una lunga ricerca di un sentiero che scendesse dalle scogliere.

ثم بدأ بحث طويل عن طريق للنزول من المنحدرات.

Alla fine scesero utilizzando la stessa corda che avevano costruito.

نزلوا أخيرا باستخدام نفس الحبل الذي صنعوه.

Scese la notte mentre tornavano al letto del fiume, esausti e doloranti.

حل الليل عندما عادوا إلى مجرى النهر، مرهقين ومتألمين.

Avevano impiegato un giorno intero per percorrere solo un quarto di miglio.

لقد حصلوا على ربع ميل فقط من المكسب خلال اليوم الكامل.

Quando giunsero all'Hootalinqua, Buck era sfinito.

بحلول الوقت الذي وصلوا فيه إلى هوتالينكوا، كان باك مرهقًا.

Anche gli altri cani soffrivano le stesse condizioni del sentiero.

عانت الكلاب الأخرى بنفس القدر من سوء حالة الطريق.

Ma Perrault aveva bisogno di recuperare tempo e li spingeva avanti giorno dopo giorno.

لكن بيرولت كان بحاجة إلى استعادة الوقت، وضغط عليهم كل يوم.

Il primo giorno percorsero trenta miglia fino a Big Salmon.

في اليوم الأول سافروا مسافة ثلاثين ميلاً إلى بيج سالمون.

Il giorno dopo percorsero trentacinque miglia fino a Little Salmon.

وفي اليوم التالي سافروا خمسة وثلاثين ميلاً إلى ليتل سالمون.

Il terzo giorno percorsero quaranta miglia ghiacciate.

وفي اليوم الثالث، تمكنوا من قطع مسافة أربعين ميلاً متجمداً.

A quel punto si stavano avvicinando all'insediamento di Five Fingers.

وبحلول ذلك الوقت، كانوا يقتربون من مستوطنة فايف فينجرز.

I piedi di Buck erano più morbidi di quelli duri degli husky
autoctoni.

كانت أقدام باك أكثر نعومة من أقدام الكلاب الهاسكي الأصلية الصلبة.

Le sue zampe erano diventate tenere nel corso di molte
generazioni civilizzate.

لقد أصبحت أقدامه رقيقة على مر الأجيال المتحضرة.

Molto tempo fa, i suoi antenati erano stati addomesticati
dagli uomini del fiume o dai cacciatori.

منذ زمن بعيد، تم ترويض أسلافه من قبل رجال النهر أو الصيادين.

Ogni giorno Buck zoppicava per il dolore, camminando con
le zampe screpolate e doloranti.

كان باك يعرج كل يوم من الألم، ويمشي على أقدامه الخام المؤلمة.

Giunto all'accampamento, Buck cadde come un corpo senza
vita sulla neve.

في المخيم، سقط باك مثل جسد بلا حياة على الثلج.

Sebbene fosse affamato, Buck non si alzò per consumare il
pasto serale.

على الرغم من الجوع، لم ينهض باك لتناول وجبة العشاء.

François portò la sua razione a Buck, mettendogli del pesce
vicino al muso.

أحضر فرانسوا لبوك حصته من السمك، ووضعه على فمه.

Ogni notte l'autista massaggiava i piedi di Buck per
mezz'ora.

كل ليلة كان السائق يدلك قدمي باك لمدة نصف ساعة.

François arrivò persino a tagliare i suoi mocassini per farne
delle calzature per cani.

حتى أن فرانسوا قام بتقطيع أحذية الموكاسين الخاصة به لصنع أحذية
للكلاب.

Quattro scarpe calde diedero a Buck un grande e gradito
sollievo.

أربعة أحذية دافئة منحت باك راحة كبيرة ومرحب بها.

Una mattina François dimenticò le scarpe e Buck si rifiutò di
alzarsi.

في صباح أحد الأيام، نسي فرانسوا الأحذية، ورفض باك النهوض.

Buck giaceva sulla schiena, con i piedi in aria, e li agitava in modo pietoso.

استلقى باك على ظهره، وقدميه في الهواء، ولوح بهما بشكل مثير للشفقة.

Persino Perrault sorrise alla vista dell'appello drammatico di Buck.

حتى بيرولت ابتسم عندما رأى نداء باك الدرامي.

Ben presto i piedi di Buck diventarono duri e le scarpe poterono essere tolte.

وسرعان ما أصبحت أقدام باك قاسية، وأصبح من الممكن التخلص من الأحذية.

A Pelly, durante il periodo in cui veniva imbrigliata, Dolly emise un ululato terribile.

في بيلي، أثناء وقت التسخير، أطلقت دوللي عواءً مروعًا.

Il grido era lungo e pieno di follia, e fece tremare tutti i cani.

كانت الصرخة طويلة ومليئة بالجنون، تهز كل كلب.

Ogni cane si rizzava per la paura, senza capirne il motivo.

كان كل كلب يشعر بالخوف دون أن يعرف السبب.

Dolly era impazzita e si era scagliata contro Buck.

لقد جن جنون دوللي وألقت بنفسها على باك مباشرة.

Buck non aveva mai visto la follia, ma l'orrore gli riempì il cuore.

لم يرى باك الجنون أبدًا، لكن الرعب ملأ قلبه.

Senza pensarci due volte, si voltò e fuggì in preda al panico più assoluto.

وبدون تفكير، استدار وهرب في حالة من الذعر المطلق.

Dolly lo inseguì, con gli occhi selvaggi e la saliva che le colava dalle fauci.

طاردته دوللي، وكانت عيناها متوحشتين، وكان اللعاب يطير من فكيها.

Si tenne sempre dietro a Buck, senza mai guadagnare terreno e senza mai indietreggiare.

لقد بقيت خلف باك مباشرة، ولم تكسب أبدًا ولم تتراجع أبدًا.

Buck corse attraverso i boschi, giù per l'isola, sul ghiaccio frastagliato.

ركض باك عبر الغابات، أسفل الجزيرة، عبر الجليد المتعرج.

Attraversò un'isola, poi un'altra, per poi tornare indietro verso il fiume.

عبر إلى جزيرة، ثم إلى أخرى، ثم عاد في اتجاه النهر.

Dolly continuava a inseguirlo, ringhiando sempre più forte a ogni passo.

لا تزال دوللي تطارده، وهديرها قريب من خلفه في كل خطوة.

Buck poteva sentire il suo respiro e la sua rabbia, anche se non osava voltarsi indietro.

كان باك يستطيع سماع أنفاسها وغضبها، على الرغم من أنه لم يجرؤ على النظر إلى الوراء.

François gridò da lontano e Buck si voltò verso la voce.

صرخ فرانسوا من بعيد، والتفت باك نحو الصوت.

Ancora senza fiato, Buck corse oltre, riponendo ogni speranza in François.

مازال يلهث لالتقاط أنفاسه، ركض باك، واضعًا كل أمله في فرانسوا.

Il conducente del cane sollevò un'ascia e aspettò che Buck gli passasse accanto.

رفع سائق الكلب فأسًا وانتظر بينما طار باك.

L'ascia calò rapidamente e colpì la testa di Dolly con forza mortale.

نزل الفأس بسرعة وضرب رأس دوللي بقوة مميتة.

Buck crollò vicino alla slitta, ansimando e incapace di muoversi.

انهار باك بالقرب من الزلاجة، وكان يلهث وغير قادر على الحركة.

Quel momento diede a Spitz la possibilità di colpire un nemico esausto.

أعطت تلك اللحظة لسبيتز فرصته لضرب عدو منهك.

Morse Buck due volte, strappandogli la carne fino all'osso bianco.

لقد عض باك مرتين، مما أدى إلى تمزيق لحمه حتى العظم الأبيض.

La frusta di François schioccò, colpendo Spitz con tutta la sua forza, con furia.

انطلق سوط فرانسوا، وضرب سبيتز بقوة شديدة وعنيفة.

Buck guardò con gioia Spitz mentre riceveva il pestaggio più duro fino a quel momento.

كان باك يراقب بفرح بينما تلقى سبيتز أقسى الضربات التي تلقاها حتى الآن.

«È un diavolo, quello Spitz», borbottò Perrault tra sé e sé.

إنه شيطان، ذلك سبيتز، "تمتم بيرولت في نفسه بصوت قاتم."

"Un giorno o l'altro, quel cane maledetto ucciderà Buck, lo giuro."

"في يوم قريب، سوف يقتل هذا الكلب الملعون باك ـ أقسم بذلك."

«Quel Buck ha due diavoli dentro di sé», rispose François annuendo.

هذا باك لديه شيطانان بداخله"، أجاب فرانسوا مع إيماءة."

"Quando osservo Buck, so che dentro di lui si cela qualcosa di feroce."

"عندما أشاهد باك، أعلم أن هناك شيئًا شرسًا ينتظره."

"Un giorno, si infurierà come il fuoco e farà a pezzi Spitz."

"في يوم من الأيام، سوف يجن جنونه كالنار ويمزق سبيتز إلى أشلاء."

"Masticherà quel cane e lo sputerà sulla neve ghiacciata."

"سيقوم بمضغ هذا الكلب وبصقه على الثلج المتجمد."

"Certo, lo so fin nel profondo."

"من المؤكد أنني أعرف هذا في أعماق عظامي."

Da quel momento in poi, i due cani furono in guerra tra loro.

منذ تلك اللحظة، أصبح الكلبان في حالة حرب.

Spitz guidava la squadra e deteneva il potere, ma Buck lo sfidava.

كان سبيتز قائدًا للفريق ويحتفظ بالسلطة، لكن باك تحدى ذلك.

Spitz si rese conto che il suo rango era minacciato da questo strano straniero del Sud.

رأى سبيتز أن رتبته مهددة من قبل هذا الغريب من ساوثلاند.

Buck era diverso da tutti i cani del sud che Spitz aveva conosciuto fino ad allora.

كان باك مختلفًا عن أي كلب جنوبي عرفه سبيتز من قبل.

La maggior parte di loro fallì: troppo deboli per sopravvivere al freddo e alla fame.

لقد فشل معظمهم ـ كانوا ضعفاء للغاية لدرجة أنهم لم يتمكنوا من العيش في البرد والجوع.

Morirono rapidamente a causa del lavoro, del gelo e del lento bruciare della carestia.

لقد ماتوا بسرعة بسبب العمل، والصقيع، والحرق البطيء للمجاعة.

Buck si distingueva: ogni giorno più forte, più intelligente e più selvaggio.

لقد كان باك يقف منفردًا ـ أقوى وأذكى وأكثر وحشية كل يوم.

Ha prosperato nonostante le difficoltà, crescendo al pari
degli husky del nord.

لقد ازدهر في ظل المشقة، ونما ليصبح منافسًا لكلاب الهاسكي الشمالية.

Buck era dotato di forza, abilità straordinaria e un istinto
paziente e letale.

كان باك يتمتع بالقوة والمهارة البرية وغريزة قاتلة وصبر.

L'uomo con la mazza aveva annientato Buck per fargli
perdere la temerarietà.

لقد ضرب الرجل الذي يحمل النادي باك حتى خرج من حالة التهور.

La furia cieca se n'era andata, sostituita da un'astuzia
silenziosa e dal controllo.

لقد ذهب الغضب الأعمى، وتم استبداله بالمكر الهادئ والسيطرة.

Attese, calmo e primordiale, in attesa del momento giusto.

كان ينتظر بهدوء وتلقائية، يبحث عن اللحظة المناسبة.

La loro lotta per il comando divenne inevitabile e chiara.

لقد أصبح صراعهم على القيادة أمراً لا مفر منه وواضحاً.

Buck desiderava la leadership perché il suo spirito la
richiedeva.

لقد رغب باك في القيادة لأن روحه طالبت بذلك.

Era spinto da quello strano orgoglio che nasceva dal sentiero
e dall'imbracatura.

لقد كان مدفوعًا بالفخر الغريب الذي ولد من الدرب والحزام.

Quell'orgoglio faceva sì che i cani tirassero fino a crollare
sulla neve.

هذا الفخر جعل الكلاب تسحب نفسها حتى انهارت على الثلج.

L'orgoglio li spinse a dare tutta la forza che avevano.

لقد أغرتهم الكبرياء بإعطاء كل القوة التي لديهم.

L'orgoglio può trascinare un cane da slitta fino al punto di
ucciderlo.

يمكن للكبرياء أن يغري كلب الزلاجة حتى الموت.

Perdere l'imbracatura rendeva i cani deboli e senza scopo.

فقدان الحزام يترك الكلاب مكسورة وبدون هدف.

Il cuore di un cane da slitta può essere spezzato dalla
vergogna quando va in pensione.

يمكن أن يُسحق قلب كلب الزلاجة بالخجل عندما يتقاعد.

Dave viveva con questo orgoglio mentre trascinava la slitta
da dietro.

لقد عاش ديف بهذا الفخر بينما كان يسحب الزلاجة من الخلف.

Anche Solleks diede il massimo con cupa forza e lealtà.

كما أعطى سوليكس كل ما لديه من قوة وإخلاص.

Ogni mattina l'orgoglio li trasformava da amareggiati a determinati.

في كل صباح، كان الكبرياء يحولهم من مريرين إلى مصممين.

Spinsero per tutto il giorno, poi tacquero una volta giunti alla fine dell'accampamento.

لقد دفعوا طوال اليوم، ثم ساد الصمت في نهاية المخيم.

Quell'orgoglio diede a Spitz la forza di mettere in riga i fannulloni.

لقد أعطى هذا الكبرياء سبيتز القوة للتغلب على المتقاعسين.

Spitz temeva Buck perché Buck nutriva lo stesso profondo orgoglio.

كان سبيتز يخشى باك لأن باك كان يحمل نفس الفخر العميق.

L'orgoglio di Buck ora si agitò contro Spitz, ma lui non si fermò.

لقد تحرك كبرياء باك الآن ضد سبيتز، ولم يتوقف.

Buck sfidò il potere di Spitz e gli impedì di punire i cani.

تحدى باك قوة سبيتز ومنعه من معاقبة الكلاب.

Quando gli altri fallivano, Buck si frapponeva tra loro e il loro capo.

عندما فشل الآخرون، تدخل باك بينهم وبين زعيمهم.

Lo fece con intenzione, rendendo la sua sfida aperta e chiara.

لقد فعل ذلك عن قصد، مما جعل تحديه مفتوحًا وواضحًا.

Una notte una forte nevicata coprì il mondo in un profondo silenzio.

في إحدى الليالي، غطت الثلوج الكثيفة العالم بصمت عميق.

La mattina dopo, Pike, pigro come sempre, non si alzò per andare al lavoro.

في صباح اليوم التالي، لم يستيقظ بايك للذهاب إلى العمل، كعادته، لأنه كان كسولاً.

Rimase nascosto nel suo nido sotto uno spesso strato di neve.

لقد بقي مختبئًا في عشه تحت طبقة سميكة من الثلج.

François gridò e cercò, ma non riuscì a trovare il cane.

نادى فرانسوا وبحث، لكنه لم يتمكن من العثور على الكلب.

Spitz si infuriò e si scagliò contro l'accampamento coperto di neve.

لقد أصبح سبيتز غاضبًا واقتحم المخيم المغطى بالثلوج.

Ringhiò e annusò, scavando freneticamente con gli occhi fiammeggianti.

لقد هذّر وشمّ، وحفر بجنون مع عيون مشتعلة.

La sua rabbia era così violenta che Pike tremava sotto la neve per la paura.

كان غضبه شديدًا لدرجة أن بايك كان يرتجف تحت الثلج من الخوف.

Quando finalmente Pike fu trovato, Spitz si lanciò per punire il cane nascosto.

عندما تم العثور على بايك أخيرًا، انقض سبيتز لمعاقبة الكلب المختبئ.

Ma Buck si scagliò tra loro con una furia pari a quella di Spitz.

لكن باك اندفع بينهما بغضب مماثل لغضب سبيتز.

L'attacco fu così improvviso e astuto che Spitz cadde a terra.

كان الهجوم مفاجئًا وذكيًا لدرجة أن سبيتز سقط على قدميه.

Pike, che tremava, trasse coraggio da questa sfida.

لقد استمد بايك، الذي كان يرتجف، الشجاعة من هذا التحدي.

Seguendo l'audace esempio di Buck, saltò sullo Spitz caduto.

لقد قفز على سبيتز الساقط، متبعًا مثال باك الجريء.

Buck, non più vincolato dall'equità, si unì allo sciopero di Spitz.

انضم باك، الذي لم يعد ملزماً بالعدالة، إلى الإضراب ضد سبيتز.

François, divertito ma fermo nella disciplina, agitò la sua pesante frusta.

كان فرانسوا مسليًا ولكنه حازم في الانضباط، وهو يلوح بسوطه الثقيل.

Colpì Buck con tutta la sua forza per interrompere la rissa.

ضرب باك بكل قوته لفض القتال.

Buck si rifiutò di muoversi e rimase in groppa al capo caduto.

رفض باك التحرك وبقي فوق الزعيم الساقط

François allora usò il manico della frusta e colpì Buck con violenza.

ثم استخدم فرانسوا مقبض السوط، وضرب باك بقوة.

Barcollando per il colpo, Buck cadde all'indietro sotto l'assalto.

ترنح باك من الضربة، وسقط إلى الخلف تحت الهجوم.

François colpì più volte mentre Spitz puniva Pike.

ضرب فرانسوا مرارا وتكرارا بينما عاقب سبيتز بايك.

Passarono i giorni e Dawson City si avvicinava sempre di più.

ومرت الأيام، وأصبحت مدينة داوسون أقرب فأقرب.

Buck continuava a intromettersi, infilandosi tra Spitz e gli altri cani.

استمر باك في التدخل، والانزلاق بين سبيتز والكلاب الأخرى.

Sceglieva bene i suoi momenti, aspettando sempre che François se ne andasse.

لقد اختار لحظاته جيدًا، وكان دائمًا ينتظر رحيل فرانسوا.

La ribellione silenziosa di Buck si diffuse e il disordine prese piede nella squadra.

انتشرت ثورة باك الهادئة، وترسخت الفوضى في الفريق.

Dave e Solleks rimasero leali, ma altri diventarono indisciplinati.

ظل ديف وسوليكس مخلصين، لكن الآخرين أصبحوا غير منضبطين.

La squadra peggiorò: divenne irrequieta, litigiosa e fuori luogo.

أصبح الفريق أسوأ - مضطربًا، ومتشاجرًا، وخارجًا عن المسار.

Ormai niente filava liscio e le liti diventavano all'ordine del giorno.

لم يعد أي شيء يعمل بسلاسة، وأصبحت المعارك أمرًا شائعًا.

Buck rimase sempre al centro dei guai, provocando disordini.

وبقي باك في قلب المشكلة، مثيرًا للاضطرابات دائمًا.

François rimase vigile, temendo la lotta tra Buck e Spitz.

ظل فرانسوا متيقظًا، خائفًا من القتال بين باك وسبيتز.

Ogni notte veniva svegliato da zuffe e temeva che finalmente fosse arrivato l'inizio.

في كل ليلة، كانت المشاجرات توقظه، خوفًا من أن تكون البداية قد وصلت أخيرًا.

Balzò fuori dalla veste, pronto a interrompere la rissa.

قفز من ردائه، مستعدًا لفض القتال.

Ma il momento non arrivò mai e alla fine raggiunsero
Dawson.

ولكن اللحظة لم تأت أبدًا، ووصلوا إلى داوسون أخيرًا.

La squadra entrò in città in un pomeriggio cupo, teso e
silenzioso.

دخل الفريق إلى المدينة في فترة ما بعد الظهيرة الكئيبة، وكان الجو متوتراً
وهادئاً.

La grande battaglia per la leadership era ancora sospesa
nell'aria gelida.

لا تزال المعركة الكبرى على القيادة معلقة في الهواء المتجمد.

Dawson era piena di uomini e cani da slitta, tutti impegnati
nel lavoro.

كانت داوسون مليئة بالرجال والكلاب المزلجة، وكان الجميع مشغولين
بالعمل.

Buck osservava i cani trainare i carichi dalla mattina alla
sera.

كان باك يراقب الكلاب وهي تسحب الأحمال من الصباح حتى الليل.

Trasportavano tronchi e legna da ardere e spedivano
rifornimenti alle miniere.

قاموا بنقل الأخشاب والحطب، ونقلوا الإمدادات إلى المناجم.

Nel Southland, dove un tempo lavoravano i cavalli, ora
lavoravano i cani.

حيث كانت الخيول تعمل في السابق في منطقة الجنوب، أصبحت الكلاب
تعمل الآن.

Buck vide alcuni cani provenienti dal Sud, ma la maggior
parte erano husky simili a lupi.

رأى باك بعض الكلاب من الجنوب، لكن معظمها كانت من نوع الهاسكي
التي تشبه الذئاب.

Di notte, puntuali come un orologio, i cani alzavano la voce
e cantavano.

في الليل، كالعادة، كانت الكلاب ترفع أصواتها بالغناء.

Alle nove, a mezzanotte e di nuovo alle tre, il canto
cominciò.

وفي الساعة التاسعة، وفي منتصف الليل، ومرة أخرى في الساعة الثالثة،
بدأ الغناء.

Buck amava unirsi al loro canto inquietante, selvaggio e
antico nel suono.

كان باك يحب الانضمام إلى ترانيمهم الغريبة، البرية والقديمة في الصوت.

L'aurora fiammeggiava, le stelle danzavano e la neve ricopriva la terra.

اشتعلت الأضواء الشمالية، ورقصت النجوم، وغطى الثلج الأرض.

Il canto dei cani si elevava come un grido contro il silenzio e il freddo pungente.

وارتفعت أغنية الكلاب كصرخة ضد الصمت والبرد القارس.

Ma il loro urlo esprimeva tristezza, non sfida, in ogni lunga nota.

لكن عواءهم كان يحمل الحزن، وليس التحدي، في كل نغمة طويلة.

Ogni lamento era pieno di supplica: il peso stesso della vita.

كانت كل صرخة عويل مليئة بالتوسل، وكان ذلك عبء الحياة نفسها.

Quella canzone era vecchia, più vecchia delle città e più vecchia degli incendi

كانت تلك الأغنية قديمة - أقدم من المدن، وأقدم من الحرائق

Quel canto era più antico perfino delle voci degli uomini.

كانت تلك الأغنية أقدم حتى من أصوات الرجال.

Era una canzone del mondo dei giovani, quando tutte le canzoni erano tristi.

كانت أغنية من عالم الشباب، عندما كانت كل الأغاني حزينة.

La canzone porta con sé il dolore di innumerevoli generazioni di cani.

حملت الأغنية الحزن من أجيال لا تعد ولا تحصى من الكلاب.

Buck percepì profondamente la melodia, gemendo per un dolore radicato nei secoli.

أحس باك باللحن بعمق، وكان يتأوه من الألم المتجذر في العصور.

Singhiozzava per un dolore antico quanto il sangue selvaggio nelle sue vene.

لقد بكى من حزن قديم مثل الدم البري في عروقه.

Il freddo, l'oscurità e il mistero toccarono l'anima di Buck.

لقد لمس البرد والظلام والغموض روح باك.

Quella canzone dimostrava quanto Buck fosse tornato alle sue origini.

لقد أثبتت هذه الأغنية مدى عودة باك إلى أصوله.

Tra la neve e gli ululati aveva trovato l'inizio della sua vita.

ومن خلال الثلوج والعويل، وجد بداية حياته الخاصة.

Sette giorni dopo l'arrivo a Dawson, ripartirono.

وبعد سبعة أيام من وصولهم إلى داوسون، انطلقوا مرة أخرى.

La squadra si è lanciata dalla caserma fino allo Yukon Trail.

نزل الفريق من الثكنات إلى طريق يوكون.

Iniziarono il viaggio di ritorno verso Dyea e Salt Water.

بدأوا الرحلة عائدين نحو دايا والمياه المالحة.

Perrault trasmise dispacci ancora più urgenti di prima.

كان بيرولت يحمل رسائل أكثر إلحاحًا من ذي قبل.

Era anche preso dall'orgoglio per la corsa e puntava a stabilire un record.

وقد استولى عليه أيضًا كبرياء المسار وهدف إلى تسجيل رقم قياسي.

Questa volta Perrault aveva diversi vantaggi.

هذه المرة، كانت هناك عدة مزايا لصالح بيرولت.

I cani avevano riposato per un'intera settimana e avevano ripreso le forze.

لقد استراحت الكلاب لمدة أسبوع كامل واستعادت قوتها.

La pista che avevano tracciato era ora battuta da altri.

لقد كان الطريق الذي فتحوه الآن ممهدًا من قبل الآخرين.

In alcuni punti la polizia aveva immagazzinato cibo sia per i cani che per gli uomini.

وفي بعض الأماكن، قامت الشرطة بتخزين الطعام للكلاب والرجال على حد سواء.

Perrault viaggiava leggero, si muoveva velocemente e aveva poco a cui aggrapparsi.

كان بيرولت يسافر بخفة، ويتحرك بسرعة مع القليل من الأشياء التي تثقله.

La prima sera raggiunsero la Sixty-Mile, una corsa lunga 50 miglia.

وصلوا إلى مسافة الستين ميلاً، وهي مسافة خمسين ميلاً، في الليلة الأولى.

Il secondo giorno risalirono rapidamente lo Yukon in direzione di Pelly.

وفي اليوم الثاني، سارعوا إلى يوكون باتجاه بيلي.

Ma questi grandi progressi comportarono anche molta fatica per François.

لكن هذا التقدم الرائع جاء مصحوبًا بقدر كبير من الضغط على فرانسوا.

La ribellione silenziosa di Buck aveva infranto la disciplina della squadra.

لقد أدى تمرد باك الهادئ إلى تحطيم انضباط الفريق.

Non si univano più come un'unica bestia al comando.

لم يعودوا متحدين مثل وحش واحد في اللجام.

Buck aveva spinto altri alla sfida con il suo coraggioso esempio.

لقد قاد باك الآخرين إلى التحدي من خلال مثاله الجريء.

L'ordine di Spitz non veniva più accolto con timore o rispetto.

لم يعد أمر سبيتز يُقابل بالخوف أو الاحترام.

Gli altri persero ogni timore reverenziale nei suoi confronti e osarono opporsi al suo governo.

لقد فقد الآخرون رهبتهم منه وتجرأوا على مقاومة حكمه.

Una notte, Pike rubò mezzo pesce e lo mangiò sotto gli occhi di Buck.

في إحدى الليالي، سرق بايك نصف سمكة وأكلها تحت عين باك.

Un'altra notte, Dub e Joe combatterono contro Spitz e rimasero impuniti.

في ليلة أخرى، خاض داب وجو معركة ضد سبيتز ولم يتعرضا للعقاب.

Anche Billee gemette meno dolcemente e mostrò una nuova acutezza.

حتى بيلي أصبح يتذمر بشكل أقل حلاوة، وأظهر حدة جديدة.

Buck ringhiava a Spitz ogni volta che si incrociavano.

كان باك يزأر في وجه سبيتز في كل مرة عبروا فيها مساراتهم.

L'atteggiamento di Buck divenne audace e minaccioso, quasi come quello di un bullo.

أصبح موقف باك جريئًا ومهددًا، تقريبًا مثل المتنمر.

Camminava avanti e indietro davanti a Spitz con un'andatura spavalda e piena di minaccia beffarda.

كان يسير جيئة وذهابا أمام سبيتز بتبختر، مليئا بالتهديد الساخر.

Questo crollo dell'ordine si diffuse anche tra i cani da slitta.

وانتشر انهيار النظام أيضًا بين كلاب الزلاجات.

Litigarono e discussero più che mai, riempiendo l'accampamento di rumore.

لقد قاتلوا وتجادلوا أكثر من أي وقت مضى، مما ملأ المخيم بالضوضاء.

Ogni notte la vita nel campeggio si trasformava in un caos selvaggio e ululante.

تحولت حياة المخيم إلى فوضى عارمة وصاخبة كل ليلة.

Solo Dave e Solleks rimasero fermi e concentrati.

فقط ديف وسوليكس بقيا ثابتين ومركزين۔

Ma anche loro diventarono irascibili a causa delle continue risse.

ولكن حتى هم أصبحوا سريعي الانفعال بسبب المشاجرات المستمرة۔

François imprecò in lingue strane e batté i piedi per la frustrazione.

شتم فرانسوا بألسنة غريبة وداس على الأرض بإحباط

Si strappò i capelli e urlò mentre la neve gli volava sotto i piedi.

مزق شعره وصرخ بينما كان الثلج يطير تحت قدميه۔

La sua frusta schioccò contro il gruppo, ma a malapena riuscì a tenerli in riga.

انطلق سوطه عبر المجموعة لكنه بالكاد نجح في إبقاءهم في خط واحد۔

Ogni volta che voltava le spalle, la lotta ricominciava.

كلما أدار ظهره اندلعت المعارك مرة أخرى۔

François usò la frusta per Spitz, mentre Buck guidava i ribelli.

استخدم فرانسوا السوط ضد سبيتز، بينما قاد باك المتمردين۔

Ognuno conosceva il ruolo dell'altro, ma Buck evitava di addossare ogni colpa.

كان كل واحد منهما يعرف دور الآخر، لكن باك تجنب أي لوم۔

François non ha mai colto Buck mentre iniziava una rissa o si sottraeva al suo lavoro.

لم يتمكن فرانسوا أبدًا من رؤية باك وهو يبدأ قتالًا أو يتهرب من وظيفته۔

Buck lavorava duramente ai finimenti: la fatica ora gli dava entusiasmo.

كان باك يعمل بجد في السرج - وكان العمل الشاق الآن يثير روحه۔

Ma trovava ancora più gioia nel fomentare risse e caos nell'accampamento.

ولكنه وجد متعة أكبر في إثارة المعارك والفوضى في المخيم۔

Una sera, alla foce del Tahkeena, Dub spaventò un coniglio.

في أحد الأمسيات، عند فم تاكينا، فاجأ داب أرنبًا۔

Mancò la presa e il coniglio con la racchetta da neve balzò via.

لقد أخطأ في الصيد، وقفز أرنب الثلج بعيدًا۔

Nel giro di pochi secondi, l'intera squadra di slitte si lanciò all'inseguimento, gridando a squarciagola.

في ثوانٍ، قام فريق الزلاجات بأكمله بمطاردته مع صرخات برية.

Nelle vicinanze, un accampamento della polizia del nord-ovest ospitava cinquanta cani husky.

وفي مكان قريب، كان معسكر شرطة الشمال الغربي يضم خمسين كلبًا من فصيلة الهاسكي.

Si unirono alla caccia, scendendo insieme il fiume ghiacciato.

انضموا إلى الصيد، واندفعوا معًا عبر النهر المتجمد.

Il coniglio lasciò il fiume e fuggì lungo il letto ghiacciato di un ruscello.

انحرف الأرنب عن النهر، وهرب إلى مجرى مائي متجمد.

Il coniglio saltellava leggero sulla neve mentre i cani si facevano strada a fatica.

قفز الأرنب بخفة فوق الثلج بينما كانت الكلاب تكافح من أجل العبور.

Buck guidava l'enorme branco di sessanta cani attorno a ogni curva tortuosa.

قاد باك المجموعة الضخمة المكونة من ستين كلبًا حول كل منعطف ملتوٍ.

Si spinse in avanti, basso e impaziente, ma non riuscì a guadagnare terreno.

لقد دفع إلى الأمام، منخفضًا ومتحمسًا، لكنه لم يتمكن من كسب الأرض.

Il suo corpo brillava sotto la pallida luna a ogni potente balzo.

كان جسده يلمع تحت ضوء القمر الشاحب مع كل قفزة قوية.

Davanti a loro, il coniglio si muoveva come un fantasma, silenzioso e troppo veloce per essere catturato.

أمامًا، كان الأرنب يتحرك مثل الشبح، صامتًا وسريعًا جدًا بحيث لا يمكن الإمساك به.

Tutti quei vecchi istinti, la fame, l'eccitazione, attraversarono Buck.

كل تلك الغرائز القديمة ـ الجوع، الإثارة ـ تسارعت في باك.

A volte gli esseri umani avvertono questo istinto e sono spinti a cacciare con armi da fuoco e proiettili.

يشعر البشر بهذه الغريزة في بعض الأحيان، مما يدفعهم إلى الصيد بالبنادق والرصاص.

Ma Buck provava questa sensazione a un livello più profondo e personale.

لكن باك شعر بهذا الشعور على مستوى أعمق وأكثر شخصية.

Non riuscivano a percepire la natura selvaggia nel loro sangue come Buck.

لم يتمكنوا من الشعور بالبرية في دمائهم بالطريقة التي شعر بها باك.

Inseguiva la carne viva, pronto a uccidere con i denti e ad assaggiare il sangue.

كان يطارد اللحوم الحية، مستعدًا للقتل بأسنانه وتذوق الدم.

Il suo corpo si tendeva per la gioia, desiderando immergersi nel caldo rosso della vita.

كان جسده متوتراً من الفرح، راغباً في الاستحمام في حياة حمراء دافئة.

Una strana gioia segna il punto più alto che la vita possa mai raggiungere.

فرحة غريبة تمثل أعلى نقطة يمكن أن تصل إليها الحياة على الإطلاق.

La sensazione di raggiungere un picco in cui i vivi dimenticano di essere vivi.

شعور بالذروة حيث ينسى الأحياء أنهم على قيد الحياة.

Questa gioia profonda tocca l'artista immerso in un'ispirazione ardente.

هذا الفرح العميق يلمس الفنان الضائع في الإلهام المشتعل.

Questa gioia afferra il soldato che combatte selvaggiamente e non risparmia alcun nemico.

هذه الفرحة تسيطر على الجندي الذي يقاتل بضراوة ولا يرحم أحداً من الأعداء.

Questa gioia ora colpì Buck mentre guidava il branco in preda alla fame primordiale.

لقد استحوذ هذا الفرح الآن على باك عندما قاد المجموعة في الجوع البدائي.

Ululò con l'antico grido del lupo, emozionato per l'inseguimento.

عوى بصرخة الذئب القديمة، منبهرًا بالمطاردة الحية.

Buck fece appello alla parte più antica di sé, persa nella natura selvaggia.

استغل باك الجزء الأقدم من نفسه، المفقود في البرية.

Scavò in profondità dentro di sé, oltre la memoria, fino al tempo grezzo e antico.

لقد وصل إلى أعماق الذاكرة الماضية، إلى الزمن الخام القديم.

Un'ondata di vita pura pervase ogni muscolo e tendine.

تدفقت موجة من الحياة النقية عبر كل عضلة ووتر.

Ogni salto gridava che viveva, che attraversava la morte.

كل قفزة كانت تصرخ بأنه عاش، وأنه تحرك عبر الموت.

Il suo corpo si librava gioioso su una terra immobile e fredda che non si muoveva mai.

ارتفع جسده بفرح فوق أرض باردة ثابتة لا تتحرك أبدًا.

Spitz rimase freddo e astuto anche nei suoi momenti più selvaggi.

ظل سبيتز باردًا وماكرًا، حتى في أكثر لحظاته جنونًا.

Lasciò il sentiero e attraversò un terreno dove il torrente formava una curva ampia.

ترك المسار وعبر الأرض حيث انحنى الخور على نطاق واسع.

Buck, ignaro di ciò, rimase sul sentiero tortuoso del coniglio.

لم يكن باك على علم بهذا، وبقي على المسار المتعرج للأرنب.

Poi, mentre Buck svoltava dietro una curva, il coniglio spettrale si trovò davanti a lui.

ثم، عندما انعطف باك حول المنعطف، كان الأرنب الشبح أمامه.

Vide una seconda figura balzare dalla riva precedendo la preda.

لقد رأى شخصية ثانية تقفز من البنك أمام الفريسة.

La figura era Spitz, atterrato proprio sulla traiettoria del coniglio in fuga.

كان هذا الشكل هو سبيتز، الذي هبط مباشرة في طريق الأرنب الهارب.

Il coniglio non riuscì a girarsi e incontrò le fauci di Spitz a mezz'aria.

لم يتمكن الأرنب من الدوران والتقى بفكي سبيتز في الهواء.

La spina dorsale del coniglio si spezzò con un grido acuto come il grido di un essere umano morente.

انكسر عمود الأرنب الفقري مع صرخة حادة مثل صرخة إنسان يحتضر.

A quel suono, il passaggio dalla vita alla morte, il branco ululò forte.

عند هذا الصوت ـ السقوط من الحياة إلى الموت ـ عوت المجموعة بصوت عالٍ.

Un coro selvaggio si levò da dietro Buck, pieno di oscura gioia.

ارتفعت جوقة وحشية من خلف باك، مليئة بالبهجة المظلمة.

Buck non emise alcun grido, nessun suono e si lanciò dritto
verso Spitz.

لم يصدر باك أي صرخة أو صوت، واندفع مباشرة نحو سبيتز.

Mirò alla gola, ma colpì invece la spalla.

كان يهدف إلى الحلق، لكنه ضرب الكتف بدلا من ذلك.

Caddero nella neve soffice, i loro corpi erano intrappolati in
un combattimento.

لقد تدحرجوا عبر الثلج الناعم، وكانت أجسادهم متشابكة في قتال.

Spitz balzò in piedi rapidamente, come se non fosse mai
stato atterrato.

قفز سبيتز بسرعة، كما لو أنه لم يُسقط على الإطلاق.

Colpì Buck alla spalla e poi balzò fuori dalla mischia.

لقد قطع كتف باك، ثم قفز بعيدًا عن القتال.

Per due volte i suoi denti schioccarono come trappole
d'acciaio, e le sue labbra si arricciarono e si fecero feroci.

انكسرت أسنانه مرتين مثل مصائد الفولاذ، شفتيه ملتفة وشرسة.

Arretrò lentamente, cercando un terreno solido sotto i piedi.

تراجع ببطء، باحثًا عن أرض ثابتة تحت قدميه.

Buck comprese il momento all'istante e pienamente.

لقد فهم باك اللحظة على الفور وبشكل كامل.

Il momento era giunto: la lotta sarebbe stata una lotta
all'ultimo sangue.

لقد حان الوقت، وكان القتال سيكون قتالًا حتى الموت.

I due cani giravano in cerchio, ringhiando, con le orecchie
piatte e gli occhi socchiusi.

كان الكلبان يدوران، وهما يزأران، وآذانهما مسطحة، وعيونهما ضيقة.

Ogni cane aspettava che l'altro mostrasse debolezza o facesse
un passo falso.

كان كل كلب ينتظر من الآخر أن يظهر الضعف أو الخطأ.

Buck percepiva quella scena come stranamente nota e
profondamente ricordata.

بالنسبة لباك، كان المشهد يبدو مألوفًا بشكل مخيف ولا يزال في الذاكرة
بعمق.

I boschi bianchi, la terra fredda, la battaglia al chiaro di luna.

الغابات البيضاء، والأرض الباردة، والمعركة تحت ضوء القمر.

Un silenzio pesante, profondo e innaturale riempiva la terra.

ملأ صمت ثقيل الأرض، عميق وغير طبيعي.

Nessun vento si alzava, nessuna foglia si muoveva, nessun suono rompeva il silenzio.

لم تحرك الرياح، ولم تتحرك الأوراق، ولم يكسر الصمت أي صوت.

Il respiro dei cani si levava come fumo nell'aria gelida e silenziosa.

ارتفعت أنفاس الكلاب مثل الدخان في الهواء المتجمد والهادئ.

Il coniglio era stato dimenticato da tempo dal branco di animali selvatici.

لقد نسي قطيع الوحوش البرية الأرنب منذ زمن طويل.

Questi lupi semiaddomesticati ora stavano fermi in un ampio cerchio.

الآن، وقفت هذه الذئاب نصف المروضة في دائرة واسعة.

Erano silenziosi, solo i loro occhi luminosi rivelavano la loro fame.

لقد كانوا هادئين، فقط عيونهم المتوهجة كشفت عن جوعهم.

Il loro respiro saliva, mentre osservavano l'inizio dello scontro finale.

ارتفع أنفاسهم إلى الأعلى، وهم يشاهدون بداية القتال النهائي.

Per Buck questa battaglia era vecchia e attesa, per niente strana.

بالنسبة لباك، كانت هذه المعركة قديمة ومتوقعة، وليست غريبة على الإطلاق.

Era come il ricordo di qualcosa che doveva accadere da sempre.

لقد شعرت وكأنها ذكرى لشيء كان من المفترض أن يحدث دائمًا.

Spitz era un cane da combattimento addestrato, affinato da innumerevoli risse selvagge.

كان سبيتز كلبًا مدربًا على القتال، وتم صقل مهاراته من خلال المشاركة في عدد لا يحصى من المعارك البرية.

Dallo Spitzbergen al Canada, aveva sconfitto molti nemici.

من سبيتسبيرجن إلى كندا، كان قد تغلب على العديد من الأعداء.

Era pieno di rabbia, ma non cedette mai il controllo alla rabbia.

لقد كان ملينا بالغضب، لكنه لم يسمح أبدا بالسيطرة على الغضب.

La sua passione era acuta, ma sempre temperata dal duro istinto.

لقد كان شغفه حادًا، لكنه كان دائمًا مخففًا بالغريزة القاسية.

Non ha mai attaccato finché non ha avuto la sua difesa pronta.

لم يهاجم أبدًا حتى أصبح دفاعه جاهزًا.

Buck provò più volte a raggiungere il collo vulnerabile di Spitz.

حاول باك مرارا وتكرارا الوصول إلى رقبة سبيتز الضعيفة.

Ma ogni colpo veniva accolto da un fendente dei denti affilati di Spitz.

لكن كل ضربة قوبلت بضربة من أسنان سبيتز الحادة.

Le loro zanne si scontrarono ed entrambi i cani sanguinarono dalle labbra lacerate.

تصادمت أنيابهما، وسقطت الدماء من شفتيهما الممزقتين.

Nonostante i suoi sforzi, Buck non riusciva a rompere la difesa.

بغض النظر عن الطريقة التي انقض بها باك، فإنه لم يتمكن من اختراق الدفاع.

Divenne sempre più furioso e si lanciò verso di lui con violente esplosioni di potenza.

لقد أصبح أكثر غضبًا، واندفع نحوها بدفعات جامحة من القوة.

Buck colpì ripetutamente la bianca gola di Spitz.

مرة تلو الأخرى، ضرب باك الحلق الأبيض لسبيتز.

Ogni volta Spitz schivava e contrattaccava con un morso tagliente.

في كل مرة كان سبيتز يتجنب ويضرب بقوة.

Poi Buck cambiò tattica, avventandosi di nuovo come se volesse colpirlo alla gola.

ثم غيّر باك تكتيكاته، واندفع كما لو كان يتجه نحو الحلق مرة أخرى.

Ma a metà attacco si è ritirato, girandosi per colpire di lato.

ولكنه تراجع في منتصف الهجوم، وتحول لضرب من الجانب.

Colpì Spitz con una spallata, con l'intento di buttarlo a terra.

ألقى بكتفه على سبيتز، بهدف إسقاطه.

Ogni volta che ci provava, Spitz lo schivava e rispondeva con un fendente.

في كل مرة حاول فيها، كان سبيتز يتفادى الهجوم ويرد بضربة.

La spalla di Buck si faceva scorticare mentre Spitz si liberava dopo ogni colpo.

أصبح كتف باك خامًا عندما قفز سبيتز بوضوح بعد كل ضربة.

Spitz non era stato toccato, mentre Buck sanguinava dalle numerose ferite.

لم يتأثر سبيتز، في حين كان باك ينزف من العديد من الجروح.

Il respiro di Buck era affannoso e pesante, il suo corpo era viscido di sangue.

كان أنفاس باك سريعة وثقيلة، وكان جسده زلقًا بالدماء.

La lotta diventava più brutale a ogni morso e carica.

أصبح القتال أكثر وحشية مع كل عضة وهجمة.

Attorno a loro, sessanta cani silenziosi aspettavano che il primo cadesse.

حولهم، كان هناك ستون كلبًا صامتًا ينتظرون السقوط الأول.

Se un cane fosse caduto, il branco avrebbe posto fine alla lotta.

إذا سقط كلب واحد، فإن المجموعة سوف تنهي القتال.

Spitz vide Buck indebolirsi e cominciò ad attaccare.

رأى سبيتز أن باك أصبح ضعيفًا، وبدأ في الضغط على الهجوم.

Mantenne Buck sbilanciato, costringendolo a lottare per restare in piedi.

لقد أبقى باك خارج التوازن، مما أجبره على القتال من أجل موطئ قدم.

Una volta Buck inciampò e cadde, e tutti i cani si rialzarono.

في إحدى المرات، تعثر باك وسقط، فنهضت كل الكلاب.

Ma Buck si raddrizzò a metà caduta e tutti ricaddero.

لكن باك استعاد توازنه في منتصف السقوط، وسقط الجميع إلى الأسفل.

Buck aveva qualcosa di raro: un'immaginazione nata da un profondo istinto.

كان لدى باك شيئًا نادرًا - الخيال المولود من غريزة عميقة.

Combatté per istinto naturale, ma combatté anche con astuzia.

لقد قاتل بدافع طبيعي، لكنه قاتل أيضًا بالمكر.

Tornò ad attaccare come se volesse ripetere il trucco dell'attacco alla spalla.

لقد هاجم مرة أخرى كما لو كان يكرر خدعة هجوم كتفه.

Ma all'ultimo secondo si abbassò e passò sotto Spitz.

ولكن في اللحظة الأخيرة، هبط إلى مستوى منخفض وحلق تحت سبيتز.

I suoi denti si bloccarono sulla zampa anteriore sinistra di Spitz con uno schiocco.

انغلقت أسنانه على الساق اليسرى الأمامية لسبيتز بقوة.

Spitz ora era instabile e il suo peso gravava solo su tre
zampe.

أصبح سبيتز الآن غير مستقر، وكان وزنه يعتمد على ثلاث أرجل فقط

Buck colpì di nuovo e tentò tre volte di atterrarlo.

ضرب باك مرة أخرى، وحاول ثلاث مرات إسقاطه.

Al quarto tentativo ha usato la stessa mossa con successo

وفي المحاولة الرابعة استخدم نفس الحركة بنجاح

Questa volta Buck riuscì a mordere la zampa destra di Spitz.

هذه المرة نجح باك في عض الساق اليمنى لسبيتز.

Spitz, benché storpio e in agonia, continuò a lottare per
sopravvivere.

على الرغم من إصابته بالشلل ومعاناته، ظل سبيتز يكافح من أجل البقاء.

Vide il cerchio degli husky stringersi, con le lingue fuori e
gli occhi luminosi.

لقد رأى دائرة الهاسكي تتقلص، وألسنتها تخرج، وعيون متوهجة.

Aspettarono di divorarlo, proprio come avevano fatto con gli
altri.

وانتظروا أن يلتهموه، كما فعلوا مع الآخرين.

Questa volta era lui al centro, sconfitto e condannato.

هذه المرة، وقف في الوسط؛ مهزومًا ومحكومًا عليه بالهلاك.

Ormai il cane bianco non aveva più alcuna possibilità di
fuga.

لم يعد هناك خيار للهروب بالنسبة للكلب الأبيض الآن.

Buck non mostrò alcuna pietà, perché la pietà non era a
posto nella natura selvaggia.

لم يُظهر باك أي رحمة، لأن الرحمة لا تنتمي إلى البرية.

Buck si mosse con cautela, preparandosi per la carica finale.

تحرك باك بحذر، استعدادًا للهجوم النهائي.

Il cerchio degli husky si stringeva; lui sentiva i loro respiri
caldi.

اقتربت دائرة الهاسكي منه، وشعر بأنفاسهم الدافئة.

Si accovacciarono, pronti a scattare quando fosse giunto il
momento.

انحنوا منخفضين، مستعدين للقفز عندما تأتي اللحظة.

Spitz tremava nella neve, ringhiando e cambiando
posizione.

ارتجف سبيتز في الثلج، وهو يزأر ويغير من موقفه.

I suoi occhi brillavano, le labbra si arricciavano, i denti brillavano in un'espressione disperata e minacciosa.

كانت عيناه متوهجتين، وشفتاه ملتفة، وأسنانه تتألق في تهديد يائس.

Barcollò, cercando ancora di resistere al freddo morso della morte.

لقد ترنح، وهو لا يزال يحاول صد لدغة الموت الباردة.

Aveva già visto situazioni simili, ma sempre dalla parte dei vincitori.

لقد رأى هذا من قبل، ولكن دائمًا من الجانب المنتصر.

Ora era dalla parte perdente; lo sconfitto; la preda; la morte.

الآن أصبح على الجانب الخاسر؛ المهزوم؛ الفريسة؛ الموت.

Buck si preparò al colpo finale, mentre il cerchio dei cani si faceva sempre più stretto.

دار باك حول نفسه استعدادًا للضربة النهائية، وكانت مجموعة الكلاب تضغط عليه بشكل أقرب.

Poteva sentire i loro respiri caldi; erano pronti a uccidere.

كان بإمكانه أن يشعر بأنفاسهم الساخنة؛ مستعدين للقتل.

Calò il silenzio; tutto era al suo posto; il tempo si era fermato.

ساد الصمت؛ كل شيء كان في مكانه؛ توقف الزمن.

Persino l'aria fredda tra loro si congelò per un ultimo istante.

حتى الهواء البارد بينهما تجمد للحظة أخيرة.

Soltanto Spitz si mosse, cercando di trattenere la sua fine amara.

كان سبيتز هو الوحيد الذي تحرك، محاولاً صد نهايته المريرة.

Il cerchio dei cani si stava stringendo attorno a lui, come era suo destino.

كانت دائرة الكلاب تقترب منه، كما كان مصيره.

Ora era disperato, sapendo cosa stava per accadere.

لقد كان يائسًا الآن، لأنه كان يعلم ما كان على وشك الحدوث.

Buck balzò dentro e la sua spalla incontrò la sua spalla per l'ultima volta.

اندفع باك إلى الداخل، والتقى كتفه بكتفه للمرة الأخيرة.

I cani si lanciarono in avanti, nascondendo Spitz nell'oscurità della neve.

انطلقت الكلاب إلى الأمام، وغطت سبيتز بالظلام الثلجي.

Buck osservava, eretto e fiero; il vincitore in un mondo
selvaggio.

كان باك يراقب، وهو يقف طويل القامة؛ المنتصر في عالم وحشي.

La bestia primordiale dominante aveva fatto la sua
uccisione, e la aveva fatta bene.

لقد حقق الوحش البدائي المهيمن هدفه، وكان جيدًا.

## Colui che ha conquistato la maestria
هو الذي فاز بالسيادة

"Eh? Cosa ho detto? Dico la verità quando dico che Buck è un diavolo."

"إيه؟ ماذا قلت؟ صدقت عندما قلت إن باك شيطان."

François raccontò questo la mattina dopo aver scoperto la scomparsa di Spitz.

قال فرانسوا هذا في صباح اليوم التالي بعد العثور على سبيتز في عداد المفقودين.

Buck rimase lì, coperto di ferite causate dal violento combattimento.

كان باك واقفا هناك، مغطى بالجروح من القتال الشرس.

François tirò Buck vicino al fuoco e indicò le ferite.

سحب فرانسوا باك بالقرب من النار وأشار إلى الإصابات.

«Quello Spitz ha combattuto come il Devik», disse Perrault, osservando i profondi tagli.

قال بيرولت وهو ينظر إلى الجروح العميقة" :لقد قاتل هذا الشبيتز مثل الديفيك".

«E quel Buck si batteva come due diavoli», rispose subito François.

وذلك باك قاتل مثل شيطانين"، أجاب فرانسوا على الفور.

"Ora faremo buon passo; niente più Spitz, niente più guai."

الآن سوف نحقق الوقت المناسب؛ لا مزيد من سبيتز، لا مزيد من " "المتاعب.

Perrault stava preparando l'attrezzatura e caricò la slitta con cura.

كان بيرولت يحزم المعدات ويحمل الزلاجة بعناية.

François bardò i cani per prepararli alla corsa della giornata.

قام فرانسوا بتسخير الكلاب استعدادًا للركض في ذلك اليوم.

Buck trotterellò dritto verso la posizione di testa, precedentemente occupata da Spitz.

انطلق باك مباشرة إلى موقع الصدارة الذي كان يحتله سبيتز.

Ma François, senza accorgersene, condusse Solleks in prima linea.

ولكن فرانسوا، دون أن يلاحظ، قاد سوليكس إلى الأمام.

Secondo François, Solleks era ora il miglior cane da corsa.

في رأي فرانسوا، أصبح سولكيس الآن أفضل كلب قائد۔

Buck si scagliò furioso contro Solleks e lo respinse indietro
in segno di protesta.

اندفع باك نحو سولييكس بغضب ودفعه إلى الوراء احتجاجًا.

Si fermò dove un tempo si era fermato Spitz, rivendicando la
posizione di comando.

لقد وقف حيث كان سبيتز يقف ذات يوم، مدعيًا موقع القيادة.

"Eh? Eh?" esclamò François, dandosi una pacca sulle cosce
divertito.

إيه؟ إيه؟ "صرخ فرانسوا وهو يصفع فخذيه بمرح."

"Guarda Buck: ha ucciso Spitz, ora vuole prendersi il posto!"

"انظر إلى باك - لقد قتل سبيتز، والآن يريد أن يأخذ الوظيفة."

"Vattene via, Chook!" urlò, cercando di scacciare Buck.

اذهب بعيدًا يا تشوك۔ "صرخ محاولًا إبعاد باك."

Ma Buck si rifiutò di muoversi e rimase immobile nella
neve.

لكن باك رفض التحرك وظل ثابتًا في الثلج۔

François afferrò Buck per la collottola e lo trascinò da parte.

أمسك فرانسوا باك من قفاه، وسحبه جانبًا.

Buck ringhiò basso e minaccioso, ma non attaccò.

أطلق باك صوتًا منخفضًا وتهديديًا لكنه لم يهاجم.

François rimette Solleks in testa, cercando di risolvere la
disputa

أعاد فرانسوا سوليكس إلى الصدارة، محاولًا تسوية النزاع

Il vecchio cane mostrò paura di Buck e non voleva restare.

أظهر الكلب العجوز خوفًا من باك ولم يرغب في البقاء۔

Quando François gli voltò le spalle, Buck scacciò di nuovo
Solleks.

عندما أدار فرانسوا ظهره، أخرج باك سوليكس مرة أخرى۔

Solleks non oppose resistenza e si fece di nuovo da parte in
silenzio.

لم يقاوم سوليكس وتنحى جانبا بهدوء مرة أخرى۔

François si arrabbiò e urlò: "Per Dio, ti sistemo!"

فغضب فرانسوا وصاح :والله إني أشفيك۔

Si avvicinò a Buck tenendo in mano una pesante mazza.

لقد جاء نحو باك وهو يحمل هراوة ثقيلة في يده.

Buck ricordava bene l'uomo con il maglione rosso.

تذكر باك الرجل ذو السترة الحمراء جيدًا.

Si ritirò lentamente, osservando François ma ringhiando profondamente.

تراجع ببطء، وهو يراقب فرانسوا، لكنه كان يزأر بعمق.

Non si affrettò a tornare indietro, nemmeno quando Solleks si mise al suo posto.

ولم يسارع إلى العودة، حتى عندما وقف سوليكس في مكانه.

Buck si girò in cerchio, appena fuori dalla sua portata, ringhiando furioso e protestando.

كان باك يدور بعيدًا عن متناول يده، وهو يزأر بغضب واحتجاج.

Teneva gli occhi fissi sulla mazza, pronto a schivare il colpo se François l'avesse lanciata.

لقد أبقى عينيه على النادي، مستعدًا للتهرب إذا رمى فرانسوا.

Era diventato saggio e cauto nei confronti degli uomini che maneggiavano le armi.

لقد أصبح حكيماً وحذراً في التعامل مع الرجال الذين يحملون الأسلحة.

François si arrese e chiamò di nuovo Buck al suo vecchio posto.

استسلم فرانسوا واستدعى باك إلى مكانه السابق مرة أخرى.

Ma Buck fece un passo indietro con cautela, rifiutandosi di obbedire all'ordine.

لكن باك تراجع بحذر، رافضًا تنفيذ الأمر.

François lo seguì, ma Buck indietreggiò solo di pochi passi.

وتبعه فرانسوا، لكن باك لم يتراجع إلا بضع خطوات أخرى.

Dopo un po' François gettò a terra l'arma, frustrato.

وبعد مرور بعض الوقت، ألقى فرانسوا السلاح أرضًا في إحباط.

Pensava che Buck avesse paura di essere picchiato e che avrebbe fatto lo stesso senza far rumore.

اعتقد أن باك كان خائفًا من الضرب وكان سيأتي بهدوء.

Ma Buck non stava evitando la punizione: stava lottando per ottenere un rango.

لكن باك لم يكن يتجنب العقاب، بل كان يقاتل من أجل رتبته.

Si era guadagnato il posto di capobranco combattendo fino alla morte

لقد حصل على مكان الكلب الرائد من خلال قتال حتى الموت

non si sarebbe accontentato di niente di meno che di essere il leader.

لم يكن ليرضى بأقل من أن يكون الزعيم.

Perrault si unì all'inseguimento per aiutare a catturare il
ribelle Buck.

أخذ بيرولت يده في المطاردة للمساعدة في القبض على باك المتمرد.

Insieme lo portarono in giro per l'accampamento per quasi
un'ora.

قاموا معًا بحمله حول المخيم لمدة ساعة تقريبًا.

Gli scagliarono contro dei bastoni, ma Buck li schivò
abilmente uno per uno.

لقد ألقوا عليه الهراوات، لكن باك تهرب من كل واحدة منها بمهارة.

Maledissero lui, i suoi antenati, i suoi discendenti e ogni suo
capello.

لعنوه، وآبائه، وذريته، وكل شعرة عليه.

Ma Buck si limitò a ringhiare e a restare appena fuori dalla
loro portata.

لكن باك اكتفى بالهدير وظل بعيدًا عن متناولهم.

Non cercò mai di scappare, ma continuò a girare intorno
all'accampamento deliberatamente.

لم يحاول الهروب أبدًا، بل كان يدور حول المخيم عمدًا.

Disse chiaramente che avrebbe obbedito una volta ottenuto
ciò che voleva.

وأوضح أنه سوف يطيع بمجرد أن يعطوه ما يريد.

Alla fine François si sedette e si grattò la testa, frustrato.

جلس فرانسوا أخيرًا وحك رأسه من الإحباط.

Perrault controllò l'orologio, imprecò e borbottò qualcosa sul
tempo perso.

تحقق بيرولت من ساعته، وأقسم، وتذمر بشأن الوقت الضائع.

Era già trascorsa un'ora, mentre avrebbero dovuto essere
sulle tracce.

لقد مرت ساعة بالفعل عندما كان من المفترض أن يكونوا على الطريق.

François alzò le spalle timidamente, guardando il corriere,
che sospirò sconfitto.

هز فرانسوا كتفيه بخجل في وجه الرسول الذي تنهد هزيمة.

Poi François si avvicinò a Solleks e chiamò ancora una volta
Buck.

ثم ذهب فرانسوا إلى سوليكس ونادى على باك مرة أخرى.

Buck rise come ride un cane, ma mantenne una cauta
distanza.

ضحك باك كما يضحك الكلب، لكنه أبقى على مسافة حذرة.

François tolse l'imbracatura a Solleks e lo rimise al suo
posto.

قام فرانسوا بإزالة حزام سوليكس وأعاده إلى مكانه.

La squadra di slittini era completamente imbracata, con un
solo posto libero.

كان فريق الزلاجات جاهزًا بالكامل، مع وجود مكان واحد فقط شاغرًا.

La posizione di comando rimase vuota, chiaramente
riservata solo a Buck.

ظل موقع الصدارة فارغًا، ومن الواضح أنه مخصص لباك وحده.

François chiamò di nuovo e di nuovo Buck rise e mantenne
la sua posizione.

نادى فرانسوا مرة أخرى، وضحك باك مرة أخرى وثبت على موقفه.

«Gettate giù la mazza», ordinò Perrault senza esitazione.

ألقِ بالنادي أرضًا"، أمر بيرولت دون تردد."

François obbedì e Buck si lanciò subito avanti con orgoglio.

أطاع فرانسوا، وركض باك على الفور إلى الأمام بفخر.

Rise trionfante e assunse la posizione di comando.

ضحك منتصرا وصعد إلى موقع القيادة.

François fissò le corde e la slitta si staccò.

قام فرانسوا بتأمين آثاره، وتم تحرير الزلاجة.

Entrambi gli uomini corsero fianco a fianco mentre la
squadra si lanciava lungo il sentiero del fiume.

ركض الرجلان جنبًا إلى جنب بينما كان الفريق يتسابق نحو مسار النهر.

François aveva avuto una grande stima dei "due diavoli" di
Buck,

"كان فرانسوا قد فكر كثيرًا في "شيطاني باك

ma ben presto si rese conto di aver in realtà sottovalutato il
cane.

ولكنه سرعان ما أدرك أنه في الواقع قد قلل من شأن الكلب.

Buck assunse rapidamente la leadership e si comportò in
modo eccellente.

تولى باك القيادة بسرعة وأدى بشكل ممتاز.

Buck superò Spitz per capacità di giudizio, rapidità di
pensiero e rapidità di azione.

في الحكم، والتفكير السريع، والتصرف السريع، تفوق باك على سبيتز ـ

François non aveva mai visto un cane pari a quello che Buck mostrava ora.

لم يسبق لفرانسوا أن رأى كلبًا مساوٍ لما يعرضه باك الآن ـ

Ma Buck eccelleva davvero nel far rispettare l'ordine e nel imporre rispetto.

لكن باك كان متميزًا حقًا في فرض النظام وفرض الاحترام ـ

Dave e Solleks accettarono il cambiamento senza preoccupazioni o proteste.

لقد تقبل ديف وسوليكس التغيير دون قلق أو احتجاج ـ

Si concentravano solo sul lavoro e tiravano forte le redini.

لقد ركزوا فقط على العمل والضغط بقوة على زمام الأمور ـ

A loro importava poco chi guidasse, purché la slitta continuasse a muoversi.

لم يهتموا كثيرًا بمن يقود، طالما استمرت الزلاجة في الحركة ـ

Billee, quella allegra, avrebbe potuto comandare per quel che volevano.

كان بإمكان بيلي، البشوش، أن يقود الجميع مهما كان الأمر ـ

Ciò che contava per loro era la pace e l'ordine tra i ranghi.

ما كان يهمهم هو السلام والنظام في صفوفهم ـ


Il resto della squadra era diventato indisciplinato durante il declino di Spitz.

أصبح بقية الفريق غير منضبط أثناء انحدار سبيتز ـ

Rimasero scioccati quando Buck li riportò immediatamente all'ordine.

لقد صدموا عندما أحضرهم باك على الفور إلى النظام ـ

Pike era sempre stato pigro e aveva sempre tergiversato dietro a Buck.

لقد كان بايك دائمًا كسولًا ويجر قدميه خلف باك ـ

Ma ora è stato severamente disciplinato dalla nuova leadership.

لكن الآن تم تأديبه بشدة من قبل القيادة الجديدة ـ

E imparò rapidamente a dare il suo contributo alla squadra.

وسرعان ما تعلم كيفية تحمل مسؤولياته في الفريق ـ

Alla fine della giornata, Pike lavorò più duramente che mai.

وبحلول نهاية اليوم، كان بايك يعمل بجهد أكبر من أي وقت مضى ـ

Quella notte all'accampamento, Joe, il cane scontroso, fu finalmente domato.

في تلك الليلة في المخيم، تم إخضاع جو، الكلب الحامض، أخيرًا.

Spitz non era riuscito a disciplinarlo, ma Buck non aveva fallito.

لقد فشل سبيتز في تأديبه، لكن باك لم يفشل.

Sfruttando il suo peso maggiore, Buck sopraffece Joe in pochi secondi.

وباستخدام وزنه الأكبر، تمكن باك من التغلب على جو في ثوانٍ.

Morse e picchiò Joe finché questi non si mise a piagnucolare e smise di opporre resistenza.

لقد عض جو وضربه حتى أنين وتوقف عن المقاومة.

Da quel momento in poi l'intera squadra migliorò.

لقد تحسن الفريق بأكمله منذ تلك اللحظة.

I cani ritrovarono la loro antica unità e disciplina.

استعادت الكلاب وحدتها وانضباطها القديم.

A Rink Rapids si sono uniti al gruppo due nuovi husky autoctoni, Teek e Koona.

في رينك رابيدز، انضم اثنان من كلاب الهاسكي الأصلية الجديدة، تيك وكونا.

La rapidità con cui Buck li addestramento stupì perfino François.

لقد أذهل باك تدريب السريع لهم حتى فرانسوا.

"Non è mai esistito un cane come quel Buck!" esclamò stupito.

لم يكن هناك قط كلب مثل هذا باك. "صرخ في دهشة."

"No, mai! Vale mille dollari, per Dio!"

لا، أبدًا. إنه يستحق ألف دولار، والله.

"Eh? Che ne dici, Perrault?" chiese con orgoglio.

إيه؟ ماذا تقول يا بيرولت؟ "سأل بفخر."

Perrault annuì in segno di assenso e controllò i suoi appunti.

أومأ بيرولت برأسه موافقًا وراجع ملاحظاته.

Siamo già in anticipo sui tempi e guadagniamo sempre di più ogni giorno.

نحن بالفعل متقدمون على الجدول الزمني ونكتسب المزيد كل يوم.

Il sentiero era compatto e liscio, senza neve fresca.

كان الطريق ممهدًا وواسعًا، ولم يكن به أي ثلوج جديدة.

Il freddo era costante, con temperature che si aggiravano sempre sui cinquanta gradi sotto zero.

كان البرد مستمرًّا، حيث وصلت درجة الحرارة إلى خمسين درجة تحت الصفر في كل مكان.

Per scaldarsi e guadagnare tempo, gli uomini si alternavano a cavallo e a correre.

ركب الرجال وركضوا بالتناوب للتدفئة وإيجاد الوقت.

I cani correvano veloci, fermandosi di rado, spingendosi sempre in avanti.

ركضت الكلاب بسرعة مع توقفات قليلة، وكانت دائمًا تدفع إلى الأمام.

Il fiume Thirty Mile era per la maggior parte ghiacciato e facile da attraversare.

كان نهر الثلاثين ميلاً متجمدًا في معظمه وكان من السهل السفر عبره.

In un giorno realizzarono ciò che per arrivare aveva impiegato dieci giorni.

لقد خرجوا في يوم واحد ما استغرق دخوله عشرة أيام.

Percorsero circa 96 chilometri dal lago Le Barge a White Horse.

لقد قاموا برحلة مسافتها ستين ميلاً من بحيرة لو بارج إلى وايت هورس.

Si muovevano a velocità incredibile attraverso i laghi Marsh, Tagish e Bennett.

وعبروا بحيرات مارش وتاجيش وبينيت، تحركوا بسرعة لا تصدق.

L'uomo che correva veniva trainato dietro la slitta con una corda.

الرجل الذي يركض مسحوبًا خلف الزلاجة بحبل.

L'ultima notte della seconda settimana giunsero a destinazione.

وفي الليلة الأخيرة من الأسبوع الثاني وصلوا إلى وجهتهم.

Insieme avevano raggiunto la cima del White Pass.

لقد وصلوا إلى قمة وايت باس معًا.

Scesero fino al livello del mare, con le luci dello Skaguay sotto di loro.

لقد هبطوا إلى مستوى سطح البحر مع أضواء سكاغواي تحتهم.

Era stata una corsa da record attraverso chilometri di fredda natura selvaggia.

لقد كان هذا سباقًا قياسيًا عبر أميال من البرية الباردة.

Per quattordici giorni di fila percorsero in media circa quaranta miglia.

على مدى أربعة عشر يومًا متواصلة، قطعوا مسافة أربعين ميلًا في المتوسط

A Skaguay, Perrault e François trasportavano merci attraverso la città.

وفي سكاغواي، قام بيرولت وفرانسوا بنقل البضائع عبر المدينة.

Furono applauditi e ricevettero numerose bevande dalla folla ammirata.

وقد تم الترحيب بهم وتزويدهم بالعديد من المشروبات من قبل الحشود المعجبة.

I cacciatori di cani e gli operai si sono riuniti attorno alla famosa squadra cinofila.

تجمع صائدو الكلاب والعمال حول فريق الكلاب الشهير.

Poi i fuorilegge del West giunsero in città e subirono una violenta sconfitta.

ثم جاء الخارجون عن القانون الغربيون إلى المدينة وواجهوا هزيمة عنيفة.

La gente si dimenticò presto della squadra e si concentrò sul nuovo dramma.

سرعان ما نسي الناس الفريق وركزوا على الدراما الجديدة.

Poi arrivarono i nuovi ordini che cambiarono tutto in un colpo.

ثم جاءت الأوامر الجديدة التي غيرت كل شيء دفعة واحدة.

François chiamò Buck e lo abbracciò con orgoglio e lacrime.

نادى فرانسوا باك عليه وعانقه بفخر دامع.

Quel momento fu l'ultima volta che Buck vide di nuovo François.

كانت تلك اللحظة هي المرة الأخيرة التي رأى فيها باك فرانسوا مرة أخرى.

Come molti altri uomini prima di lui, sia François che Perrault se n'erano andati.

وكما حدث مع العديد من الرجال من قبل، فقد رحل كل من فرانسوا وبيرو.

Un meticcio scozzese si prese cura di Buck e dei suoi compagni di squadra con i cani da slitta.

تولى رجل من أصل اسكتلندي مختلط مسؤولية باك وزملائه في فريق كلاب الزلاجات.

Con una dozzina di altre mute di cani, ritornarono lungo il sentiero fino a Dawson.

ومع اثني عشر فريقًا آخر من الكلاب، عادوا على طول الطريق إلى داووسن.

Non si trattava più di una corsa veloce, ma solo di un duro lavoro con un carico pesante ogni giorno.

لم يعد الأمر سريعًا الآن - فقط عمل شاق مع حمل ثقيل كل يوم.

Si trattava del treno postale che portava notizie ai cercatori d'oro vicino al Polo.

كان هذا قطار البريد، الذي ينقل الأخبار إلى صائدي الذهب بالقرب من القطب.

Buck non amava il lavoro, ma lo sopportò bene, essendo orgoglioso del suo impegno.

لم يكن باك يحب العمل، لكنه تحمله جيدًا، وكان فخوراً بجهوده.

Come Dave e Solleks, Buck dimostrava dedizione in ogni compito quotidiano.

مثل ديف وسوليكس، أظهر باك تفانيًا في كل مهمة يومية.

Si è assicurato che tutti i suoi compagni di squadra dessero il massimo.

لقد تأكد من أن زملائه في الفريق قاموا بكل ما في وسعهم.

La vita sui sentieri divenne noiosa e si ripeteva con la precisione di una macchina.

أصبحت حياة الدرب مملة، تتكرر بدقة الآلة.

Ogni giorno era uguale, una mattina si fondeva con quella successiva.

كان كل يوم يبدو متشابهًا، كل صباح يمتزج بالصباح التالي.

Alla stessa ora, i cuochi si alzarono per accendere il fuoco e preparare il cibo.

وفي نفس الساعة، نهض الطهاة لإشعال النيران وإعداد الطعام.

Dopo colazione alcuni lasciarono l'accampamento mentre altri attaccarono i cani.

بعد الإفطار، غادر البعض المخيم بينما قام آخرون بتسخير الكلاب.

Raggiunsero il sentiero prima che il pallido segnale dell'alba sfiorasse il cielo.

لقد بدأوا رحلتهم قبل أن يلامس ضوء الفجر الخافت السماء.

Di notte si fermavano per accamparsi, e a ogni uomo veniva assegnato un compito.

وفي الليل، توقفوا لإقامة المخيم، وكان لكل رجل منهم مهمة محددة.

Alcuni montarono le tende, altri tagliarono la legna da ardere e raccolsero rami di pino.

قام البعض بنصب الخيام، وقام آخرون بقطع الحطب وجمع أغصان الصنوبر.

Acqua o ghiaccio venivano portati ai cuochi per la cena serale.

تم نقل الماء أو الثلج إلى الطهاة لتناول وجبة العشاء.

I cani vennero nutriti e per loro quello fu il momento migliore della giornata.

تم إطعام الكلاب، وكان هذا أفضل جزء من اليوم بالنسبة لهم.

Dopo aver mangiato il pesce, i cani si rilassarono e oziarono vicino al fuoco.

بعد تناول السمك، استرخى الكلاب وجلسوا بالقرب من النار.

Nel convoglio c'erano un centinaio di altri cani con cui socializzare.

وكان هناك مائة كلب آخر في القافلة ليختلطوا معهم.

Molti di quei cani erano feroci e pronti a combattere senza preavviso.

وكان العديد من تلك الكلاب شرسة وسريعة القتال دون سابق إنذار.

Ma dopo tre vittorie, Buck riuscì a domare anche i combattenti più feroci.

لكن بعد ثلاثة انتصارات، تمكن باك من التغلب حتى على أقوى المقاتلين.

Ora, quando Buck ringhiò e mostrò i denti, loro si fecero da parte.

والآن عندما زأر باك وأظهر أسنانه، تنحوا جانباً.

Forse la cosa più bella di tutte era che a Buck piaceva sdraiarsi vicino al fuoco tremolante.

وربما كان الأفضل من كل هذا هو أن باك كان يحب الاستلقاء بالقرب من نار المخيم المتوهجة.

Si accovacciò, con le zampe posteriori ripiegate e quelle anteriori distese in avanti.

كان يجلس القرفصاء مع رجليه الخلفيتين مطوية ورجليه الأماميتين ممتدة إلى الأمام.

Teneva la testa sollevata e sbatteva dolcemente le palpebre verso le fiamme ardenti.

رفع رأسه وهو يرمش بهدوء عند رؤية النيران المتوهجة.

A volte ricordava la grande casa del giudice Miller a Santa Clara.

وفي بعض الأحيان كان يتذكر منزل القاضي ميلر الكبير في سانتا كلارا.

Pensò alla piscina di cemento, a Ysabel e al carlino di nome Toots.

كان يفكر في حوض الأسمنت، وفي إيزابيل، وفي الكلب الصغير الذي يدعى توتس.

Ma più spesso si ricordava del bastone dell'uomo con il maglione rosso.

لكن في أغلب الأحيان كان يتذكر الرجل ذو السترة الحمراء.

Ricordava la morte di Curly e la sua feroce battaglia con Spitz.

تذكر موت كيرلي ومعركته الشرسة مع سبيتز.

Ricordava anche il buon cibo che aveva mangiato o che ancora sognava.

وتذكر أيضًا الطعام اللذيذ الذي أكله أو ما زال يحلم به.

Buck non aveva nostalgia di casa: la valle calda era lontana e irreale.

لم يكن باك يشعر بالحنين إلى الوطن - كان الوادي الدافئ بعيدًا وغير حقيقي.

I ricordi della California non avevano più alcun fascino su di lui.

لم تعد ذكريات كاليفورنيا تشكل له أي تأثير حقيقي.

Più forti della memoria erano gli istinti radicati nella sua stirpe.

كانت الغرائز العميقة في سلالته أقوى من الذاكرة.

Le abitudini un tempo perdute erano tornate, ravvivate dal sentiero e dalla natura selvaggia.

لقد عادت العادات التي فقدناها ذات يوم، وأحيتها الطريق والبرية.

Mentre Buck osservava la luce del fuoco, a volte questa diventava qualcos'altro.

بينما كان باك يراقب ضوء النار، كان أحيانًا يتحول إلى شيء آخر.

Vide alla luce del fuoco un altro fuoco, più vecchio e più profondo di quello attuale.

رأى في ضوء النار نارًا أخرى، أقدم وأعمق من النار الحالية.

Accanto all'altro fuoco era accovacciato un uomo che non somigliava per niente al cuoco meticcio.

بجانب تلك النار الأخرى كان يجلس رجل لا يشبه الطاهي الهجين.

Questa figura aveva gambe corte, braccia lunghe e muscoli duri e contratti.

كان لهذا الشكل أرجل قصيرة، وأذرع طويلة، وعضلات صلبة ومعقدة.

I suoi capelli erano lunghi e arruffati, e gli scendevano all'indietro a partire dagli occhi.

كان شعره طويلاً ومتشابكًا، وينحدر إلى الخلف بعيدًا عن العينين.

Emetteva strani suoni e fissava l'oscurità con paura.

أصدر أصواتًا غريبة وحدق في الظلام بخوف.

Teneva bassa una mazza di pietra, stretta saldamente nella sua mano lunga e ruvida.

كان يحمل عصا حجرية منخفضة، ممسكًا بها بإحكام في يده الخشنة الطويلة.

L'uomo indossava ben poco: solo una pelle carbonizzata che gli pendeva lungo la schiena.

كان الرجل يرتدي القليل؛ مجرد جلد متفحم يتدلى على ظهره.

Il suo corpo era ricoperto da una folta peluria sulle braccia, sul petto e sulle cosce.

كان جسده مغطى بشعر كثيف على ذراعيه وصدره وفخذيه.

Alcune parti del pelo erano aggrovigliate e formavano chiazze di pelo ruvido.

كانت بعض أجزاء الشعر متشابكة في بقع من الفراء الخشن.

Non stava dritto, ma era piegato in avanti dai fianchi alle ginocchia.

لم يكن يقف بشكل مستقيم بل كان ينحني للأمام من الوركين إلى الركبتين.

I suoi passi erano elastici e felini, come se fosse sempre pronto a scattare.

وكانت خطواته مرنة وخطوات القطط، كما لو كان مستعدًا دائمًا للقفز.

C'era una forte allerta, come se vivesse nella paura costante.

كان هناك يقظة حادة، كما لو كان يعيش في خوف دائم.

Quest'uomo anziano sembrava aspettarsi il pericolo, indipendentemente dal fatto che questo venisse visto o meno.

يبدو أن هذا الرجل القديم كان يتوقع الخطر، سواء كان الخطر مرئيًا أم لا.

A volte l'uomo peloso dormiva accanto al fuoco, con la testa tra le gambe.

في بعض الأحيان كان الرجل المشعر ينام بجانب النار، ورأسه بين ساقيه.

Teneva i gomiti sulle ginocchia e le mani giunte sopra la testa.

كانت مرفقيه مستندة على ركبتيه، ويديه مضمومتين فوق رأسه.

Come un cane, usava le sue braccia pelose per proteggersi dalla pioggia che cadeva.

مثل الكلب استخدم ذراعيه المشعرتين للتخلص من المطر المتساقط.

Oltre la luce del fuoco, Buck vide due carboni ardenti che ardevano nell'oscurità.

خلف ضوء النار، رأى باك جمرين متوهجين في الظلام.

Sempre a due a due, erano gli occhi delle bestie da preda.

كانوا دائمًا اثنان اثنان، وكانوا بمثابة عيون الوحوش المفترسة المتسللة.

Sentì corpi che si infrangevano tra i cespugli e rumori provenienti dalla notte.

سمع أصوات أجساد تتحطم وسط الشجيرات وأصواتًا تحدث في الليل.

Sdraiato sulla riva dello Yukon, sbattendo le palpebre, Buck sognò accanto al fuoco.

مستلقيا على ضفة نهر يوكون، يرمش، باك يحلم بالنار.

Le immagini e i suoni di quel mondo selvaggio gli fecero rizzare i capelli.

إن مشاهد وأصوات هذا العالم البري جعلت شعره يقف.

La pelliccia gli si drizzò lungo la schiena, sulle spalle e sul collo.

ارتفع الفراء على طول ظهره، وكتفيه، ورقبته.

Gemeva piano o emetteva un ringhio basso dal profondo del petto.

كان يئن بهدوء أو يصدر صوت هدير منخفض عميق في صدره.

Allora il cuoco meticcio urlò: "Ehi, Buck, svegliati!"

ثم صاح الطاهي ذو السلالة المختلطة، "يا باك، استيقظ.

Il mondo dei sogni svanì e la vera vita tornò agli occhi di Buck.

لقد اختفى عالم الأحلام، وعادت الحياة الحقيقية إلى عيون باك.

Si sarebbe alzato, si sarebbe stiracchiato e avrebbe sbadigliato, come se si fosse svegliato da un pisolino.

كان على وشك النهوض، والتمدد، والتثاؤب، وكأنه استيقظ من قيلولة.

Il viaggio era duro, con la slitta postale che li trascinava dietro.

كانت الرحلة صعبة، وكان زلاجة البريد تجر خلفهم.

Carichi pesanti e lavoro duro sfinivano i cani ogni lunga giornata.

كانت الأحمال الثقيلة والعمل الشاق يرهق الكلاب كل يوم طويل.

Arrivarono a Dawson magro, stanco e con bisogno di più di una settimana di riposo.

وصلوا إلى داوسون نحيفين، متعبين، ويحتاجون إلى أكثر من أسبوع من الراحة.

Ma solo due giorni dopo ripartirono per lo Yukon.

ولكن بعد يومين فقط، انطلقوا في رحلة أخرى عبر نهر يوكون.

Erano carichi di altre lettere dirette al mondo esterno.

لقد تم تحميلهم بالمزيد من الرسائل الموجهة إلى العالم الخارجي.

I cani erano esausti e gli uomini si lamentavano in continuazione.

لقد كانت الكلاب منهكة وكان الرجال يشكون باستمرار.

Ogni giorno cadeva la neve, ammorbidendo il sentiero e rallentando le slitte.

كان الثلج يتساقط كل يوم، مما أدى إلى تليين المسار وإبطاء الزلاجات.

Ciò rendeva la trazione più dura e aumentava la resistenza delle guide.

أدى هذا إلى زيادة صعوبة السحب وزيادة السحب على العدائين.

Nonostante ciò, i piloti si sono dimostrati leali e hanno avuto cura delle loro squadre.

وعلى الرغم من ذلك، كان السائقون منصفين وأهتموا بفرقهم.

Ogni notte, i cani venivano nutriti prima che gli uomini mangiassero.

في كل ليلة، يتم إطعام الكلاب قبل أن يحصل الرجال على الطعام.

Nessun uomo dormiva prima di controllare le zampe del proprio cane.

لم ينم رجل قبل أن يتفقد أقدام كلبه.

Tuttavia, i cani diventavano sempre più deboli man mano che i chilometri consumavano i loro corpi.

ومع ذلك، أصبحت الكلاب أضعف مع مرور الأميال على أجسادها.

Avevano viaggiato per milleottocento miglia durante l'inverno.

لقد سافروا مسافة ألف وثمانمائة ميل خلال فصل الشتاء.

Percorrevano ogni miglio di quella distanza brutale trainando le slitte.

لقد سحبوا الزلاجات عبر كل ميل من تلك المسافة الوحشية.

Anche i cani da slitta più resistenti provano tensione dopo tanti chilometri.

حتى أقوى كلاب الزلاجات تشعر بالإجهاد بعد كل هذه الأميال.

Buck tenne duro, fece sì che la sua squadra lavorasse e mantenne la disciplina.

لقد صمد باك، وأبقى فريقه يعمل، وحافظ على الانضباط.

Ma Buck era stanco, proprio come gli altri durante il lungo viaggio.

لكن باك كان متعبًا، تمامًا مثل الآخرين في الرحلة الطويلة.

Billee piagnucolava e piangeva nel sonno ogni notte, senza sosta.

كان بيلي يئن ويبكي أثناء نومه كل ليلة دون انقطاع.

Joe diventò ancora più amareggiato e Solleks rimase freddo e distante.

أصبح جو أكثر مرارة، وبقي سوليكس باردًا وبعيدًا.

Ma è stato Dave a soffrire di più di tutta la squadra.

لكن ديف هو الذي عانى أكثر من الفريق بأكمله.

Qualcosa dentro di lui era andato storto, anche se nessuno sapeva cosa.

لقد حدث خطأ ما في داخله، على الرغم من أن لا أحد يعرف ما هو.

Divenne più lunatico e aggredì gli altri con rabbia crescente.

لقد أصبح متقلب المزاج وبدأ يهاجم الآخرين بغضب متزايد.

Ogni notte andava dritto al suo nido, in attesa di essere nutrito.

كل ليلة كان يذهب مباشرة إلى عشه، في انتظار أن يتم إطعامه.

Una volta a terra, Dave non si alzò più fino al mattino.

وبمجرد سقوطه، لم يتمكن ديف من النهوض مرة أخرى حتى الصباح.

Sulle redini, gli improvvisi strattoni o sussulti lo facevano gridare di dolore.

على اللجام، الهزات المفاجئة أو الحركات المفاجئة جعلته يصرخ من الألم.

L'autista ha cercato di capirne la causa, ma non ha trovato ferite.

قام سائقه بالبحث عن السبب، لكنه لم يعثر على أي إصابات.

Tutti gli autisti cominciarono a osservare Dave e a discutere del suo caso.

بدأ جميع السائقين بمراقبة ديف ومناقشة قضيته.

Parlarono durante i pasti e durante l'ultima sigaretta della giornata.

وتحدثوا أثناء تناول وجبات الطعام وأثناء تدخينهم الأخير في ذلك اليوم.

Una notte tennero una riunione e portarono Dave al fuoco.

في أحد الليالي عقدوا اجتماعًا وأحضروا ديف إلى النار.

Gli premevano e palpavano il corpo e lui gridava spesso.

فضغطوا على جسده وفحصوه، وكان يصرخ كثيرًا.

Era evidente che qualcosa non andava, anche se non sembrava esserci nessuna frattura.

من الواضح أن هناك خطأ ما، على الرغم من عدم ظهور أي عظام مكسورة.

Quando arrivarono al Cassiar Bar, Dave stava cadendo.

بحلول الوقت الذي وصلوا فيه إلى بار كاسيار، كان ديف يسقط.

Il meticcio scozzese impose uno stop e rimosse Dave dalla squadra.

أوقف الفريق ذو السلالة المختلطة الاسكتلندية وأزال ديف من الفريق.

Fissò Solleks al posto di Dave, il più vicino possibile alla parte anteriore della slitta.

قام بتثبيت سوليكس في مكان ديف، الأقرب إلى مقدمة الزلاجة.

Voleva lasciare che Dave riposasse e corresse libero dietro la slitta in movimento.

كان يقصد أن يترك ديف يستريح ويركض بحرية خلف الزلاجة المتحركة.

Ma nonostante la malattia, Dave odiava che gli venisse tolto il lavoro che aveva ricoperto.

ولكن حتى عندما كان مريضًا، كان ديف يكره أن يتم إبعاده من الوظيفة التي كان يمتلكها.

Ringhiò e piagnucolò quando gli strapparono le redini dal corpo.

لقد هدّر وأنين عندما تم سحب اللجام من جسده.

Quando vide Solleks al suo posto, pianse disperato.

عندما رأى سوليكس في مكانه، بكى من الألم الشديد.

L'orgoglio per il lavoro sui sentieri era profondo in Dave, anche quando la morte si avvicinava.

كان فخر العمل على الطريق عميقًا في قلب ديف، حتى مع اقتراب الموت.

Mentre la slitta si muoveva, Dave arrancava nella neve soffice vicino al sentiero.

وبينما كانت الزلاجة تتحرك، كان ديف يتخبط في الثلج الناعم بالقرب من الطريق.

Attaccò Solleks, mordendolo e spingendolo giù dal lato della slitta.

هاجم سوليكس، فعضه ودفعه من جانب الزلاجة.

Dave cercò di saltare nell'imbracatura e di riprendersi il suo posto di lavoro.

حاول ديف القفز إلى الحزام واستعادة مكان عمله.

Lui guaiva, si lamentava e piangeva, diviso tra il dolore e l'orgoglio del parto.

لقد صرخ، وتذمر، وبكى، ممزقًا بين الألم والفخر بالعمل.

Il meticcio usò la frusta per cercare di allontanare Dave dalla squadra.

استخدم الهجين سوطه لمحاولة إبعاد ديف عن الفريق.

Ma Dave ignorò la frustata e l'uomo non riuscì a colpirlo più forte.

لكن ديف تجاهل السوط، ولم يتمكن الرجل من ضربه بقوة أكبر.

Dave rifiutò il sentiero più facile dietro la slitta, dove la neve era compatta.

رفض ديف المسار الأسهل خلف الزلاجة، حيث كان الثلج كثيفًا.

Invece, si ritrovò a lottare nella neve profonda, ai lati del sentiero, in preda alla miseria.

وبدلاً من ذلك، كان يكافح في الثلوج العميقة بجانب الطريق، في بؤس.

Alla fine Dave crollò, giacendo sulla neve e urlando di dolore.

في النهاية، انهار ديف، مستلقيا على الثلج ويصرخ من الألم.

Lanciò un grido mentre la lunga fila di slitte gli passava accanto una dopo l'altra.

صرخ عندما مر به قطار الزلاجات الطويل واحدًا تلو الآخر.

Tuttavia, con le poche forze che gli rimanevano, si alzò e barcollò dietro di loro.

ومع ذلك، بما تبقى له من قوة، نهض وتعثر خلفهم.

Quando il treno si fermò di nuovo, lo raggiunse e trovò la sua vecchia slitta.

لقد لحق به عندما توقف القطار مرة أخرى ووجد زلاجته القديمة.

Superò con difficoltà le altre squadre e tornò a posizionarsi accanto a Solleks.

لقد تخطى الفرق الأخرى ووقف بجانب سوليكس مرة أخرى.

Mentre l'autista si fermava per accendere la pipa, Dave colse l'ultima occasione.

وبينما توقف السائق لإشعال غليونه، انتهز ديف فرصته الأخيرة.

Quando l'autista tornò e urlò, la squadra non avanzò.

وعندما عاد السائق وصاح، لم يتحرك الفريق إلى الأمام.

I cani avevano girato la testa, confusi dall'improvviso arresto.

لقد حركت الكلاب رؤوسها، في حيرة من التوقف المفاجئ.

Anche il conducente era scioccato: la slitta non si era mossa di un centimetro in avanti.

لقد صدم السائق أيضًا - فالزلاجة لم تتحرك قيد أنملة إلى الأمام.

Chiamò gli altri perché venissero a vedere cosa era successo.

ودعا الآخرين إلى الحضور ورؤية ما حدث.

Dave aveva masticato le redini di Solleks, spezzandole entrambe.

كان ديف قد قضم زمام سوليكس، مما أدى إلى كسر كليهما.

Ora era di nuovo in piedi davanti alla slitta, nella sua giusta posizione.

والآن وقف أمام الزلاجة، في مكانه الصحيح.

Dave alzò lo sguardo verso l'autista, implorandolo silenziosamente di restare al passo.

نظر ديف إلى السائق، متوسلاً في صمت أن يبقى على المسار.

L'autista era perplesso e non sapeva cosa fare per il cane in difficoltà.

كان السائق في حيرة من أمره، وغير متأكد مما يجب فعله للكلب الذي يعاني من صعوبات.

Gli altri uomini parlavano di cani morti perché li avevano portati fuori.

وتحدث الرجال الآخرون عن الكلاب التي ماتت بسبب إخراجها.

Raccontavano di cani vecchi o feriti il cui cuore si era spezzato quando erano stati abbandonati.

وتحدثوا عن الكلاب العجوز أو المصابة التي تحطمت قلوبها عندما تركت وراءها.

Concordarono che era un atto di misericordia lasciare che Dave morisse mentre era ancora imbrigliato.

واتفقوا على أنه من الرحمة أن يتركوا ديف يموت وهو لا يزال في حزامه.

Fu rimesso in sicurezza sulla slitta e Dave tirò con orgoglio.

تم ربطه مرة أخرى على الزلاجة، وسحبه ديف بفخر.

Anche se a volte gridava, lavorava come se il dolore potesse essere ignorato.

رغم أنه كان يبكي في بعض الأحيان، إلا أنه كان يعمل كما لو كان الألم يمكن تجاهله.

Più di una volta cadde e fu trascinato prima di rialzarsi.

سقط أكثر من مرة وسُحِب قبل أن ينهض مرة أخرى.

A un certo punto la slitta gli rotolò addosso e da quel momento in poi zoppicò.

في إحدى المرات، انقلبت عليه الزلاجة، وأصبح يعرج منذ تلك اللحظة.

Nonostante ciò, lavorò finché non raggiunse l'accampamento e poi si sdraiò accanto al fuoco.

ومع ذلك، فقد عمل حتى وصل إلى المخيم، ثم استلقى بجانب النار.

Al mattino Dave era troppo debole per muoversi o anche solo per stare in piedi.

بحلول الصباح، كان ديف ضعيفًا جدًا بحيث لم يتمكن من السفر أو حتى الوقوف بشكل مستقيم.

Al momento di allacciare l'imbracatura, cercò di raggiungere il suo autista con sforzi tremanti.

عندما حان وقت ربط الحزام، حاول الوصول إلى سائقه بجهد مرتجف.

Si sforzò di rialzarsi, barcollò e crollò sul terreno innevato.

أجبر نفسه على النهوض، وتعثر، وانهار على الأرض الثلجية.

Utilizzando le zampe anteriori, trascinò il suo corpo verso la zona dell'imbracatura.

استخدم رجليه الأماميتين لسحب جسده نحو منطقة التسخير.

Si fece avanti, centimetro dopo centimetro, verso i cani da lavoro.

لقد سحب نفسه إلى الأمام، بوصة بوصة، نحو الكلاب العاملة.

Le forze gli cedettero, ma continuò a muoversi nel suo ultimo disperato tentativo.

لقد انهارت قوته، لكنه استمر في التحرك في دفعته اليائسة الأخيرة.

I suoi compagni di squadra lo videro ansimare nella neve, ancora desideroso di unirsi a loro.

لقد رأى زملاؤه في الفريق أنه يلهث في الثلج، ولا يزال يتوقفون للانضمام إليهم.

Lo sentirono urlare di dolore mentre si lasciavano alle spalle l'accampamento.

سمعوه يصرخ من الحزن عندما غادروا المخيم خلفهم.

Mentre la squadra svaniva tra gli alberi, il grido di Dave risuonava dietro di loro.

وبينما اختفى الفريق بين الأشجار، تردد صدى صرخة ديف خلفهم.

Il treno delle slitte si fermò brevemente dopo aver attraversato un tratto di fiume ricco di boschi.

توقف قطار الزلاجات لفترة وجيزة بعد عبور جزء من نهر الأخشاب.

Il meticcio scozzese tornò lentamente verso l'accampamento alle sue spalle.

سار الهجين الاسكتلندي ببطء نحو المخيم خلفه.

Gli uomini smisero di parlare quando lo videro scendere dal treno delle slitte.

توقف الرجال عن الكلام عندما رأوه يغادر قطار الزلاجات.

Poi un singolo colpo di pistola risuonò chiaro e netto attraverso il sentiero.

ثم سمعت طلقة نارية واحدة واضحة وحادة عبر الطريق.

L'uomo tornò rapidamente e prese il suo posto senza dire una parola.

عاد الرجل بسرعة وجلس في مكانه دون أن يقول كلمة.

Le fruste schioccavano, i campanelli tintinnavano e le slitte avanzavano sulla neve.

انطلقت أصوات السياط، ورنّ الأجراس، وتدحرجت الزلاجات عبر الثلوج.

Ma Buck sapeva cosa era successo, come tutti gli altri cani.

لكن باك كان يعلم ما حدث، وكان كل كلب آخر يعلم ذلك أيضًا.

## La fatica delle redini e del sentiero
عناء اللجام والطريق

Trenta giorni dopo aver lasciato Dawson, la Salt Water Mail raggiunse Skaguay.

بعد ثلاثين يومًا من مغادرة داوسون، وصلت سفينة بريد المياه المالحة إلى سكاجواي.

Buck e i suoi compagni di squadra presero il comando e arrivarono in condizioni pietose.

باك وزملاؤه حققوا التقدم، ووصلوا في حالة يرثى لها.

Buck era sceso da 140 a 150 chili.

انخفض وزن باك من مائة وأربعين إلى مائة وخمسة عشر رطلاً.

Gli altri cani, sebbene più piccoli, avevano perso ancora più peso corporeo.

أما الكلاب الأخرى، على الرغم من صغر حجمها، فقد فقدت المزيد من وزن الجسم.

Pike, che una volta zoppicava fingendo, ora trascinava dietro di sé una gamba veramente ferita.

بايك، الذي كان يعرج في السابق بشكل مزيف، يسحب الآن ساقًا مصابة حقًا خلفه.

Solleks zoppicava gravemente e Dub aveva una scapola slogata.

كان سوليكس يعرج بشدة، وكان دوب يعاني من تمزق في لوح كتفه.

Tutti i cani del team avevano i piedi doloranti a causa delle settimane trascorse sul sentiero ghiacciato.

كان كل كلب في الفريق يعاني من آلام في قدميه بسبب الأسابيع التي قضاها على الطريق المتجمد.

Non avevano più slancio nei loro passi, solo un movimento lento e trascinato.

لم يعد لديهم أي نشاط في خطواتهم، فقط حركة بطيئة ومتثاقلة.

I loro piedi colpivano il sentiero con forza e ogni passo aggiungeva ulteriore sforzo al loro corpo.

ضربت أقدامهم الطريق بقوة، وكانت كل خطوة تضيف المزيد من الضغط على أجسادهم.

Non erano malati, erano solo stremati oltre ogni possibile guarigione naturale.

لم يكونوا مرضى، بل كانوا مستنزفين إلى حد لا يمكن الشفاء منه بشكل طبيعي.

Non si trattava della stanchezza di una giornata faticosa, curata con una notte di riposo.

لم يكن هذا تعبًا من يوم شاق، تم علاجه بالراحة الليلية.

Era una stanchezza accumulata lentamente attraverso mesi di sforzi estenuanti.

لقد كان إرهاقًا تراكم ببطء عبر أشهر من الجهد الشاق.

Non era rimasta alcuna riserva di forze: avevano esaurito ogni energia a loro disposizione.

لم يتبق لديهم أي احتياطي من القوة - فقد استنفدوا كل ما لديهم.

Ogni muscolo, fibra e cellula del loro corpo era consumato e usurato.

لقد استُنفدت كل عضلة وليفة وخلية في أجسادهم.

E c'era un motivo: avevano percorso duemilacinquecento miglia.

وكان هناك سبب - لقد قطعوا مسافة ألفين وخمسمائة ميل.

Si erano riposati solo cinque giorni durante le ultime milleottocento miglia.

لقد استراحوا لمدة خمسة أيام فقط خلال الثمانية عشر ميلاً الأخيرة.

Quando giunsero a Skaguay, sembrava che riuscissero a malapena a stare in piedi.

عندما وصلوا إلى سكاجواي، بدا أنهم بالكاد قادرين على الوقوف بشكل مستقيم.

Facevano fatica a tenere le redini strette e a restare davanti alla slitta.

لقد كافحوا من أجل إبقاء زمام الأمور مشدودة والبقاء في المقدمة أمام الزلاجة.

Nei pendii in discesa riuscivano solo a evitare di essere investiti.

على المنحدرات، تمكنوا فقط من تجنب التعرض للدهس.

"Continuate a marciare, poveri piedi doloranti", disse l'autista mentre zoppicavano.

استمروا في السير، أيها المسكين ذو الأقدام المؤلمة"، قال السائق بينما كانوا يعرجون على الطريق.

"Questo è l'ultimo tratto, poi ci prenderemo tutti un lungo riposo, di sicuro."

هذه هي المرحلة الأخيرة، وبعدها سنحصل جميعًا على قسط من الراحة "الطويلة، بالتأكيد.

"Un riposo davvero lungo", promise, guardandoli barcollare in avanti.

راحة طويلة حقًّا"، وعدهم وهو يراقبهم وهم يتقدمون للأمام.."

Gli autisti si aspettavano una lunga e necessaria pausa.

وكان السائقون يتوقعون الآن أنهم سيحصلون على استراحة طويلة وضرورية.

Avevano percorso milleduecento miglia con solo due giorni di riposo.

لقد سافروا مسافة ألف ومائتي ميل مع يومين راحة فقط

Per correttezza e ragione, ritenevano di essersi guadagnati un po' di tempo per rilassarsi.

ومن باب الإنصاف والمنطق، فقد شعروا أنهم استحقوا الوقت للاسترخاء.

Ma troppi erano giunti nel Klondike e troppo pochi erano rimasti a casa.

لكن الكثيرين جاؤوا إلى كلوندايك، وقليل منهم بقي في المنزل.

Le lettere delle famiglie continuavano ad arrivare, creando pile di posta in ritardo.

تدفقت الرسائل من العائلات، مما أدى إلى أكوام من البريد المتأخر.

Arrivarono gli ordini ufficiali: i nuovi cani della Hudson Bay avrebbero preso il sopravvento.

وصلت الأوامر الرسمية ـ كان من المقرر أن يتولى كلاب هدسون باي الجدد المسؤولية.

I cani esausti, ormai considerati inutili, dovevano essere eliminati.

كان من المقرر التخلص من الكلاب المنهكة، والتي أصبحت الآن عديمة القيمة.

Poiché i soldi erano più importanti dei cani, venivano venduti a basso prezzo.

وبما أن المال كان أكثر أهمية من الكلاب، فقد كان من المقرر بيعها بثمن بخس.

Passarono altri tre giorni prima che i cani si accorgessero di quanto fossero deboli.

مرت ثلاثة أيام أخرى قبل أن يشعر الكلاب بمدى ضعفهم.

La quarta mattina, due uomini provenienti dagli Stati Uniti acquistarono l'intera squadra.

وفي صباح اليوم الرابع، اشترى رجلان من الولايات المتحدة الفريق بأكمله.

La vendita comprendeva tutti i cani e le loro imbracature usate.

شمل البيع جميع الكلاب، بالإضافة إلى أحزمة الأمان التي كانت تستخدمها.

Mentre concludevano l'affare, gli uomini si chiamavano tra loro "Hal" e "Charles".

أطلق الرجال على بعضهم البعض اسم "هال "و"تشارلز "عندما أكملوا الصفقة.

Charles era un uomo di mezza età, pallido, con labbra molli e folti baffi.

كان تشارلز في منتصف العمر، شاحبًا، بشفاه مترهلة وشاربه كثيف.

Hal era un giovane, forse diciannove anni, che indossava una cintura imbottita di cartucce.

كان هال شابًا، ربما يبلغ من العمر تسعة عشر عامًا، يرتدي حزامًا محشوًا بالخرطوش.

Nella cintura erano contenuti un grosso revolver e un coltello da caccia, entrambi inutilizzati.

كان الحزام يحمل مسدسًا كبيرًا وسكين صيد، وكلاهما لم يستخدما.

Dimostrava quanto fosse inesperto e inadatto alla vita nel Nord.

وأظهر ذلك مدى قلة خبرته وعدم ملاءمته للحياة الشمالية.

Nessuno dei due uomini viveva in natura; la loro presenza sfidava ogni ragionevolezza.

لم يكن أي من الرجلين ينتمي إلى البرية؛ فوجودهما يتحدى كل المنطق.

Buck osservava lo scambio di denaro tra l'acquirente e l'agente.

كان باك يراقب الأموال وهي تنتقل بين المشتري والوكيل.

Sapeva che i conducenti dei treni postali stavano abbandonando la sua vita come tutti gli altri.

لقد علم أن سائقي قطار البريد يغادرون حياته مثل بقية الناس.

Seguirono Perrault e François, ormai scomparsi.

وتبعوا بيرولت وفرانسوا، اللذين أصبحا الآن في وضع لا يمكن تذكره.

Buck e la squadra vennero condotti al disordinato accampamento dei loro nuovi proprietari.

تم أخذ باك وفريقه إلى المعسكر غير المنظم لأصحابهم الجدد.

La tenda cedeva, i piatti erano sporchi e tutto era in disordine.

كانت الخيمة مترهلة، والأطباق متسخة، وكل شيء في حالة من الفوضى.

Anche Buck notò una donna lì: Mercedes, moglie di Charles e sorella di Hal.

لاحظ باك وجود امرأة هناك أيضًا ـ مرسيدس، زوجة تشارلز وشقيقة هال.

Formavano una famiglia completa, anche se erano tutt'altro che adatti al sentiero.

لقد شكلوا عائلة متكاملة، رغم أنهم لم يكونوا مناسبين للمسار.

Buck osservava nervosamente mentre il trio iniziava a impacchettare le provviste.

كان باك يراقب بتوتر بينما بدأ الثلاثي في تعبئة الإمدادات.

Lavoravano duro ma senza ordine, solo confusione e sforzi sprecati.

لقد عملوا بجد ولكن دون نظام ـ مجرد ضجة وجهد ضائع.

La tenda era arrotolata fino a formare una sagoma ingombrante, decisamente troppo grande per la slitta.

تم لف الخيمة إلى شكل ضخم، أكبر بكثير من الزلاجة.

I piatti sporchi venivano imballati senza essere stati né lavati né asciugati.

تم تعبئة الأطباق المتسخة دون تنظيفها أو تجفيفها على الإطلاق.

Mercedes svolazzava in giro, parlando, correggendo e intromettendosi in continuazione.

كانت مرسيدس ترفرف هنا وهناك، وتتحدث باستمرار، وتصحح، وتتدخل.

Quando le misero un sacco davanti, lei insistette perché lo mettesse dietro.

عندما تم وضع الكيس في المقدمة، أصرت على وضعه في الخلف.

Mise il sacco in fondo e un attimo dopo ne ebbe bisogno.

وضعت الكيس في الأسفل، وفي اللحظة التالية احتاجته.

Quindi la slitta venne disimballata di nuovo per raggiungere quella specifica borsa.

لذلك تم تفريغ الزلاجة مرة أخرى للوصول إلى الحقيبة المحددة.

Lì vicino, tre uomini stavano fuori da una tenda e osservavano la scena che si svolgeva.

وفي مكان قريب، كان هناك ثلاثة رجال يقفون خارج خيمة، يراقبون المشهد.

Sorrisero, ammiccarono e sogghignarono di fronte all'evidente confusione dei nuovi arrivati.

ابتسموا، وغمزوا، وضحكوا على الارتباك الواضح الذي أصاب الوافدين الجدد.

"Hai già un carico parecchio pesante", disse uno degli uomini.

لقد حصلت على حمل ثقيل بالفعل"، قال أحد الرجال."

"Non credo che dovresti portare quella tenda, ma la scelta è tua."

"لا أعتقد أنه يجب عليك حمل تلك الخيمة، لكن هذا اختيارك."

"Impensabile!" esclamò Mercedes, alzando le mani in segno di disperazione.

لم أحلم به. "صرخت مرسيدس وهي ترفع يديها في يأس."

"Come potrei viaggiare senza una tenda sotto cui dormire?"

"كيف يمكنني أن أسافر دون خيمة للبقاء تحتها؟"

«È primavera, non vedrai più il freddo», rispose l'uomo.

إنه فصل الربيع، ولن ترى الطقس البارد مرة أخرى"، أجاب الرجل."

Ma lei scosse la testa e loro continuarono ad accumulare oggetti sulla slitta.

لكنها هزت رأسها، واستمروا في تكديس الأشياء على الزلاجة.

Il carico era pericolosamente alto mentre aggiungevano gli ultimi oggetti.

ارتفعت الأحمال بشكل خطير عندما أضافوا الأشياء النهائية.

"Pensi che la slitta andrà avanti?" chiese uno degli uomini con aria scettica.

هل تعتقد أن الزلاجة سوف تتحرك؟ "سأل أحد الرجال بنظرة متشككة."

"E perché non dovrebbe?" ribatté Charles con netto fastidio.

لماذا لا نفعل ذلك؟ "رد تشارلز بانزعاج حاد."

"Oh, va bene", disse rapidamente l'uomo, evitando di offendersi.

أوه، لا بأس بذلك، "قال الرجل بسرعة، متراجعًا عن الإساءة."

"Mi chiedevo solo: mi sembrava un po' troppo pesante nella parte superiore."

"كنت أتساءل فقط - لقد بدا الأمر ثقيلًا بعض الشيء بالنسبة لي."

Charles si voltò e legò il carico meglio che poté.

استدار تشارلز وربط الحمولة بأفضل ما استطاع.

Ma le legature erano allentate e l'imballaggio nel complesso era fatto male.

لكن الربط كان فضفاضًا والتعبئة كانت سيئة بشكل عام.

"Certo, i cani tireranno così tutto il giorno", disse sarcasticamente un altro uomo.

بالتأكيد، الكلاب ستفعل ذلك طوال اليوم"، قال رجل آخر ساخرًا."

«Certamente», rispose Hal freddamente, afferrando il lungo timone della slitta.

بالطبع، أجاب هال ببرود، وهو يمسك بعمود الزلاجة الطويل."

Tenendo una mano sul palo, faceva roteare la frusta nell'altra.

وبإحدى يديه على العمود، كان يلوح بالسوط في اليد الأخرى.

"Andiamo!" urlò. "Muovetevi!", incitando i cani a partire.

هيا بنا. "صرخ. "تحركوا. "حاثًا الكلاب على الانطلاق."

I cani si appoggiarono all'imbracatura e si sforzarono per qualche istante.

انحنت الكلاب إلى الحزام وتوترت لعدة لحظات.

Poi si fermarono, incapaci di spostare di un centimetro la slitta sovraccarica.

ثم توقفوا، غير قادرين على تحريك الزلاجة المحملة قيد أنملة.

"Quei fannulloni!" urlò Hal, alzando la frusta per colpirli.

الوحوش الكسالى. "صرخ هال، ورفع السوط ليضربهم."

Ma Mercedes si precipitò dentro e strappò la frusta dalle mani di Hal.

لكن مرسيدس هرعت وانتزعت السوط من يد هال.

«Oh, Hal, non osare far loro del male», gridò allarmata.

أوه، هال، لا تجرؤ على إيذائهم، "صرخت في حالة من الفزع."

"Promettimi che sarai gentile con loro, altrimenti non farò un altro passo."

وعدني بأنك ستكون لطيفًا معهم، وإلا فلن أتخذ خطوة أخرى."

"Non sai niente di cani", scattò Hal contro la sorella.

أنت لا تعرفين شيئًا عن الكلاب"، قال هال لأخته."

"Sono pigri e l'unico modo per smuoverli è frustarli."

إنهم كسالى، والطريقة الوحيدة لتحريكهم هي ضربهم بالسوط"

"Chiedi a chiunque, chiedi a uno di quegli uomini laggiù se dubiti di me."

اسأل أي شخص، اسأل أحد هؤلاء الرجال هناك إذا كنت تشك بي."

Mercedes guardò gli astanti con occhi imploranti e pieni di lacrime.

نظرت مرسيدس إلى المتفرجين بعيون متوسلة مليئة بالدموع۔

Il suo viso rivelava quanto odiasse la vista di qualsiasi dolore.

أظهر وجهها مدى كرهها لرؤية أي ألم۔

"Sono deboli, tutto qui", ha detto un uomo. "Sono sfiniti."

إنهم ضعفاء، هذا كل ما في الأمر"، قال أحد الرجال. "لقد أنهكوا"۔

"Hanno bisogno di riposare: hanno lavorato troppo a lungo senza una pausa."

"إنهم يحتاجون إلى الراحة - لقد عملوا لفترة طويلة دون انقطاع۔"

«Che il resto sia maledetto», borbottò Hal arricciando il labbro.

الباقي ملعون "تمتم هال مع شفتيه ملتفة"۔

Mercedes sussultò, visibilmente addolorata per le parole volgari pronunciate da lui.

شهقت مرسيدس، من الواضح أنها شعرت بالألم بسبب الكلمة البذيئة التي قالها لها۔

Ciononostante, lei rimase leale e difese immediatamente il fratello.

ومع ذلك، ظلت مخلصة ودافعت عن شقيقها على الفور۔

"Non badare a quell'uomo", disse ad Hal. "Sono i nostri cani."

لا تهتم لهذا الرجل"، قالت لهال۔ "إنهم كلابنا"۔

"Li guidi come meglio credi: fai ciò che ritieni giusto."

"أنت تقودهم كما تراه مناسبًا - افعل ما تعتقد أنه صحيح۔"

Hal sollevò la frusta e colpì di nuovo i cani senza pietà.

رفع هال السوط وضرب الكلاب مرة أخرى دون رحمة۔

Si lanciarono in avanti, con i corpi bassi e i piedi che affondavano nella neve.

اندفعوا إلى الأمام، أجسادهم منخفضة، وأقدامهم تدفع في الثلج۔

Tutta la loro forza era concentrata nel traino, ma la slitta non si muoveva.

لقد بذلوا كل قوتهم في السحب، لكن الزلاجة لم تكن تتحرك۔

La slitta rimase bloccata, come un'ancora congelata nella neve compatta.

ظلت الزلاجة عالقة، مثل مرساة متجمدة في الثلج المتراكم۔

Dopo un secondo tentativo, i cani si fermarono di nuovo, ansimando forte.

وبعد محاولة ثانية، توقفت الكلاب مرة أخرى، وهي تلهث بشدة.

Hal sollevò di nuovo la frusta, proprio mentre Mercedes interferiva di nuovo.

رفع هال السوط مرة أخرى، في الوقت الذي تدخلت فيه مرسيدس مرة أخرى.

Si lasciò cadere in ginocchio davanti a Buck e gli abbracciò il collo.

نزلت على ركبتيها أمام باك وعانقت رقبته.

Le lacrime le riempivano gli occhi mentre implorava il cane esausto.

امتلأت عيناها بالدموع وهي تتوسل إلى الكلب المنهك.

"Poveri cari", disse, "perché non tirate più forte?"

"يا مساكين، "قالت، "لماذا لا تسحبون بقوة أكبر؟"

"Se tiri, non verrai frustato così."

"إذا قمت بالسحب، فلن يتم جلدك بهذه الطريقة."

A Buck non piaceva Mercedes, ma ormai era troppo stanco per resisterle.

لم يكن باك يحب مرسيدس، لكنه كان متعبًا جدًا بحيث لم يتمكن من مقاومتها الآن.

Lui accettò le sue lacrime come se fossero solo un'altra parte di quella giornata miserabile.

لقد تقبل دموعها باعتبارها جزءًا آخر من يومه البائس.

Uno degli uomini che osservavano, dopo aver represso la rabbia, finalmente parlò.

تحدث أحد الرجال الذين كانوا يراقبون أخيرًا بعد أن تمكن من كبت غضبه.

"Non mi interessa cosa succede a voi, ma quei cani sono importanti."

"لا يهمني ما يحدث لكم أيها الناس، ولكن تلك الكلاب مهمة."

"Se vuoi aiutare, stacca quella slitta: è ghiacciata e innevata."

"إذا كنت تريد المساعدة، قم بكسر تلك الزلاجة - فهي متجمدة في الثلج."

"Spingi con forza il palo della luce, a destra e a sinistra, e rompi il sigillo di ghiaccio."

"اضغط بقوة على عمود الجي، يمينًا ويسارًا، واكسر ختم الجليد."

Fu fatto un terzo tentativo, questa volta seguendo il suggerimento dell'uomo.

وتم إجراء محاولة ثالثة، هذه المرة بناء على اقتراح الرجل.

Hal fece oscillare la slitta da una parte all'altra, facendo staccare i pattini.

هز هال الزلاجة من جانب إلى آخر، مما أدى إلى تحرير العدائين.

La slitta, benché sovraccarica e scomoda, alla fine sobbalzò in avanti.

رغم أن الزلاجة كانت مثقلة وخرقاء، إلا أنها اندفعت إلى الأمام في النهاية.

Buck e gli altri tirarono selvaggiamente, spinti da una tempesta di frustate.

سحب باك والآخرون أنفسهم بعنف، تحت وطأة عاصفة من الضربات العنيفة.

Un centinaio di metri più avanti, il sentiero curvava e scendeva in pendenza verso la strada.

على بعد مائة ياردة إلى الأمام، انحنى المسار وانحدر إلى الشارع.

Ci sarebbe voluto un guidatore esperto per tenere la slitta in posizione verticale.

كان من المفترض أن يحتاج الأمر إلى سائق ماهر للحفاظ على الزلاجة في وضع مستقيم.

Hal non era abile e la slitta si ribaltò mentre svoltava.

لم يكن هال ماهرًا، وانقلبت الزلاجة عندما تأرجحت حول المنحنى.

Le cinghie allentate cedettero e metà del carico si rovesciò sulla neve.

انهارت الأربطة، وسقط نصف الحمولة على الثلج.

I cani non si fermarono; la slitta più leggera continuò a procedere su un fianco.

لم تتوقف الكلاب، وكانت الزلاجة الخفيفة تطير على جانبها.

I cani, furiosi per i maltrattamenti e per il peso del carico, corsero più veloci.

غاضبين من الإساءة والعبء الثقيل، ركضت الكلاب بشكل أسرع.

Buck, infuriato, si lanciò a correre, seguito dalla squadra.

اندفع باك في غضب شديد، وتبعه الفريق.

Hal urlò "Whoa! Whoa!" ma la squadra non gli prestò attenzione.

صرخ هال "واو- واو- "لكن الفريق لم ينتبه له.

Inciampò, cadde e fu trascinato a terra dall'imbracatura.

لقد تعثر وسقط وسحبه الحزام على الأرض.

La slitta rovesciata lo travolse mentre i cani continuavano a correre avanti.

ارتطمت الزلاجة المقلوبة به بينما كانت الكلاب تتسابق أمامه.

Il resto delle provviste è sparso lungo la trafficata strada di Skaguay.

بقية الإمدادات متناثرة في شوارع سكاغواي المزدحمة.

Le persone di buon cuore si precipitarono a fermare i cani e a raccogliere l'attrezzatura.

هرع الناس طيبو القلوب لإيقاف الكلاب وجمع المعدات.

Diedero anche consigli schietti e pratici ai nuovi viaggiatori.

كما قدموا نصائح مباشرة وعملية للمسافرين الجدد.

"Se vuoi raggiungere Dawson, prendi metà del carico e raddoppia i cani."

" إذا كنت تريد الوصول إلى داوسون، خذ نصف الحمولة وضاعف عدد
الكلاب."

Hal, Charles e Mercedes ascoltarono, anche se non con entusiasmo.

استمع هال، وتشارلز، ومرسيدس، ولكن ليس بحماس.

Montarono la tenda e cominciarono a sistemare le loro provviste.

قاموا بنصب خيمتهم وبدأوا بفرز إمداداتهم.

Ne uscirono dei cibi in scatola, che fecero ridere a crepapelle gli astanti.

وخرجت الأطعمة المعلبة، مما جعل المتفرجين يضحكون بصوت عالٍ.

"Roba in scatola sul sentiero? Morirai di fame prima che si sciolga", disse uno.

"معلبات على الطريق؟ ستموت جوعًا قبل أن تذوب"، قال أحدهم."

"Coperte d'albergo? Meglio buttarle via tutte."

بطانيات الفنادق؟ من الأفضل التخلص منها جميعًا.

"Togli anche la tenda e qui nessuno laverà più i piatti."

"تخلص من الخيمة أيضًا، ولن يغسل أحد الأطباق هنا."

"Pensi di viaggiare su un treno Pullman con dei servitori a bordo?"

"هل تعتقد أنك تركب قطار بولمان مع الخدم على متنه؟"

Il processo ebbe inizio: ogni oggetto inutile venne gettato da parte.

بدأت العملية ـ تم إلقاء كل عنصر عديم الفائدة جانبًا.

Mercedes pianse quando le sue borse furono svuotate sul terreno innevato.

بكت مرسيدس عندما أفرغت حقائبها على الأرض الثلجية.

Singhiozzava per ogni oggetto buttato via, uno per uno, senza sosta.

كانت تبكي بشدة على كل قطعة تم إلقاؤها، واحدة تلو الأخرى، دون توقف.

Giurò di non fare un altro passo, nemmeno per dieci Charles.

لقد أقسمت على عدم الذهاب خطوة أخرى ـ حتى ولو لعشرة تشارلز.

Pregò ogni persona vicina di lasciarle conservare le sue cose preziose.

وتوسلت إلى كل شخص قريب منها أن يسمح لها بالاحتفاظ بأشياءها الثمينة.

Alla fine si asciugò gli occhi e cominciò a gettare via anche i vestiti più importanti.

وأخيراً مسحت عينيها وبدأت تتخلص حتى من الملابس الحيوية.

Una volta terminato il suo, cominciò a svuotare le scorte degli uomini.

عندما انتهت من أعمالها، بدأت في إفراغ إمدادات الرجال.

Come un turbine, fece a pezzi gli effetti personali di Charles e Hal.

مثل عاصفة، مزقت ممتلكات تشارلز وهال.

Sebbene il carico fosse dimezzato, era comunque molto più pesante del necessario.

على الرغم من أن الحمل انخفض إلى النصف، إلا أنه كان لا يزال أثقل بكثير من اللازم.

Quella notte, Charles e Hal uscirono e comprarono sei nuovi cani.

في تلك الليلة، خرج تشارلز وهال واشتريا ستة كلاب جديدة.

Questi nuovi cani si unirono ai sei originali, più Teek e Koona.

انضمت هذه الكلاب الجديدة إلى الكلاب الستة الأصلية، بالإضافة إلى تيك وكونا.

Insieme formarono una squadra di quattordici cani attaccati alla slitta.

لقد شكلوا معًا فريقًا مكونًا من أربعة عشر كلبًا مربوطين بالزلاجة.

Ma i nuovi cani erano inadatti e poco addestrati per il lavoro con la slitta.

لكن الكلاب الجديدة كانت غير صالحة للعمل على الزلاجات ولم يتم تدريبها بشكل جيد.

Tre dei cani erano cani da caccia a pelo corto, mentre uno era un Terranova.

ثلاثة من الكلاب كانت من نوع المؤشرات ذات الشعر القصير، وكان واحد منها من نوع نيوفاوندلاند.

Gli ultimi due cani erano meticci senza alcuna razza o scopo ben definito.

كان الكلبان الأخيران من الكلاب الهجينة التي ليس لها سلالة واضحة أو غرض على الإطلاق.

Non capivano il percorso e non lo imparavano in fretta.

لم يفهموا المسار، ولم يتعلموه بسرعة.

Buck e i suoi compagni li osservavano con disprezzo e profonda irritazione.

كان باك وأصدقاؤه يراقبونهم بازدراء وانزعاج عميق.

Sebbene Buck insegnasse loro cosa non fare, non poteva insegnare loro il dovere.

على الرغم من أن باك علمهم ما لا ينبغي لهم فعله، إلا أنه لم يكن قادرًا على تعليمهم الواجب.

Non amavano la vita sui sentieri né la trazione delle redini e delle slitte.

لم يتقبلوا بشكل جيد تتبع الحياة أو سحب اللجام والزلاجات.

Soltanto i bastardi cercarono di adattarsi, e anche a loro mancava lo spirito combattivo.

حاول الهجينون فقط التكيف، وحتى هم كانوا يفتقرون إلى روح القتال.

Gli altri cani erano confusi, indeboliti e distrutti dalla loro nuova vita.

كانت الكلاب الأخرى مرتبكة، ضعيفة، ومنكسرة بسبب حياتها الجديدة.

Con i nuovi cani all'oscuro e i vecchi esausti, la speranza era flebile.

مع الكلاب الجديدة التي كانت في حيرة من أمرها والكلاب القديمة المنهكة، كان الأمل ضئيلاً.

La squadra di Buck aveva percorso duemilacinquecento miglia di sentiero accidentato.

لقد قطع فريق باك مسافة ألفين وخمسمائة ميل من الطريق القاسي۔

Ciononostante, i due uomini erano allegri e orgogliosi della loro grande squadra di cani.

ومع ذلك، كان الرجلان مبتهجين وفخورين بفريق الكلاب الكبير الخاص بهم۔

Pensavano di viaggiare con stile, con quattordici cani al seguito.

ظنوا أنهم يسافرون بأناقة، مع أربعة عشر كلبًا مربوطين۔

Avevano visto delle slitte partire per Dawson e altre arrivarne.

لقد شاهدوا زلاجات تغادر إلى داوسون، وأخرى تصل منها۔

Ma non ne avevano mai vista una trainata da ben quattordici cani.

لكنهم لم يروا قط واحدًا يسحبه ما يصل إلى أربعة عشر كلبًا۔

C'era un motivo per cui squadre del genere erano rare nelle terre selvagge dell'Artico.

وكان هناك سبب لكون مثل هذه الفرق نادرة في البرية القطبية الشمالية۔

Nessuna slitta poteva trasportare cibo sufficiente a sfamare quattordici cani per l'intero viaggio.

لم يكن بمقدور أي مزلجة أن تحمل ما يكفي من الطعام لإطعام أربعة عشر كلبًا طوال الرحلة۔

Ma Charles e Hal non lo sapevano: avevano fatto i calcoli.

لكن تشارلز وهال لم يعرفا ذلك ـ لقد أجريا الحسابات۔

Hanno pianificato la razione di cibo: una certa quantità per cane, per un certo numero di giorni, fatta.

لقد خططوا للطعام :كمية محددة لكل كلب، وعدد محدد من الأيام، وتم الانتهاء من ذلك۔

Mercedes guardò i numeri e annuì come se avessero senso.

نظرت مرسيدس إلى أرقامهم وأومأت برأسها كما لو كان الأمر منطقيًا۔

Tutto le sembrava molto semplice, almeno sulla carta.

لقد بدا الأمر كله بسيطًا جدًا بالنسبة لها، على الأقل على الورق۔

La mattina seguente, Buck guidò lentamente la squadra lungo la strada innevata.

وفي صباح اليوم التالي، قاد باك الفريق ببطء إلى الشارع الثلجي۔

Non c'era né energia né spirito in lui e nei cani dietro di lui.

لم تكن هناك طاقة أو روح فيه أو في الكلاب خلفه.

Erano stanchi morti fin dall'inizio: non avevano più riserve.

لقد كانوا متعبين للغاية منذ البداية ـ لم يتبق لديهم أي احتياطي.

Buck aveva già fatto quattro viaggi tra Salt Water e Dawson.

لقد قام باك بأربع رحلات بين سولت ووتر وداوسون بالفعل.

Ora, di fronte alla stessa pista, non provava altro che amarezza.

والآن، عندما واجه نفس المسار مرة أخرى، لم يشعر إلا بالمرارة.

Il suo cuore non c'era, e nemmeno quello degli altri cani.

لم يكن قلبه فيه، ولا قلوب الكلاب الأخرى.

I nuovi cani erano timidi e gli husky non si fidavano per niente.

كانت الكلاب الجديدة خجولة، وكانت كلاب الهاسكي تفتقر إلى الثقة.

Buck capì che non poteva fare affidamento su quei due uomini o sulla loro sorella.

أحس باك أنه لا يستطيع الاعتماد على هذين الرجلين أو أختهما.

Non sapevano nulla e non mostravano alcun segno di apprendimento lungo il percorso.

لم يعرفوا شيئًا ولم يظهروا أي علامات على التعلم أثناء الرحلة.

Erano disorganizzati e privi di qualsiasi senso di disciplina.

لقد كانوا غير منظمين ويفتقرون إلى أي حس بالانضباط.

Ogni volta impiegavano metà della notte per allestire un accampamento malmesso.

استغرق الأمر منهم نصف الليل لإقامة معسكر غير منظم في كل مرة.

E metà della mattina successiva la trascorsero di nuovo armeggiando con la slitta.

وفي الصباح التالي قضوا نصف الوقت في محاولة التعامل مع الزلاجة مرة أخرى.

Spesso a mezzogiorno si fermavano solo per sistemare il carico irregolare.

بحلول الظهر، كانوا يتوقفون في كثير من الأحيان فقط لإصلاح الحمل غير المتساوي.

In alcuni giorni percorsero meno di dieci miglia in totale.

وفي بعض الأيام، سافروا مسافة أقل من عشرة أميال إجمالاً.

Altri giorni non riuscivano proprio ad abbandonare l'accampamento.

وفي أيام أخرى، لم يتمكنوا من مغادرة المخيم على الإطلاق.

Non sono mai riusciti a coprire la distanza alimentare prevista.

ولم يقتربوا أبدًا من تغطية مسافة الغذاء المخطط لها.

Come previsto, il cibo per i cani finì molto presto.

كما كان متوقعًا، نفد الطعام المخصص للكلاب بسرعة كبيرة.

Nei primi tempi hanno peggiorato ulteriormente la situazione con l'eccesso di cibo.

لقد جعلوا الأمور أسوأ بسبب الإفراط في التغذية في الأيام الأولى.

Ciò rendeva la carestia sempre più vicina, con ogni razione disattenta.

وقد أدى هذا إلى تقريب المجاعة منا مع كل حصة غير مدروسة.

I nuovi cani non avevano ancora imparato a sopravvivere con molto poco.

لم تتعلم الكلاب الجديدة كيفية البقاء على قيد الحياة على القليل جدًا.

Mangiarono avidamente, con un appetito troppo grande per il sentiero.

لقد أكلوا بشراهة، وكانت شهيتهم كبيرة جدًا بالنسبة للطريق.

Vedendo i cani indebolirsi, Hal pensò che il cibo non fosse sufficiente.

عندما رأى هال الكلاب تضعف، اعتقد أن الطعام لم يكن كافيا.

Raddoppiò le razioni, peggiorando ulteriormente l'errore.

لقد ضاعف الحصص، مما جعل الخطأ أسوأ.

Mercedes aggravò il problema con le sue lacrime e le sue suppliche sommesse.

أضافت مرسيدس إلى المشكلة دموعها وتوسلاتها الناعمة.

Quando non riuscì a convincere Hal, diede da mangiare ai cani di nascosto.

عندما لم تتمكن من إقناع هال، قامت بإطعام الكلاب سرًا.

Rubò il pesce dai sacchi e glielo diede alle spalle.

سرقت من أكياس السمك وأعطتها لهم من وراء ظهره.

Ma ciò di cui i cani avevano veramente bisogno non era altro cibo: era riposo.

لكن ما يحتاجه الكلاب حقًا لم يكن المزيد من الطعام، بل الراحة.

Nonostante la loro scarsa velocità, la pesante slitta continuava a procedere.

لقد كانوا يحققون وقتًا سيئًا، لكن الزلاجة الثقيلة كانت لا تزال مستمرة.

Quel peso da solo esauriva ogni giorno le loro forze rimanenti.

كان هذا الوزن وحده يستنزف قوتهم المتبقية كل يوم.

Poi arrivò la fase della sottoalimentazione, quando le scorte scarseggiavano.

ثم جاءت مرحلة نقص التغذية حيث انخفضت الإمدادات.

Una mattina Hal si accorse che metà del cibo per cani era già finito.

أدرك هال في أحد الصباحات أن نصف طعام الكلب قد نفد بالفعل.

Avevano percorso solo un quarto della distanza totale del sentiero.

لقد سافروا ربع المسافة الإجمالية للمسار فقط

Non si poteva più comprare cibo, a qualunque prezzo.

لم يعد من الممكن شراء المزيد من الطعام، بغض النظر عن السعر المعروض.

Ridusse le porzioni dei cani al di sotto della razione giornaliera standard.

لقد خفض حصص الكلاب إلى ما دون الحصة اليومية القياسية.

Allo stesso tempo, chiese di viaggiare più a lungo per compensare la perdita.

وفي الوقت نفسه، طالب برحلة أطول لتعويض الخسارة.

Mercedes e Charles appoggiarono questo piano, ma fallirono nella sua realizzazione.

وقد دعم مرسيدس وتشارلز هذه الخطة، لكنهما فشلا في تنفيذها.

La loro pesante slitta e la mancanza di abilità rendevano il progresso quasi impossibile.

إن زلاجاتهم الثقيلة وافتقارهم إلى المهارة جعل التقدم مستحيلاً تقريباً.

Era facile dare meno cibo, ma impossibile forzare uno sforzo maggiore.

كان من السهل تقديم كمية أقل من الطعام، ولكن من المستحيل إجبار الناس على بذل المزيد من الجهد.

Non potevano partire prima, né viaggiare per ore extra.

لم يتمكنوا من البدء مبكّرًا، ولم يتمكنوا من السفر لساعات إضافية.

Non sapevano come gestire i cani, e nemmeno loro stessi, a dire il vero.

لم يعرفوا كيفية التعامل مع الكلاب، ولا حتى مع أنفسهم، في هذا الشأن.

Il primo cane a morire fu Dub, lo sfortunato ma laborioso ladro.

كان الكلب الأول الذي مات هو دوب، اللص غير المحظوظ ولكنه مجتهد.

Sebbene spesso punito, Dub aveva fatto la sua parte senza lamentarsi.

على الرغم من معاقبته في كثير من الأحيان، كان داب يحمل ثقله دون شكوى.

La sua spalla ferita peggiorò se non ricevette cure adeguate e non ebbe bisogno di riposo.

ازدادت إصابة كتفه سوءًا دون رعاية أو حاجة للراحة.

Alla fine, Hal usò la pistola per porre fine alle sofferenze di Dub.

وأخيرًا، استخدم هال المسدس لإنهاء معاناة داب.

Un detto comune afferma che i cani normali muoiono se vengono nutriti con razioni di husky.

هناك مقولة شائعة تقول أن الكلاب الطبيعية تموت على حصص الهاسكي.

I sei nuovi compagni di Buck avevano ricevuto solo metà della quota di cibo riservata all'husky.

كان لدى رفاق باك الستة الجدد نصف حصة الهاسكي من الطعام فقط

Il Terranova morì per primo, seguito dai tre cani da caccia a pelo corto.

مات نيوفاوندلاند أولاً، ثم الكلاب الثلاثة ذات الشعر القصير.

I due bastardi resistettero più a lungo ma alla fine morirono come gli altri.

صمدت السلالتان الهجينتان لفترة أطول ولكن في النهاية هلكتا مثل البقية.

Ormai tutti i comfort e la gentilezza del Southland erano scomparsi.

بحلول هذا الوقت، اختفت كل وسائل الراحة واللطف التي كانت موجودة في منطقة الجنوب.

Le tre persone avevano perso le ultime tracce della loro educazione civile.

لقد تخلص الأشخاص الثلاثة من آخر آثار تربيتهم المتحضرة.

Spogliato di glamour e romanticismo, il viaggio nell'Artico è diventato brutalmente reale.

بعد أن جردوها من السحر والرومانسية، أصبحت السفر إلى القطب الشمالي حقيقة واقعة.

Era una realtà troppo dura per il loro senso di virilità e femminilità.

لقد كان الواقع قاسياً للغاية بالنسبة لإحساسهم بالرجولة والأنوثة.

Mercedes non piangeva più per i cani, ma piangeva solo per se stessa.

لم تعد مرسيدس تبكي على الكلاب، بل أصبحت تبكي على نفسها فقط۔

Trascorreva il tempo piangendo e litigando con Hal e Charles.

لقد أمضت وقتها في البكاء والشجار مع هال وتشارلز۔

Litigare era l'unica cosa per cui non si stancavano mai.

كان الشجار هو الشيء الوحيد الذي لم يتعبوا من فعله أبدًا۔

La loro irritabilità derivava dalla miseria, cresceva con essa e la superava.

إن انفعالهم كان نابعاً من البؤس، ونما معه، وتجاوزه۔

La pazienza del cammino, nota a coloro che faticano e soffrono con generosità, non è mai arrivata.

إن صبر الطريق، المعروف لدى أولئك الذين يتعبون ويعانون بلطف، لم يأتِ أبدًا۔

Quella pazienza che rende dolce la parola nonostante il dolore, era a loro sconosciuta.

إن الصبر الذي يحفظ الكلام حلواً رغم الألم لم يكن معروفاً لهم۔

Non avevano alcun briciolo di pazienza, nessuna forza derivante dalla sofferenza con grazia.

لم يكن لديهم أدنى قدر من الصبر، ولم تكن لديهم القوة التي تستمد من المعاناة بالنعمة۔

Erano irrigiditi dal dolore: dolori nei muscoli, nelle ossa e nel cuore.

كانوا متيبسين من الألم - وجع في عضلاتهم وعظامهم وقلوبهم۔

Per questo motivo, divennero taglienti nella lingua e pronti a pronunciare parole dure.

وبسبب هذا، أصبحوا حادي اللسان وسريعي الكلام القاسي۔

Ogni giorno iniziava e finiva con voci arrabbiate e lamentele amare.

كان كل يوم يبدأ وينتهي بأصوات غاضبة وشكاوى مريرة۔

Charles e Hal litigavano ogni volta che Mercedes ne dava loro l'occasione.

كان تشارلز وهال يتجادلان كلما أعطتهم مرسيدس فرصة۔

Ogni uomo credeva di aver fatto più del dovuto.

كان كل رجل يعتقد أنه قام بأكثر من نصيبه العادل من العمل.

Nessuno dei due ha mai perso l'occasione di dirlo, ancora e ancora.

ولم يفوت أي منهما فرصة ليقول ذلك مرارا وتكرارا.

A volte Mercedes si schierava con Charles, a volte con Hal.

في بعض الأحيان كانت مرسيدس تقف إلى جانب تشارلز، وفي بعض الأحيان كانت تقف إلى جانب هال.

Ciò portò a una grande e infinita lite tra i tre.

وأدى هذا إلى شجار كبير لا نهاية له بين الثلاثة.

La disputa su chi dovesse tagliare la legna da ardere divenne incontrollabile.

نشأ نزاع حول من يجب أن يقوم بتقطيع الحطب إلى حد خارج عن السيطرة.

Ben presto vennero nominati padri, madri, cugini e parenti defunti.

وبعد قليل، تم ذكر أسماء الآباء والأمهات وأبناء العمومة والأقارب المتوفين.

Le opinioni di Hal sull'arte o sulle opere teatrali di suo zio divennero parte della lotta.

أصبحت آراء هال حول الفن أو مسرحيات عمه جزءًا من القتال.

Anche le convinzioni politiche di Carlo entrarono nel dibattito.

ودخلت المعتقدات السياسية لتشارلز أيضًا في المناقشة.

Per Mercedes, perfino i pettegolezzi della sorella del marito sembravano rilevanti.

بالنسبة لمرسيدس، حتى ثرثرة أخت زوجها بدت ذات صلة.

Espresse la sua opinione su questo e su molti dei difetti della famiglia di Charles.

وقد أعربت عن آرائها حول هذا الموضوع وحول العديد من عيوب عائلة تشارلز.

Mentre discutevano, il fuoco rimase spento e l'accampamento mezzo allestito.

بينما كانوا يتجادلون، ظلت النار مطفأة والمخيم نصف مشتعل.

Nel frattempo i cani erano rimasti infreddoliti e senza cibo.

وفي هذه الأثناء، ظلت الكلاب باردة وبدون أي طعام.

Mercedes nutriva un risentimento che considerava
profondamente personale.

كان لدى مرسيدس شكوى اعتبرتها شخصية للغاية.

Si sentiva maltrattata in quanto donna e le venivano negati i
suoi gentili privilegi.

لقد شعرت بالمعاملة السيئة كامرأة، وحُرمت من امتيازاتها اللطيفة.

Era carina e gentile, e per tutta la vita era stata abituata alla
cavalleria.

لقد كانت جميلة وناعمة، وكانت معتادة على الفروسية طوال حياتها.

Ma suo marito e suo fratello ora la trattavano con
impazienza.

لكن زوجها وشقيقها الآن يعاملانها بفارغ الصبر.

Aveva l'abitudine di comportarsi in modo impotente e loro
cominciarono a lamentarsi.

كانت عادتها أن تتصرف بعجز، فبدأوا يشكون.

Offesa da ciò, rese loro la vita ancora più difficile.

لقد أساءت إليهم، مما جعل حياتهم أكثر صعوبة.

Ignorò i cani e insistette per guidare lei stessa la slitta.

تجاهلت الكلاب وأصرت على ركوب الزلاجة بنفسها.

Sebbene sembrasse esile, pesava centoventi libbre (circa
quaranta chili).

رغم مظهرها الخفيف، كان وزنها مائة وعشرين رطلاً.

Quel peso aggiuntivo era troppo per i cani affamati e deboli.

كان هذا العبء الإضافي أكثر مما تستطيع الكلاب الجائعة والضعيفة أن
تتحمله.

Nonostante ciò, continuò a cavalcare per giorni, finché i cani
non crollarono nelle redini.

ومع ذلك، فقد ظلت تركب لعدة أيام، حتى انهارت الكلاب في اللجام.

La slitta si fermò e Charles e Hal la implorarono di
proseguire a piedi.

ظلت الزلاجة واقفة في مكانها، وتوسل تشارلز وهال إليها أن تمشي.

Loro la implorarono e la scongiurarono, ma lei pianse e li
definì crudeli.

لقد توسلوا إليها وتوسلوا إليها، لكنها بكت ووصفتهم بالقسوة.

In un'occasione, la tirarono giù dalla slitta con pura forza e
rabbia.

في إحدى المرات، سحبوها من الزلاجة بقوة شديدة وغضب.

Dopo quello che accadde quella volta non ci riprovarono
più.

ولم يحاولوا مرة أخرى بعد ما حدث تلك المرة.

Si accasciò come una bambina viziata e si sedette nella neve.

أصبحت مترهلة مثل طفل مدلل وجلست في الثلج.

Continuarono a muoversi, ma lei si rifiutò di alzarsi o di
seguirli.

لقد تحركوا، لكنها رفضت أن تنهض أو تتبعهم.

Dopo tre miglia si fermarono, tornarono indietro e la
riportarono indietro.

وبعد ثلاثة أميال، توقفوا، وعادوا، وحملوها.

La ricaricarono sulla slitta, usando ancora una volta la forza
bruta.

ثم أعادوا تحميلها على الزلاجة، مستخدمين القوة الغاشمة مرة أخرى.

Nella loro profonda miseria, erano insensibili alla
sofferenza dei cani.

في بؤسهم العميق، كانوا قساة القلب تجاه معاناة الكلاب.

Hal credeva che fosse necessario indurirsi e impose questa
convinzione agli altri.

كان هال يعتقد أنه يجب على الإنسان أن يصبح أكثر صلابة ويفرض هذا
الاعتقاد على الآخرين.

Inizialmente ha cercato di predicare la sua filosofia a sua
sorella

حاول أولاً أن يبشر أخته بفلسفته

e poi, senza successo, predicò al cognato.

وبعد ذلك، دون جدوى، قام بالوعظ إلى صهره.

Ebbe più successo con i cani, ma solo perché li ferì.

لقد حقق نجاحا أكبر مع الكلاب، ولكن فقط لأنه كان يؤذيهم.

Da Five Fingers, il cibo per cani è rimasto completamente
vuoto.

في مطعم فايف فينجرز، نفد طعام الكلاب بالكامل.

Una vecchia squaw sdentata vendette qualche chilo di pelle
di cavallo congelata

باعت امرأة عجوز بلا أسنان بضعة أرطال من جلود الخيول المجمدة

Hal scambiò la sua pistola con la pelle di cavallo secca.

قام هال بتبديل مسدسه بجلد الحصان المجفف.

La carne proveniva dai cavalli affamati di allevatori di bovini, morti mesi prima.

لقد جاء اللحم من خيول مربي الماشية الجائعة قبل أشهر.

Congelata, la pelle era come ferro zincato: dura e immangiabile.

كان الجلد متجمدًا مثل الحديد المجلفن، قاسيًا وغير صالح للأكل.

Per riuscire a mangiarla, i cani dovevano masticare la pelle senza sosta.

كان على الكلاب أن تمضغ الجلد بلا نهاية حتى تأكله.

Ma le corde coriacee e i peli corti non erano certo un nutrimento.

لكن الأوتار الجلدية والشعر القصير لم يكونا غذاءً على الإطلاق.

La maggior parte della pelle era irritante e non era cibo in senso stretto.

كانت معظم الجلود مزعجة، ولم تكن طعامًا بالمعنى الحقيقي للكلمة.

E nonostante tutto, Buck barcollava davanti a tutti, come in un incubo.

وعلى الرغم من كل ذلك، ظل باك يترنح في المقدمة، كما لو كان في كابوس.

Quando poteva, tirava; quando non poteva, restava lì finché non veniva sollevato dalla frusta o dal bastone.

كان يسحب عندما يكون قادرًا على ذلك، وعندما لا يكون قادرًا على ذلك، كان يظل مستلقيًا حتى يرفعه السوط أو الهراوة.

Il suo pelo fine e lucido aveva perso tutta la rigidità e la lucentezza di un tempo.

لقد فقد معطفه الناعم اللامع كل صلابته ولمعانه الذي يتمتع به من قبل.

I suoi capelli erano flosci, spettinati e pieni di sangue rappreso a causa dei colpi.

كان شعره متدليًا، متطايرًا، ومتخثرًا بالدم الجاف من الضربات.

I suoi muscoli si ridussero a midolli e i cuscinetti di carne erano tutti consumati.

تقلصت عضلاته إلى حبال، وتآكلت جميع وسادات لحمه.

Ogni costola, ogni osso erano chiaramente visibili attraverso le pieghe della pelle rugosa.

كل ضلع وكل عظمة ظهرت بوضوح من خلال طيات الجلد المتجعد.

Fu straziante, ma il cuore di Buck non riuscì a spezzarsi.

لقد كان الأمر مفجعًا، لكن قلب باك لم يستطع أن ينكسر.

L'uomo con il maglione rosso lo aveva testato e dimostrato molto tempo prima.

لقد اختبر الرجل ذو السترة الحمراء ذلك وأثبته منذ زمن طويل.

Così come accadde a Buck, accadde anche a tutti i suoi compagni di squadra rimasti.

كما كان الحال مع باك، كذلك كان الحال مع جميع زملائه المتبقين في الفريق.

Ce n'erano sette in totale, ognuno uno scheletro ambulante di miseria.

كان هناك سبعة في المجموع، كل واحد منهم عبارة عن هيكل عظمي متحرك من البؤس.

Erano diventati insensibili alle fruste e sentivano solo un dolore distante.

لقد أصبحوا مخدرين للجلد، ويشعرون بألم بعيد فقط

Anche la vista e i suoni li raggiungevano debolmente, come attraverso una fitta nebbia.

حتى أن البصر والصوت وصلا إليهما بشكل خافت، كما لو كانا من خلال ضباب كثيف.

Non erano mezzi vivi: erano ossa con deboli scintille al loro interno.

لم يكونوا على قيد الحياة إلى النصف، بل كانوا عظامًا تحمل شرارات خافتة في داخلها.

Una volta fermati, crollarono come cadaveri, con le scintille quasi del tutto spente.

عندما توقفوا، انهاروا مثل الجثث، واختفت شراراتهم تقريبًا.

E quando la frusta o il bastone colpivano di nuovo, le scintille sfarfallavano debolmente.

وعندما ضرب السوط أو الهراوة مرة أخرى، تطايرت الشرارات بشكل ضعيف.

Poi si alzarono, barcollarono in avanti e trascinarono le loro membra in avanti.

ثم نهضوا، وتقدموا متعثرين، وجرروا أطرافهم إلى الأمام.

Un giorno il gentile Billee cadde e non riuscì più a rialzarsi.

ذات يوم سقط بيلي اللطيف ولم يعد قادرًا على النهوض على الإطلاق.

Hal aveva scambiato la sua pistola con quella di Billee, così decise di ucciderla con un'ascia.

لقد قام هال بتبديل مسدسه، لذلك استخدم فأسًا لقتل بيلي بدلاً من ذلك.

Lo colpì alla testa, poi gli tagliò il corpo e lo trascinò via.

ضربه على رأسه، ثم قطع جسده وسحبه بعيدًا.

Buck se ne accorse, e così fecero anche gli altri: sapevano che la morte era vicina.

لقد رأى باك هذا، ورأى الآخرون أيضًا؛ لقد عرفوا أن الموت كان قريبًا.

Il giorno dopo Koona se ne andò, lasciando solo cinque cani nel gruppo affamato.

في اليوم التالي ذهب كونا، ولم يترك سوى خمسة كلاب في الفريق الجائع.

Joe, non più cattivo, era ormai troppo fuori di sé per rendersi conto di nulla.

جو لم يعد سيئًا، لكنه أصبح بعيدًا جدًا عن الوعي بأي شيء على الإطلاق.

Pike, ormai non fingeva più di essere ferito, era appena cosciente.

لم يعد بايك يتظاهر بالإصابة، وكان فاقدًا للوعي تقريبًا.

Solleks, ancora fedele, si rammaricava di non avere più la forza di dare.

كان سوليكس لا يزال مخلصًا، لكنه حزن لأنه لم يعد لديه القوة ليقدمها.

Teek fu battuto più di tutti perché era più fresco, ma stava calando rapidamente.

لقد تعرض تيك للضرب أكثر من غيره لأنه كان أكثر نضارة، لكنه كان يتلاشى بسرعة.

E Buck, ancora in testa, non mantenne più l'ordine né lo fece rispettare.

وباك، الذي لا يزال في المقدمة، لم يعد يحافظ على النظام أو ينفذه.

Mezzo accecato dalla debolezza, Buck seguì la pista solo a tentoni.

كان باك نصف أعمى من الضعف، فتبع المسار بمفرده.

Era una bellissima primavera, ma nessuno di loro se ne accorse.

لقد كان الطقس ربيعيًا جميلًا، لكن لم يلاحظه أحد منهم.

Ogni giorno il sole sorgeva prima e tramontava più tardi.

كل يوم تشرق الشمس مبكرا وتغرب متأخرا عن ذي قبل.

Alle tre del mattino era già spuntata l'alba; il crepuscolo durò fino alle nove.

بحلول الساعة الثالثة صباحًا، جاء الفجر، واستمر الشفق حتى الساعة التاسعة.

Le lunghe giornate erano illuminate dal sole primaverile.

كانت الأيام الطويلة مليئة بأشعة شمس الربيع الساطعة.

Il silenzio spettrale dell'inverno si era trasformato in un caldo mormorio.

لقد تحول الصمت الشبحي للشتاء إلى همهمة دافئة.

Tutta la terra si stava svegliando, animata dalla gioia degli esseri viventi.

كانت الأرض كلها تستيقظ، على قيد الحياة بفرحة الكائنات الحية.

Il suono proveniva da ciò che era rimasto morto e immobile per tutto l'inverno.

لقد جاء الصوت من شيء كان ميتًا وساكنًا طوال الشتاء.

Ora quelle cose si mossero di nuovo, scrollandosi di dosso il lungo sonno del gelo.

الآن، تحركت تلك الأشياء مرة أخرى، متخلصة من نوم الصقيع الطويل.

La linfa saliva attraverso i tronchi scuri dei pini in attesa.

كان النسغ يرتفع من خلال جذوع أشجار الصنوبر المظلمة المنتظرة.

Salici e pioppi tremuli fanno sbocciare giovani gemme luminose su ogni ramoscello.

تنبت براعم صغيرة لامعة على كل غصن من أشجار الصفصاف والحور الرجراج.

Arbusti e viti si tingono di un verde fresco mentre il bosco si anima.

أصبحت الشجيرات والكروم خضراء اللون بينما أصبحت الغابات حية.

Di notte i grilli cantavano e di giorno gli insetti strisciavano nella luce del sole.

كانت الصراصير تزقزق في الليل، وكانت الحشرات تزحف في ضوء الشمس في النهار.

Le pernici gridavano e i picchi picchiavano in profondità tra gli alberi.

كانت طيور الحجل تدوي، وكان نقار الخشب يطرق الأشجار بعمق.

Gli scoiattoli chiacchieravano, gli uccelli cantavano e le oche starnazzavano per richiamare l'attenzione dei cani.

ثرثرت السناجب، وغنت الطيور، وأطلقت الأوز أصواتها فوق الكلاب.

Gli uccelli selvatici arrivavano a cunei affilati, volando in alto da sud.

جاءت الطيور البرية في أسافين حادة، تطير من الجنوب.

Da ogni pendio giungeva la musica di ruscelli nascosti e impetuosi.

من كل سفح تل جاءت موسيقى الجداول المتدفقة المخفية.

Tutto si scongelava e si spezzava, si piegava e ricominciava a muoversi.

كل الأشياء ذابت وانكسرت وانحنت ثم عادت إلى الحركة.

Lo Yukon si sforzò di spezzare le fredde catene del ghiaccio ghiacciato.

بذلت منطقة يوكون قصارى جهدها لكسر السلاسل الباردة من الجليد المتجمد.

Il ghiaccio si scioglieva sotto, mentre il sole lo scioglieva dall'alto.

ذاب الجليد من تحته، بينما أذابته الشمس من الأعلى.

Si aprirono dei buchi, si allargarono delle crepe e dei pezzi caddero nel fiume.

فتحت ثقوب الهواء، وانتشرت الشقوق، وسقطت قطع منها في النهر.

In mezzo a tutta questa vita sfrenata e sfrenata, i viaggiatori barcollavano.

وفي وسط كل هذه الحياة الصاخبة والمشتعلة، تعثر المسافرون.

Due uomini, una donna e un branco di husky camminavano come morti.

كان هناك رجلان وامرأة ومجموعة من الكلاب الهاسكي يمشون كالأموات.

I cani cadevano, Mercedes piangeva, ma continuava a guidare la slitta.

كانت الكلاب تتساقط، وبكت مرسيدس، لكنها لا تزال تركب الزلاجة.

Hal imprecò debolmente e Charles sbatté le palpebre con gli occhi lacrimanti.

لعن هال بصوت ضعيف، وأغمض تشارلز عينيه الدامعتين.

Si imbatterono nell'accampamento di John Thornton, nei pressi della foce del White River.

لقد تعثروا في معسكر جون ثورنتون عند مصب نهر وايت.

Quando si fermarono, i cani caddero a terra, come se fossero stati tutti colpiti a morte.

عندما توقفوا، سقطت الكلاب على الأرض، كما لو أنهم جميعًا ماتوا.

Mercedes si asciugò le lacrime e guardò John Thornton.

مسحت مرسيدس دموعها ونظرت إلى جون ثورنتون.

Charles si sedette su un tronco, lentamente e rigidamente, dolorante per il sentiero.

جلس تشارلز على جذع شجرة، ببطء وبصعوبة، وهو يتألم من الطريق.

Hal parlava mentre Thornton intagliava l'estremità del manico di un'ascia.

كان هال يتحدث بينما كان ثورنتون يقطع نهاية مقبض الفأس.

Tagliò il legno di betulla e rispose con frasi brevi e decise.

قام بنحت خشب البتولا وأجاب بإجابات موجزة وحازمة.

Quando gli veniva chiesto, dava un consiglio, certo che non sarebbe stato seguito.

عندما سئل، أعطى النصيحة، متأكدًا من أنها لن يتم اتباعها.

Hal spiegò: "Ci avevano detto che il ghiaccio lungo la pista si stava staccando".

وأوضح هال قائلاً: "لقد أخبرونا أن الجليد على الطريق كان يتساقط".

"Ci avevano detto che dovevamo restare fermi, ma siamo arrivati a White River."

"قالوا لنا أنه يجب علينا البقاء في مكاننا ـ لكننا وصلنا إلى وايت ريفر."

Concluse con un tono beffardo, come per cantare vittoria nelle difficoltà.

وانتهى كلامه بنبرة ساخرة، وكأنه يريد أن يدعي النصر في محنة.

"E ti hanno detto la verità", rispose John Thornton a bassa voce ad Hal.

وقالوا لك الحقيقة"، أجاب جون ثورنتون هال بهدوء."

"Il ghiaccio potrebbe cedere da un momento all'altro: è pronto a staccarsi."

"قد ينهار الجليد في أي لحظة، فهو جاهز للسقوط"

"Solo la fortuna cieca e gli sciocchi avrebbero potuto arrivare vivi fin qui."

" فقط الحظ الأعمى والحمقى كان بإمكانهم الوصول إلى هذه المرحلة على قيد الحياة"

"Te lo dico senza mezzi termini: non rischierei la vita per tutto l'oro dell'Alaska."

"سأقول لك بصراحة، أنا لن أخاطر بحياتي من أجل كل ذهب ألاسكا."

"Immagino che tu non sia uno stupido", rispose Hal.

هذا لأنك لست أحمقًا، على ما أعتقد"، أجاب هال."

"Comunque, andiamo avanti con Dawson." Srotolò la frusta.

على أية حال، سنذهب إلى داوسون. "فك سوطه"

"Sali, Buck! Ehi! Alzati! Forza!" urlò con voce roca.

اصعد يا باك. انهض. هيا. "صرخ بعنف."

Thornton continuò a intagliare, sapendo che gli sciocchi non volevano sentire ragioni.

واصل ثورنتون النحت، لأنه كان يعلم أن الحمقى لن يستمعوا إلى المنطق.

Fermare uno stupido era inutile, e due o tre stupidi non cambiavano nulla.

إن إيقاف الأحمق كان أمراً غير مجدٍ، وخداع اثنين أو ثلاثة لن يغير شيئاً.

Ma la squadra non si mosse al suono del comando di Hal.

لكن الفريق لم يتحرك عند سماع أمر هال.

Ormai solo i colpi potevano farli sollevare e avanzare.

بحلول هذا الوقت، لم يعد هناك ما يمكن أن يجعلهم ينهضون ويتقدمون إلى الأمام سوى الضربات.

La frusta schioccava ripetutamente sui cani indeboliti.

انطلقت السوط مرارا وتكرارا عبر الكلاب الضعيفة.

John Thornton strinse forte le labbra e osservò in silenzio.

ضغط جون ثورنتون على شفتيه بقوة وراقب في صمت.

Solleks fu il primo a rialzarsi sotto la frusta.

كان سوليكس هو أول من زحف إلى قدميه تحت السوط.

Poi Teek lo seguì, tremando. Joe urlò mentre barcollava.

ثم تبعه تيك وهو يرتجف. صرخ جو وهو يتعثر.

Pike cercò di alzarsi, fallì due volte, poi alla fine si rialzò barcollando.

حاول بايك النهوض، لكنه فشل مرتين، ثم وقف أخيرا غير ثابت.

Ma Buck rimase lì dov'era caduto, senza muoversi affatto.

لكن باك ظل مستلقيا حيث سقط، ولم يتحرك على الإطلاق هذه المرة.

La frusta lo colpì più volte, ma lui non emise alcun suono.

لقد ضربه السوط مرارا وتكرارا، لكنه لم يصدر أي صوت.

Lui non sussultò né oppose resistenza, rimase semplicemente immobile e in silenzio.

لم يتراجع أو يقاوم، بل ظل ساكنًا وهادئًا.

Thornton si mosse più di una volta, come per dire qualcosa, ma non lo fece.

تحرك ثورنتون أكثر من مرة، وكأنه يريد أن يتكلم، لكنه لم يفعل.

I suoi occhi si inumidirono, ma la frusta continuava a schioccare contro Buck.

أصبحت عيناه مبللة، وما زالت السوط تتكسر في وجه باك.

Alla fine Thornton cominciò a camminare lentamente,
incerto sul da farsi.

وأخيرا، بدأ ثورنتون في المشي ببطء، غير متأكد مما يجب فعله.

Era la prima volta che Buck falliva e Hal si infuriò.

لقد كانت هذه هي المرة الأولى التي يفشل فيها باك، مما أثار غضب هال.

Gettò via la frusta e prese al suo posto il pesante
manganello.

ألقى بالسوط والتقط الهراوة الثقيلة بدلاً من ذلك.

La mazza di legno colpì con violenza, ma Buck non si alzò
per muoversi.

سقطت العصا الخشبية بقوة، لكن باك لم يتمكن من النهوض للتحرك.

Come i suoi compagni di squadra, era troppo debole, ma non
solo.

مثل زملائه في الفريق، كان ضعيفًا جدًا - ولكن أكثر من ذلك.

Buck aveva deciso di non muoversi, qualunque cosa
accadesse.

قرر باك عدم التحرك، بغض النظر عما سيأتي بعد ذلك.

Sentì qualcosa di oscuro e sicuro incombere proprio davanti
a sé.

لقد شعر بشيء مظلم ومؤكد يحوم في الأفق.

Quel terrore lo aveva colto non appena aveva raggiunto la
riva del fiume.

لقد استولى عليه هذا الرعب بمجرد وصوله إلى ضفة النهر.

Quella sensazione non lo aveva abbandonato da quando
aveva sentito il ghiaccio assottigliarsi sotto le zampe.

لم يتركه هذا الشعور منذ أن شعر بالجليد الرقيق تحت كفوفه.

Qualcosa di terribile lo stava aspettando: lo sentiva proprio
lungo il sentiero.

لقد كان هناك شيء فظيع في انتظاره - شعر به في نهاية الطريق.

Non avrebbe camminato verso quella cosa terribile davanti a
lui

لم يكن ينوي السير نحو ذلك الشيء الرهيب الذي أمامه

Non avrebbe obbedito a nessun ordine che lo avrebbe
condotto a quella cosa.

لم يكن ليطيع أي أمر يأخذه إلى هذا الشيء.

Ormai il dolore dei colpi non lo sfiorava più: era troppo
stanco.

لم يعد ألم الضربات يؤثر عليه الآن - لقد كان بعيدًا جدًا.

La scintilla della vita tremolava lentamente, affievolita da ogni colpo crudele.

كانت شرارة الحياة تتلألأ، وتتلاشى تحت كل ضربة قاسية.

Gli arti gli sembravano distanti; tutto il corpo sembrava appartenere a un altro.

كان يشعر وكأن أطرافه بعيدة، لكن جسده كله بدا وكأنه ينتمي إلى شخص آخر.

Sentì uno strano torpore mentre il dolore scompariva completamente.

لقد شعر بخدر غريب حيث اختفى الألم تمامًا.

Da lontano, sentiva che lo stavano picchiando, ma non se ne rendeva conto.

من بعيد، شعر أنه يتعرض للضرب، لكنه لم يكن يعلم.

Poteva udire debolmente i tonfi, ma ormai non gli facevano più male.

كان بإمكانه سماع الضربات الخفيفة، لكنها لم تعد تؤلمه حقًا.

I colpi andarono a segno, ma il suo corpo non sembrava più il suo.

لقد هبطت الضربات عليه، لكن جسده لم يعد يبدو وكأنه ملكه.

Poi, all'improvviso, senza alcun preavviso, John Thornton lanciò un grido selvaggio.

ثم فجأة، وبدون سابق إنذار، أطلق جون ثورنتون صرخة جنونية.

Era inarticolato, più il grido di una bestia che di un uomo.

لقد كان صراخًا غير قابل للتعبير، أشبه بصراخ وحش أكثر من صراخ إنسان.

Si lanciò sull'uomo con la mazza e fece cadere Hal all'indietro.

قفز على الرجل الذي يحمل النادي وضرب هال على ظهره.

Hal volò come se fosse stato colpito da un albero, atterrando pesantemente al suolo.

طار هال كما لو أنه أصيب بشجرة، فهبط بقوة على الأرض.

Mercedes urlò a gran voce in preda al panico e si portò le mani al viso.

صرخت مرسيدس بصوت عالي في حالة من الذعر وأمسكت بوجهها.

Charles si limitò a guardare, si asciugò gli occhi e rimase seduto.

كان تشارلز ينظر فقط، ويمسح عينيه، ويبقى جالسًا.

Il suo corpo era troppo irrigidito dal dolore per alzarsi o contribuire alla lotta.

كان جسده متيبسًا للغاية بسبب الألم ولم يتمكن من النهوض أو المساعدة في القتال.

Thornton era in piedi davanti a Buck, tremante di rabbia, incapace di parlare.

وقف ثورنتون فوق باك، يرتجف من الغضب، غير قادر على الكلام.

Tremava di rabbia e lottò per trovare la voce.

لقد ارتجف من الغضب وحارب ليجد صوته من خلاله.

"Se colpisci ancora quel cane, ti uccido", disse infine.

إذا ضربت هذا الكلب مرة أخرى، سأقتلك"، قال أخيرًا."

Hal si asciugò il sangue dalla bocca e tornò avanti.

مسح هال الدم من فمه وتقدم إلى الأمام مرة أخرى.

"È il mio cane", borbottò. "Togliti di mezzo o ti sistemo io."

"إنه كلبي، "تمتم. "ابتعد عن الطريق، وإلا سأصلحك."

"Vado da Dawson e tu non mi fermerai", ha aggiunto.

سأذهب إلى داوسون، ولن تمنعني"، أضاف."

Thornton si fermò tra Buck e il giovane arrabbiato.

وقف ثورنتون بثبات بين باك والشاب الغاضب.

Non aveva alcuna intenzione di farsi da parte o di lasciar passare Hal.

لم يكن لديه أي نية للتنحي جانباً أو السماح لهال بالمرور.

Hal tirò fuori il suo coltello da caccia, lungo e pericoloso nella sua mano.

أخرج هال سكين الصيد الخاص به، الطويل والخطير في يده.

Mercedes urlò, poi pianse, poi rise in preda a un'isteria selvaggia.

صرخت مرسيدس، ثم بكت، ثم ضحكت في هستيريا جامحة.

Thornton colpì la mano di Hal con il manico dell'ascia, con forza e rapidità.

ضرب ثورنتون يد هال بمقبض الفأس، بقوة وبسرعة.

Il coltello si liberò dalla presa di Hal e volò a terra.

لقد تم انتزاع السكين من قبضة هال وطار إلى الأرض.

Hal cercò di raccogliere il coltello, ma Thornton gli batté di nuovo le nocche.

حاول هال التقاط السكين، وضربه ثورنتون على مفاصله مرة أخرى.

Poi Thornton si chinò, afferrò il coltello e lo tenne fermo.

ثم انحنى ثورنتون، وأمسك بالسكين، وأبقى عليه.

Con due rapidi colpi del manico dell'ascia, tagliò le redini di Buck.

وبضربتين سريعتين بمقبض الفأس، قطع زمام باك.

Hal non aveva più voglia di combattere e si allontanò dal cane.

لم يعد لدى أي هال أي قدرة على القتال وتراجع عن الكلب.

Inoltre, ora Mercedes aveva bisogno di entrambe le braccia per restare in piedi.

وبالإضافة إلى ذلك، أصبحت مرسيدس بحاجة إلى ذراعيها الآن لتتمكن من البقاء منتصبة.

Buck era troppo vicino alla morte per poter nuovamente tirare la slitta.

كان باك قريبًا جدًا من الموت لدرجة أنه لم يعد قادرًا على سحب الزلاجة مرة أخرى.

Pochi minuti dopo, ripartirono, dirigendosi verso il fiume.

وبعد دقائق قليلة، انسحبوا، متجهين إلى أسفل النهر.

Buck sollevò debolmente la testa e li guardò lasciare la banca.

رفع باك رأسه ضعيفًا وشاهدهم يغادرون البنك.

Pike guidava la squadra, con Solleks dietro al volante.

كان بايك على رأس الفريق، بينما كان سوليكس في الخلف في مركز القيادة.

Joe e Teek camminavano in mezzo, zoppicando entrambi per la stanchezza.

كان جو وتيك يمشيان بينهما، وكلاهما يعرج من الإرهاق.

Mercedes si sedette sulla slitta e Hal afferrò la lunga pertica.

جلست مرسيدس على الزلاجة، وأمسك هال بالعمود الطويل.

Charles barcollava dietro di lui, con passi goffi e incerti.

تعثر تشارلز في الخلف، وكانت خطواته خرقاء وغير مؤكدة.

Thornton si inginocchiò accanto a Buck e tastò delicatamente per vedere se aveva ossa rotte.

ركع ثورنتون بجانب باك وشعر بلطف بالعظام المكسورة.

Le sue mani erano ruvide, ma si muovevano con gentilezza e cura.

كانت يداه خشنة ولكنها كانت تتحرك بلطف وعناية.

Il corpo di Buck era pieno di lividi, ma non presentava lesioni permanenti.

كان جسد باك مصابًا بكدمات ولكن لم تظهر عليه أي إصابة دائمة.

Ciò che restava era una fame terribile e una debolezza quasi totale.

كل ما تبقى كان الجوع الشديد والضعف شبه الكامل.

Quando la situazione fu più chiara, la slitta era già andata molto a valle.

بحلول الوقت الذي أصبح فيه الأمر واضحًا، كانت الزلاجة قد ذهبت بعيدًا في مجرى النهر.

L'uomo e il cane osservavano la slitta avanzare lentamente sul ghiaccio che si rompeva.

كان الرجل والكلب يراقبان الزلاجة وهي تزحف ببطء فوق الجليد المتصدع.

Poi videro la slitta sprofondare in una cavità.

ثم رأوا الزلاجة تغرق في حفرة.

La pertica volò in alto, ma Hal vi si aggrappò ancora invano.

طار العمود الجي إلى الأعلى، وكان هال لا يزال متشبثًا به دون جدوى.

L'urlo di Mercedes li raggiunse attraverso la fredda distanza.

وصل صراخ مرسيدس إليهم عبر المسافة الباردة.

Charles si voltò e fece un passo indietro, ma era troppo tardi.

استدار تشارلز وتراجع إلى الوراء - لكنه كان متأخرًا جدًا.

Un'intera calotta di ghiaccio cedette e tutti precipitarono.

انهارت طبقة جليدية بأكملها، وسقطوا جميعًا من خلالها.

Cani, slitte e persone scomparvero nelle acque nere sottostanti.

اختفت الكلاب والزلاجات والأشخاص في المياه السوداء أدناه.

Nel punto in cui erano passati era rimasto solo un largo buco nel ghiaccio.

لم يبق سوى حفرة واسعة في الجليد حيث مروا.

Il fondo del sentiero era crollato, proprio come aveva previsto Thornton.

لقد انخفض قاع الطريق - تمامًا كما حذر ثورنتون.

Thornton e Buck si guardarono l'un l'altro, in silenzio per un momento.

نظر ثورنتون وبوك إلى بعضهما البعض، وظلا صامتين لبعض الوقت.

"Povero diavolo", disse Thornton dolcemente, e Buck gli
leccò la mano.

أيها الشيطان المسكين"، قال ثورنتون بهدوء، ولعق باك يده-"

## Per amore di un uomo
من أجل حب الرجل

John Thornton si congelò i piedi per il freddo del dicembre
precedente.

تجمد جون ثورنتون قدميه في البرد في شهر ديسمبر الماضي-

I suoi compagni lo fecero sentire a suo agio e lo lasciarono
guarire da solo.

لقد جعله شركاؤه مرتاحًا وتركوه يتعافى بمفرده-

Risalirono il fiume per raccogliere una zattera di tronchi da
sega per Dawson.

لقد صعدوا إلى النهر لجمع مجموعة من جذوع الأشجار لداووسن-

Zoppicava ancora leggermente quando salvò Buck dalla
morte.

كان لا يزال يعرج قليلاً عندما أنقذ باك من الموت-

Ma con il persistere del caldo, anche quella zoppia è
scomparsa.

ولكن مع استمرار الطقس الدافئ، اختفى هذا العرج أيضًا-

Sdraiato sulla riva del fiume durante le lunghe giornate
primaverili, Buck si riposò.

أثناء أيام الربيع الطويلة، كان باك يستريح على ضفة النهر -

Osservava l'acqua che scorreva e ascoltava gli uccelli e gli
insetti.

كان يراقب المياه المتدفقة ويستمع إلى الطيور والحشرات-

Lentamente Buck riacquistò le forze sotto il sole e il cielo.

ببطء، استعاد باك قوته تحت الشمس والسماء-

Dopo aver viaggiato tremila miglia, riposarsi è stato
meraviglioso.

كان الحصول على قسط من الراحة أمرًا رائعًا بعد السفر لمسافة ثلاثة
آلاف ميل-

Buck diventò pigro man mano che le sue ferite guarivano e il suo corpo si riempiva.

أصبح باك كسولًا حيث شُفيت جروحه وامتلئ جسده.

I suoi muscoli si rassodarono e la carne tornò a ricoprire le sue ossa.

أصبحت عضلاته مشدودة، وعاد اللحم ليغطي عظامه.

Stavano tutti riposando: Buck, Thornton, Skeet e Nig.

وكانوا جميعًا يستريحون - باك، ثورنتون، سكيت، ونيج.

Aspettarono la zattera che li avrebbe portati a Dawson.

لقد انتظروا الطوافة التي ستحملهم إلى داوسون.

Skeet era un piccolo setter irlandese che fece amicizia con Buck.

كان سكيت كلبًا أيرلنديًا صغيرًا أصبح صديقًا لبوك.

Buck era troppo debole e malato per resisterle al loro primo incontro.

كان باك ضعيفًا ومريضًا للغاية بحيث لم يتمكن من مقاومتها في لقائهما الأول.

Skeet aveva la caratteristica di guaritore che alcuni cani possiedono per natura.

كان لدى سكيت سمة الشفاء التي يمتلكها بعض الكلاب بشكل طبيعي.

Come una gatta, leccò e pulì le ferite aperte di Buck.

مثل قطة الأم، قامت بلعق وتنظيف جروح باك الخام.

Ogni mattina, dopo colazione, ripeteva il suo attento lavoro.

كل صباح بعد الإفطار، كانت تكرر عملها الدقيق.

Buck finì per aspettarsi il suo aiuto tanto quanto quello di Thornton.

لقد أصبح باك يتوقع مساعدتها بقدر ما كان يتوقع مساعدة ثورنتون.

Anche Nig era amichevole, ma meno aperto e meno affettuoso.

كان نيج ودودًا أيضًا، لكنه كان أقل انفتاحًا وأقل عاطفية.

Nig era un grosso cane nero, in parte segugio e in parte levriero.

كان نيج كلبًا أسودًا كبيرًا، نصفه كلب صيد ونصفه كلب صيد الغزلان.

Aveva occhi sorridenti e un'infinita bontà d'animo.

كان لديه عيون ضاحكة وطبيعة طيبة لا نهاية لها في روحه.

Con sorpresa di Buck, nessuno dei due cani mostrò gelosia nei suoi confronti.

لدهشة باك، لم يظهر أي من الكلبين الغيرة تجاهه.

Sia Skeet che Nig condividevano la gentilezza di John Thornton.

لقد تقاسم كل من سكيت ونيج لطف جون ثورنتون.

Man mano che Buck diventava più forte, lo attiravano in stupidi giochi da cani.

عندما أصبح باك أقوى، قاموا بإغرائه بألعاب الكلاب الحمقاء.

Anche Thornton giocava spesso con loro, incapace di resistere alla loro gioia.

وكان ثورنتون يلعب معهم في كثير من الأحيان أيضًا، غير قادر على مقاومة فرحتهم.

In questo modo giocoso, Buck passò dalla malattia a una nuova vita.

بهذه الطريقة المرحة، انتقل باك من المرض إلى حياة جديدة.

L'amore, quello vero, ardente e passionale, era finalmente suo.

الحب - الحب الحقيقي، المشتعل، والعاطفي - أصبح ملكه في النهاية.

Non aveva mai conosciuto questo tipo di amore nella tenuta di Miller.

لم يكن قد عرف هذا النوع من الحب في منزل ميلر من قبل.

Con i figli del giudice aveva condiviso lavoro e avventure.

وكان يتقاسم العمل والمغامرة مع أبناء القاضي.

Nei nipoti notò un orgoglio rigido e vanitoso.

مع الأحفاد رأى الكبرياء المتصلب والمتبجح.

Con lo stesso giudice Miller aveva un rapporto di rispettosa amicizia.

وكانت تربطه بالقاضي ميلر صداقة محترمة.

Ma l'amore che era fuoco, follia e adorazione era ciò che accadeva con Thornton.

لكن الحب الذي كان نارًا وجنونًا وعبادة جاء مع ثورنتون.

Quest'uomo aveva salvato la vita di Buck, e questo di per sé significava molto.

لقد أنقذ هذا الرجل حياة باك، وهذا وحده كان يعني الكثير.

Ma più di questo, John Thornton era il tipo ideale di maestro.

ولكن أكثر من ذلك، كان جون ثورنتون هو النوع المثالي من المعلمين.

Altri uomini si prendevano cura dei cani per dovere o per necessità lavorative.

كان الرجال الآخرون يهتمون بالكلاب من باب الواجب أو ضرورة العمل.

John Thornton si prendeva cura dei suoi cani come se fossero figli.

كان جون ثورنتون يهتم بكلابه كما لو كانوا أبنائه.

Si prendeva cura di loro perché li amava e semplicemente non poteva farne a meno.

لقد اهتم بهم لأنه أحبهم ولم يكن يستطيع مساعدة أنفسهم.

John Thornton vide molto più lontano di quanto la maggior parte degli uomini riuscisse mai a vedere.

لقد رأى جون ثورنتون أبعد مما تمكن معظم الرجال من رؤيته.

Non dimenticava mai di salutarli gentilmente o di pronunciare una parola di incoraggiamento.

لم ينسَ أبدًا أن يحييهم بلطف أو يتحدث إليهم بكلمة تشجيع.

Amava sedersi con i cani per fare lunghe chiacchierate, o "gassy", come diceva lui.

كان يحب الجلوس مع الكلاب لإجراء محادثات طويلة، أو "الغازات"، كما قال.

Gli piaceva afferrare bruscamente la testa di Buck tra le sue mani forti.

كان يحب أن يمسك رأس باك بقوة بين يديه القويتين.

Poi appoggiò la testa contro quella di Buck e lo scosse delicatamente.

ثم أراح رأسه على رأس باك وهزه بلطف.

Nel frattempo, chiamava Buck con nomi volgari che per lui significavano affetto.

في هذه الأثناء، كان يطلق على باك أسماءً فظة كانت تعني الحب بالنسبة له.

Per Buck, quell'abbraccio rude e quelle parole portarono una gioia profonda.

بالنسبة لباك، تلك العناق الخشن وتلك الكلمات جلبت له فرحة عميقة.

A ogni movimento il suo cuore sembrava sussultare di felicità.

بدا قلبه وكأنه يرتجف من السعادة عند كل حركة.

Quando poi balzò in piedi, la sua bocca sembrava ridere.

وعندما قفز بعد ذلك، بدا فمه وكأنه يضحك.

I suoi occhi brillavano intensamente e la sua gola tremava per una gioia inespressa.

أشرقت عيناه ببراعة وارتجف حلقه بفرح غير منطوق.

Il suo sorriso rimase immobile in quello stato di emozione e affetto ardente.

ظلت ابتسامته ثابتة في تلك الحالة من العاطفة والمودة المتوهجة.

Allora Thornton esclamò pensieroso: "Dio! Riesce quasi a parlare!"

"ثم صاح ثورنتون متأملاً" :يا إلهي. إنه يستطيع التحدث تقريبًا.

Buck aveva uno strano modo di esprimere l'amore che quasi gli causava dolore.

كان لدى باك طريقة غريبة للتعبير عن الحب والتي كادت أن تسبب الألم.

Spesso stringeva forte la mano di Thornton tra i denti.

كان يمسك بيد ثورنتون بين أسنانه بقوة في كثير من الأحيان.

Il morso avrebbe lasciato segni profondi che sarebbero rimasti per qualche tempo.

كانت العضة ستترك علامات عميقة ستبقى لبعض الوقت بعد ذلك.

Buck credeva che quei giuramenti fossero amore, e Thornton la pensava allo stesso modo.

كان باك يعتقد أن هذه القسمات هي الحب، وكان ثورنتون يعرف الشيء نفسه.

Il più delle volte, l'amore di Buck si manifestava in un'adorazione silenziosa, quasi silenziosa.

في أغلب الأحيان، كان حب باك يظهر في عبادة هادئة وصامتة تقريبًا.

Sebbene fosse emozionato quando veniva toccato o gli si parlava, non cercava attenzione.

على الرغم من أنه كان يشعر بسعادة غامرة عندما يلمسه أحد أو يتحدث إليه، إلا أنه لم يسعى إلى جذب الانتباه.

Skeet spinse il naso sotto la mano di Thornton finché lui non la accarezzò.

دفعت سكيت أنفها تحت يد ثورنتون حتى قام بمداعبتها.

Nig si avvicinò silenziosamente e appoggiò la sua grande testa sulle ginocchia di Thornton.

صعد نيج بهدوء وأراح رأسه الكبير على ركبة ثورنتون.

Buck, al contrario, si accontentava di amare da una rispettosa distanza.

على النقيض من ذلك، كان باك راضيًا بالحب من مسافة محترمة.

Rimase sdraiato per ore ai piedi di Thornton, vigile e attento.

لقد ظل مستلقيا لساعات عند قدمي ثورنتون، متيقظا ويراقب عن كثب.

Buck studiò ogni dettaglio del volto del suo padrone,
perfino il più piccolo movimento.

درس باك كل تفاصيل وجه سيده وأدنى حركة.

Oppure sdraiati più lontano, studiando in silenzio la sagoma
dell'uomo.

أو كذب في مكان أبعد، يدرس شكل الرجل في صمت.

Buck osservava ogni piccolo movimento, ogni cambiamento
di postura o di gesto.

كان باك يراقب كل حركة صغيرة، وكل تحول في الوضعية أو الإيماءة.

Questo legame era così potente che spesso catturava lo
sguardo di Thornton.

لقد كانت هذه الصلة قوية جدًا لدرجة أنها جذبت انتباه ثورنتون في كثير
من الأحيان.

Incontrò lo sguardo di Buck senza dire parole, e il suo amore
traspariva chiaramente.

التقى عيون باك دون أي كلمات، وكان الحب يتألق بوضوح من خلال
عيونه.

Per molto tempo dopo essere stato salvato, Buck non perse
mai di vista Thornton.

لمدة طويلة بعد أن تم إنقاذه، لم يترك باك ثورنتون خارج نطاق رؤيته أبدًا.

Ogni volta che Thornton usciva dalla tenda, Buck lo seguiva
da vicino all'esterno.

كلما غادر ثورنتون الخيمة، كان باك يتبعه عن كثب إلى الخارج.

Tutti i severi padroni delle Terre del Nord avevano fatto sì
che Buck non riuscisse più a fidarsi.

لقد جعل كل الأسياد القساة في نورثلاند باك خائفًا من الثقة.

Temeva che nessun uomo potesse restare suo padrone se
non per un breve periodo.

كان يخشى ألا يتمكن أي رجل من البقاء سيدًا لنفسه لأكثر من فترة
قصيرة.

Temeva che John Thornton sarebbe scomparso come
Perrault e François.

كان يخشى أن يختفي جون ثورنتون مثل بيرولت وفرانسوا.

Anche di notte, la paura di perderlo tormentava il sonno
agitato di Buck.

حتى في الليل، كان الخوف من فقدانه يطارد نوم باك المضطرب.

Quando Buck si svegliò, si trascinò fuori al freddo e andò nella tenda.

عندما استيقظ باك، تسلل إلى البرد، وذهب إلى الخيمة.

Ascoltò attentamente il leggero suono del suo respiro interiore.

كان يستمع بعناية إلى صوت التنفس الناعم في الداخل.

Nonostante il profondo amore di Buck per John Thornton, la natura selvaggia sopravvisse.

على الرغم من حب باك العميق لجون ثورنتون، إلا أن البرية ظلت على قيد الحياة.

Quell'istinto primitivo, risvegliatosi nel Nord, non scomparve.

إن تلك الغريزة البدائية التي استيقظت في الشمال لم تختفِ.

L'amore portava devozione, lealtà e il caldo legame attorno al fuoco.

جلب الحب الإخلاص والولاء والرابطة الدافئة بجانب النار.

Ma Buck mantenne anche i suoi istinti selvaggi, acuti e sempre all'erta.

لكن باك احتفظ أيضًا بغرائزه البرية، حادة ومتيقظة دائمًا.

Non era solo un animale domestico addomesticato proveniente dalle dolci terre della civiltà.

لم يكن مجرد حيوان أليف مروض من الأراضي الناعمة للحضارة.

Buck era un essere selvaggio che si era seduto accanto al fuoco di Thornton.

كان باك كائنًا بريًا جاء ليجلس بجوار نار ثورنتون.

Sembrava un cane del Southland, ma in lui albergava la natura selvaggia.

لقد كان يبدو مثل كلب من ساوثلاند، لكن البرية كانت تعيش بداخله.

Il suo amore per Thornton era troppo grande per permettersi un furto da parte di quell'uomo.

كان حبه لثورنتون كبيرًا جدًا لدرجة أنه لم يسمح له بالسرقة من الرجل.

Ma in qualsiasi altro campo ruberebbe con audacia e senza esitazione.

لكن في أي معسكر آخر، كان يسرق بجرأة ودون توقف.

Era così abile nel rubare che nessuno riusciva a catturarlo o accusarlo.

لقد كان ذكيًا جدًا في السرقة لدرجة أنه لم يتمكن أحد من القبض عليه أو اتهامه.

Il suo viso e il suo corpo erano coperti di cicatrici dovute a molti combattimenti passati.

كان وجهه وجسده مغطيين بالندوب من العديد من المعارك الماضية.

Buck continuava a combattere con ferocia, ma ora lo faceva con maggiore astuzia.

لا يزال باك يقاتل بشراسة، لكنه الآن يقاتل بمكر أكثر.

Skeet e Nig erano troppo docili per combattere, ed erano di Thornton.

كان سكيت ونيج لطيفين للغاية بحيث لا يستطيعان القتال، وكانا تابعين لثورنتون.

Ma qualsiasi cane estraneo, non importa quanto forte o coraggioso, cedeva.

لكن أي كلب غريب، مهما كان قويًا أو شجاعاً، استسلم.

Altrimenti, il cane si ritrovò a combattere contro Buck, lottando per la propria vita.

وإلا، وجد الكلب نفسه يقاتل باك؛ يقاتل من أجل حياته.

Buck non ebbe pietà quando decise di combattere contro un altro cane.

لم يكن لدى باك أي رحمة عندما اختار القتال ضد كلب آخر.

Aveva imparato bene la legge del bastone e della zanna nel Nord.

لقد تعلم جيدًا قانون النادي والأنياب في نورثلاند.

Non ha mai rinunciato a un vantaggio e non si è mai tirato indietro dalla battaglia.

لم يتنازل أبدًا عن أي ميزة ولم يتراجع أبدًا عن المعركة.

Aveva studiato Spitz e i cani più feroci della polizia e della posta.

لقد درس سبيتز وأشرس كلاب البريد والشرطة.

Sapeva chiaramente che non esisteva via di mezzo in un combattimento selvaggio.

لقد كان يعلم بوضوح أنه لا يوجد منطقة وسطى في القتال البري.

Doveva governare o essere governato; mostrare misericordia significava mostrare debolezza.

يجب عليه أن يحكم أو يُحكم؛ إظهار الرحمة يعني إظهار الضعف.

La pietà era sconosciuta nel mondo crudo e brutale della sopravvivenza.

لم تكن الرحمة معروفة في عالم البقاء القاسي والوحشي.

Mostrare pietà era visto come un atto di paura, e la paura conduceva rapidamente alla morte.

كان يُنظر إلى إظهار الرحمة على أنه خوف، والخوف يؤدي سريعًا إلى الموت.

La vecchia legge era semplice: uccidere o essere uccisi, mangiare o essere mangiati.

كان القانون القديم بسيطًا: اقتل أو تُقتَل، كل أو تؤكل.

Quella legge proveniva dalle profondità del tempo e Buck la seguì alla lettera.

لقد جاء هذا القانون من أعماق الزمن، وقد اتبعه باك بشكل كامل.

Buck era più vecchio dei suoi anni e del numero dei suoi respiri.

كان باك أكبر من عمره وعدد الأنفاس التي أخذها.

Collegava in modo chiaro il passato remoto con il momento presente.

لقد ربط الماضي القديم باللحظة الحالية بشكل واضح.

I ritmi profondi dei secoli si muovevano attraverso di lui come le maree.

تحركت فيه إيقاعات العصور العميقة مثل المد والجزر.

Il tempo pulsava nel suo sangue con la stessa sicurezza con cui le stagioni muovevano la terra.

كان الزمن ينبض في دمه مثلما تتحرك الفصول في الأرض.

Sedeva accanto al fuoco di Thornton, con il petto forte e le zanne bianche.

كان يجلس بجانب نار ثورنتون، قوي الصدر وأنيابه بيضاء.

La sua lunga pelliccia ondeggiava, ma dietro di lui lo osservavano gli spiriti dei cani selvatici.

كان فراءه الطويل يلوح، ولكن خلفه كانت أرواح الكلاب البرية تراقب.

Lupi mezzi e lupi veri si agitavano nel suo cuore e nei suoi sensi.

تحركت الذئاب النصفية والذئاب الكاملة في قلبه وحواسه.

Assaggiarono la sua carne e bevvero la stessa acqua che bevve lui.

فتذوقوا لحمه وشربوا نفس الماء الذي شربه.

Annusarono il vento insieme a lui e ascoltarono la foresta.

كانوا يشتمون الريح بجانبه ويستمعون إلى الغابة.

Sussurravano il significato dei suoni selvaggi nell'oscurità.

لقد همسوا بمعاني الأصوات البرية في الظلام.

Modellavano il suo umore e guidavano ciascuna delle sue reazioni silenziose.

لقد شكلوا مزاجه وأرشدوا كل ردود أفعاله الهادئة.

Giacevano accanto a lui mentre dormiva e diventavano parte dei suoi sogni profondi.

لقد ظلوا معه أثناء نومه وأصبحوا جزءًا من أحلامه العميقة.

Sognavano con lui, oltre lui, e costituivano il suo stesso spirito.

لقد حلموا معه، وأبعد منه، وصنعوا روحه.

Gli spiriti della natura selvaggia chiamavano con tanta forza che Buck si sentì attratto.

لقد نادت أرواح البرية بقوة لدرجة أن باك شعر بالانجذاب.

Ogni giorno che passava, l'umanità e le sue rivendicazioni si indebolivano nel cuore di Buck.

يوما بعد يوم، أصبحت البشرية ومطالبها أضعف في قلب باك.

Nel profondo della foresta si stava per udire un richiamo strano ed emozionante.

في أعماق الغابة، كان من المقرر أن يرتفع نداء غريب ومثير.

Ogni volta che sentiva la chiamata, Buck provava un impulso a cui non riusciva a resistere.

في كل مرة سمع فيها النداء، شعر باك برغبة لا يستطيع مقاومتها.

Avrebbe voltato le spalle al fuoco e ai sentieri battuti dagli uomini.

وكان ينوي أن يبتعد عن النار وعن الطرق البشرية المهترئة.

Stava per addentrarsi nella foresta, avanzando senza sapere il perché.

كان ينوي أن يقفز إلى الغابة، ويمضي قدمًا دون أن يعرف السبب.

Non mise in discussione questa attrazione, perché la chiamata era profonda e potente.

ولم يشكك في هذا الجذب، لأن الدعوة كانت عميقة وقوية.

Spesso raggiungeva l'ombra verde e la terra morbida e intatta

في كثير من الأحيان، وصل إلى الظل الأخضر والأرض الناعمة غير
الملموسة

Ma poi il forte amore per John Thornton lo riportò al fuoco.

ولكن بعد ذلك، أعاده حبه القوي لجون ثورنتون إلى النار.

Soltanto John Thornton riuscì davvero a tenere stretto il
cuore selvaggio di Buck.

كان جون ثورنتون هو الوحيد الذي امتلك قلب باك الجامح حقًا.

Per Buck il resto dell'umanità non aveva alcun valore o
significato duraturo.

لم يكن لبقية البشرية أي قيمة أو معنى دائم بالنسبة لباك.

Gli sconosciuti potrebbero lodarlo o accarezzargli la
pelliccia con mani amichevoli.

قد يمدحه الغرباء أو يداعبون فروه بأيديهم الودودة.

Buck rimase impassibile e se ne andò per eccesso di affetto.

ظل باك ثابتًا ومشى بعيدًا بسبب كثرة المودة.

Hans e Pete arrivarono con la zattera che era stata attesa a
lungo

وصل هانز وبيت مع الطوافة التي طال انتظارها

Buck li ignorò finché non venne a sapere che erano vicini a
Thornton.

تجاهلهم باك حتى علم أنهم قريبون من ثورنتون.

Da allora in poi li tollerò, ma non dimostrò mai loro tutto il
suo calore.

وبعد ذلك، تحملهم، لكنه لم يظهر لهم الدفء الكامل أبدًا.

Accettava da loro cibo o gentilezza come se volesse fare loro
un favore.

كان يأخذ منهم الطعام أو المعروف كأنه يقدم لهم معروفًا.

Erano come Thornton: semplici, onesti e lucidi nei pensieri.

لقد كانوا مثل ثورنتون - بسيطين، صادقين، وواضحين في أفكارهم.

Tutti insieme viaggiarono verso la segheria di Dawson e il
grande vortice

سافروا جميعًا معًا إلى منشرة داوسون والدوامة العظيمة

Nel corso del loro viaggio impararono a comprendere
profondamente la natura di Buck.

خلال رحلتهم، تعلموا فهم طبيعة باك بشكل عميق.

Non cercarono di avvicinarsi come avevano fatto Skeet e
Nig.

لم يحاولوا أن يصبحوا قريبين من بعضهم البعض مثلما فعل سكيت ونيج.

Ma l'amore di Buck per John Thornton non fece che
aumentare con il tempo.

لكن حب باك لجون ثورنتون تعمق مع مرور الوقت.

Solo Thornton poteva mettere uno zaino sulla schiena di
Buck durante l'estate.

كان ثورنتون وحده القادر على حمل حقيبة على ظهر باك في الصيف.

Buck era disposto a eseguire senza riserve qualsiasi ordine
impartito da Thornton.

مهما كان ما أمر به ثورنتون، كان باك على استعداد للقيام به بالكامل.

Un giorno, dopo aver lasciato Dawson per le sorgenti del
Tanana,

،ذات يوم، بعد أن غادروا داوسون إلى منابع نهر تانانا

il gruppo era seduto su una rupe che scendeva per un metro
fino a raggiungere la nuda roccia.

جلست المجموعة على جرف ينخفض ثلاثة أقدام إلى الصخر الأساسي
العاري.

John Thornton si sedette vicino al bordo e Buck si riposò
accanto a lui.

جلس جون ثورنتون بالقرب من الحافة، واستراح باك بجانبه.

Thornton ebbe un'idea improvvisa e richiamò l'attenzione
degli uomini.

خطرت في ذهن ثورنتون فكرة مفاجئة، فلفت انتباه الرجال.

Indicò l'altro lato del baratro e diede a Buck un unico
comando.

وأشار عبر الهاوية وأعطى باك أمرًا واحدًا.

"Salta, Buck!" disse, allungando il braccio oltre il precipizio.

اقفز يا باك. "قال وهو يلوح بذراعه فوق السقوط"

Un attimo dopo dovette afferrare Buck, che stava saltando
per obbedire.

في لحظة، كان عليه أن يمسك باك، الذي كان يقفز ليطيعه.

Hans e Pete si precipitarono in avanti e tirarono entrambi
indietro per metterli in salvo.

اندفع هانز وبيت إلى الأمام وسحباهما إلى مكان آمن.

Dopo che tutto fu finito e che ebbero ripreso fiato, Pete prese
la parola.

وبعد أن انتهى كل شيء، وبعد أن التقطوا أنفاسهم، تحدث بيت.

«È un amore straordinario», disse, scosso dalla feroce devozione del cane.

الحب غريب"، قال وهو يرتجف من إخلاص الكلب الشديد."

Thornton scosse la testa e rispose con calma e serietà.

هز ثورنتون رأسه وأجاب بهدوء وجدية.

«No, l'amore è splendido», disse, «ma anche terribile».

لا، الحب رائع"، قال، "ولكنه فظيع أيضًا"."

"A volte, devo ammetterlo, questo tipo di amore mi fa paura."

"في بعض الأحيان، يجب أن أعترف، هذا النوع من الحب يجعلني خائفًا."

Pete annuì e disse: "Mi dispiacerebbe tanto essere l'uomo che ti tocca".

أومأ بيت برأسه وقال، "لا أرغب في أن أكون الرجل الذي يلمسك".

Mentre parlava, guardava Buck con aria seria e piena di rispetto.

نظر إلى باك وهو يتحدث، وكان جادًا ومليئًا بالاحترام.

"Py Jingo!" esclamò Hans in fretta. "Neanch'io, no signore."

قال هانز بسرعة" :باي جينجو-". "وأنا أيضًا، لا يا سيدي-

Prima che finisse l'anno, i timori di Pete si avverarono a Circle City.

قبل نهاية العام، تحققت مخاوف بيت في سيركل سيتي-

Un uomo crudele di nome Black Burton attaccò una rissa nel bar.

رجل قاسي يدعى بلاك بيرتون بدأ قتالاً في الحانة.

Era arrabbiato e cattivo, e si scagliava contro un novellino.

لقد كان غاضبًا وخبيئًا، يهاجم المبتدئين الجدد.

John Thornton intervenne, calmo e bonario come sempre.

تدخل جون ثورنتون بهدوء وحسن الطباع كما هو الحال دائمًا.

Buck giaceva in un angolo, con la testa bassa, e osservava Thornton attentamente.

كان باك مستلقيا في الزاوية، رأسه لأسفل، يراقب ثورنتون عن كثب.

Burton colpì all'improvviso e il suo pugno fece girare Thornton.

وجه بيرتون ضربة مفاجئة، حيث أدت لكمته إلى دوران ثورنتون-

Solo la ringhiera della sbarra gli impedì di cadere violentemente a terra.

فقط درابزين الشريط هو الذي منعه من الاصطدام بقوة بالأرض.

Gli osservatori hanno sentito un suono che non era un abbaio o un guaito

سمع المراقبون صوتًا لم يكن نباحًا أو عواءً

Buck emise un profondo ruggito mentre si lanciava verso l'uomo.

خرج هدير عميق من باك عندما انطلق نحو الرجل.

Burton alzò il braccio e per poco non si salvò la vita.

رفع بيرتون ذراعه إلى الأعلى وبالكاد أنقذ حياته.

Buck si schiantò contro di lui, facendolo cadere a terra.

اصطدم به باك، مما أدى إلى سقوطه على الأرض.

Buck gli diede un morso profondo al braccio, poi si lanciò alla gola.

عض باك ذراع الرجل بعمق، ثم انقض على الحلق.

Burton riuscì a parare solo in parte e il suo collo fu squarciato.

لم يتمكن بيرتون إلا من الصد جزئيًا، وكان رقبته ممزقة.

Gli uomini si precipitarono dentro, brandendo i manganelli e allontanarono Buck dall'uomo sanguinante.

اندفع الرجال، ورفعوا الهراوات، وطردوا باك من الرجل النازف.

Un chirurgo ha lavorato rapidamente per impedire che il sangue fuoriuscisse.

عمل الجراح بسرعة على إيقاف تدفق الدم.

Buck camminava avanti e indietro ringhiando, tentando di attaccare ancora e ancora.

كان باك يذرع المكان ذهابًا وإيابًا ويصدر صوتًا حادًا، محاولًا الهجوم مرارًا وتكرارًا.

Soltanto i bastoni oscillanti gli impedirono di raggiungere Burton.

لم يمنعه سوى الهراوات المتأرجحة من الوصول إلى بيرتون.

Proprio lì, sul posto, venne convocata una riunione dei minatori.

تم عقد اجتماع لعمال المناجم في نفس المكان.

Concordarono sul fatto che Buck era stato provocato e votarono per liberarlo.

واتفقوا على أن باك كان مستفزًا وصوتوا على إطلاق سراحه.

Ma il nome feroce di Buck risuonava ormai in ogni accampamento dell'Alaska.

لكن اسم باك الشرس أصبح الآن يتردد صداه في كل معسكر في ألاسكا.

Più tardi, quello stesso autunno, Buck salvò Thornton di nuovo in un modo nuovo.

وفي وقت لاحق من ذلك الخريف، أنقذ باك ثورنتون مرة أخرى بطريقة جديدة.

I tre uomini stavano guidando una lunga barca lungo delle rapide impetuose.

كان الرجال الثلاثة يقودون قاربًا طويلًا عبر منحدرات خشنة.

Thornton manovrava la barca, gridando indicazioni per raggiungere la riva.

كان ثورنتون يقود القارب، ويعطي الاتجاهات إلى الشاطئ.

Hans e Pete correvano sulla terraferma, tenendo una corda da un albero all'altro.

ركض هانز وبيت على الأرض، ممسكين بحبل من شجرة إلى شجرة.

Buck procedeva a passo d'uomo sulla riva, tenendo sempre d'occhio il suo padrone.

واصل باك السير على الضفة، وكان يراقب سيده دائمًا.

In un punto pericoloso, delle rocce sporgevano dall'acqua veloce.

في أحد الأماكن القبيحة، برزت الصخور تحت المياه السريعة.

Hans lasciò andare la cima e Thornton tirò la barca verso la larghezza.

أطلق هانز الحبل، وقاد ثورنتون القارب إلى اتجاه واسع.

Hans corse a percorrerla di nuovo, superando le pericolose rocce.

انطلق هانز مسرعًا ليلحق بالقارب مرة أخرى متجاوزًا الصخور الخطيرة.

La barca superò la sporgenza ma trovò una corrente più forte.

تمكن القارب من تجاوز الحافة لكنه اصطدم بجزء أقوى من التيار.

Hans afferrò la cima troppo velocemente e fece perdere l'equilibrio alla barca.

أمسك هانز بالحبل بسرعة كبيرة وسحب القارب إلى حالة من عدم التوازن.

La barca si capovolse e sbatté contro la riva, con la parte inferiore rivolta verso l'alto.

انقلب القارب واصطدم بالضفة من الأسفل إلى الأعلى.

Thornton venne scaraventato fuori e trascinato nella parte più selvaggia dell'acqua.

تم طرد ثورنتون وجرفته المياه إلى الجزء الأكثر وحشية من المياه.

Nessun nuotatore sarebbe sopravvissuto in quelle acque pericolose e pericolose.

لم يكن بإمكان أي سباح أن ينجو في تلك المياه المميتة المتسارعة.

Buck si lanciò all'istante e inseguì il suo padrone lungo il fiume.

قفز باك على الفور وطارد سيده أسفل النهر.

Dopo trecento metri finalmente raggiunse Thornton.

وبعد ثلاثمائة ياردة، وصل أخيرا إلى ثورنتون.

Thornton afferrò la coda di Buck, e Buck si diresse verso la riva.

أمسك ثورنتون بذيل باك، ثم اتجه باك نحو الشاطئ.

Nuotò con tutte le sue forze, lottando contro la forte resistenza dell'acqua.

كان يسبح بكل قوته، محاربًا مقاومة الماء الجامحة.

Si spostarono verso valle più velocemente di quanto riuscissero a raggiungere la riva.

لقد تحركوا باتجاه مجرى النهر بسرعة أكبر من قدرتهم على الوصول إلى الشاطئ.

Più avanti, il fiume ruggiva più forte, precipitando in rapide mortali.

أمام النهر، كان صوت هديره أعلى وهو ينحدر إلى المنحدرات المميتة.

Le rocce fendevano l'acqua come i denti di un enorme pettine.

الصخور تشق طريقها عبر الماء مثل أسنان مشط ضخم.

La forza di attrazione dell'acqua nei pressi del dislivello era selvaggia e ineluttabile.

كانت قوة جذب المياه بالقرب من القطرة وحشية ولا مفر منها.

Thornton sapeva che non sarebbero mai riusciti a raggiungere la riva in tempo.

أدرك ثورنتون أنهم لن يتمكنوا أبدًا من الوصول إلى الشاطئ في الوقت المناسب.

Raschiò una roccia, ne sbatté una seconda,

لقد خدش صخرة واحدة، وحطم صخرة ثانية،

Poi si schiantò contro una terza roccia, afferrandola con entrambe le mani.

ثم اصطدم بالصخرة الثالثة، وأمسك بها بكلتا يديه.

Lasciò andare Buck e urlò sopra il ruggito: "Vai, Buck! Vai!"

"أطلق سراح باك وصاح فوق الرنير، "اذهب، باك. اذهب.

Buck non riuscì a restare a galla e fu trascinato dalla corrente.

لم يتمكن باك من البقاء طافيًا وجرفته التيارات المائية.

Lottò con tutte le sue forze, cercando di girarsi, ma non fece alcun progresso.

لقد حارب بشدة، وكافح من أجل التحول، لكنه لم يحقق أي تقدم على الإطلاق.

Poi sentì Thornton ripetere il comando sopra il fragore del fiume.

ثم سمع ثورنتون يكرر الأمر على الرغم من هدير النهر.

Buck si impennò fuori dall'acqua e sollevò la testa come per dare un'ultima occhiata.

خرج باك من الماء، ورفع رأسه كما لو كان يلقي نظرة أخيرة.

poi si voltò e obbedì, nuotando verso la riva con risolutezza.

ثم استدار وأطاع، وسبح نحو الضفة بعزم.

Pete e Hans lo tirarono a riva all'ultimo momento possibile.

قام بيت وهانز بسحبه إلى الشاطئ في اللحظة الأخيرة الممكنة.

Sapevano che Thornton avrebbe potuto aggrapparsi alla roccia solo per pochi minuti.

لقد عرفوا أن ثورنتون لن يتمكن من التشبث بالصخرة إلا لبضع دقائق أخرى.

Corsero su per la riva fino a un punto molto più in alto rispetto al punto in cui lui era appeso.

ركضوا إلى أعلى البنك حتى وصلوا إلى مكان بعيد عن المكان الذي كان معلقًا فيه.

Legarono con cura la cima della barca al collo e alle spalle di Buck.

قاموا بربط خط القارب حول رقبة باك وكتفيه بعناية.

La corda era stretta ma abbastanza larga da permettere di respirare e muoversi.

كان الحبل مريحًا ولكنه فضفاض بدرجة كافية للتنفس والحركة.

Poi lo gettarono di nuovo nel fiume impetuoso e mortale.

ثم ألقوه مرة أخرى في النهر المتدفق القاتل.

Buck nuotò coraggiosamente ma non riuscì a prendere l'angolazione giusta per affrontare la forza della corrente.

سبح باك بجرأة لكنه أخطأ زاوية دخوله إلى تيار الماء.

Si accorse troppo tardi che stava per superare Thornton.

لقد أدرك متأخرًا أنه سوف ينجرف بعيدًا عن ثورنتون.

Hans tirò forte la corda, come se Buck fosse una barca che si capovolge.

سحب هانز الحبل بقوة، كما لو كان باك قاربًا ينقلب.

La corrente lo trascinò sott'acqua e lui scomparve sotto la superficie.

سحبه التيار إلى الأسفل، واختفى تحت السطح.

Il suo corpo colpì la riva prima che Hans e Pete lo tirassero fuori.

ارتطم جسده بالبنك قبل أن يقوم هانز وبيت بسحبه للخارج.

Era mezzo annegato e gli tolsero l'acqua dal corpo.

لقد غرق نصفًا، وقاموا بضرب الماء عليه حتى خرج.

Buck si alzò, barcollò e crollò di nuovo a terra.

وقف باك، وتعثّر، ثم انهار مرة أخرى على الأرض.

Poi udirono la voce di Thornton portata debolmente dal vento.

ثم سمعوا صوت ثورنتون يحمله الريح بشكل خافت.

Sebbene le parole non fossero chiare, sapevano che era vicino alla morte.

ورغم أن الكلمات لم تكن واضحة، إلا أنهم عرفوا أنه كان على وشك الموت.

Il suono della voce di Thornton colpì Buck come una scossa elettrica.

لقد ضرب صوت ثورنتون باك مثل صدمة كهربائية.

Saltò in piedi e corse su per la riva, tornando al punto di partenza.

قفز وركض نحو الضفة، وعاد إلى نقطة الانطلاق.

Legarono di nuovo la corda a Buck, e di nuovo lui entrò nel fiume.

وربطوا الحبل مرة أخرى إلى باك، ودخل مرة أخرى إلى النهر.

Questa volta nuotò direttamente e con decisione nell'acqua impetuosa.

هذه المرة، سبح مباشرة وبثبات في المياه المتدفقة.

Hans lasciò scorrere la corda con regolarità, mentre Pete impediva che si aggrovigliasse.

أطلق هانز الحبل بثبات بينما منعه بيت من التشابك.

Buck nuotò con forza finché non si trovò allineato appena sopra Thornton.

سبح باك بقوة حتى اصطف فوق ثورنتون مباشرة.

Poi si voltò e si lanciò verso di lui come un treno a tutta velocità.

ثم استدار وانطلق بسرعة هائلة مثل القطار.

Thornton lo vide arrivare, si preparò e gli abbracciò il collo.

لقد رأى ثورنتون أنه قادم، فقام برفع ذراعيه ووضعها حول رقبته.

Hans legò saldamente la corda attorno a un albero mentre entrambi venivano tirati sott'acqua.

قام هانز بربط الحبل حول شجرة بقوة بينما كان كلاهما يسحبان تحتها.

Caddero sott'acqua, schiantandosi contro rocce e detriti del fiume.

لقد سقطوا تحت الماء، واصطدموا بالصخور وحطام النهر.

Un attimo prima Buck era in cima e un attimo dopo Thornton si alzava ansimando.

في لحظة كان باك في الأعلى، وفي اللحظة التالية نهض ثورنتون وهو يلهث.

Malconci e soffocati, si diressero verso la riva e si misero in salvo.

أصيبوا بالصدمة والاختناق، فانحرفوا إلى الضفة والأمان.

Thornton riprese conoscenza mentre era sdraiato su un tronco alla deriva.

استعاد ثورنتون وعيه، وهو مستلقٍ على جذع شجرة.

Hans e Pete lavorarono duramente per riportarlo a respirare e a vivere.

لقد عمل هانز وبيت بجد حتى يتمكن من استعادة أنفاسه وحياته.

Il suo primo pensiero fu per Buck, che giaceva immobile e inerte.

كان تفكيره الأول هو باك، الذي كان مستلقيا بلا حراك ومرتخيا.

Nig ululò sul corpo di Buck e Skeet gli leccò delicatamente il viso.

عوى نيج فوق جسد باك، ولعق سكيت وجهه بلطف.

Thornton, dolorante e contuso, esaminò Buck con mano attenta.

قام ثورنتون بفحص باك بكل حذر، وكان جسده مليئًا بالكدمات۔

Ha trovato tre costole rotte, ma il cane non presentava ferite mortali.

ووجد أن ثلاثة أضلاع مكسورة، لكن لم توجد جروح مميتة في الكلب۔

"Questo è tutto", disse Thornton. "Ci accamperemo qui". E così fecero.

قال ثورنتون: "هذا يُحسم الأمر۔ نُخيّم هنا"۔ وهذا ما فعلوه۔

Rimasero lì finché le costole di Buck non guarirono e lui poté di nuovo camminare.

لقد بقوا حتى شُفيت أضلاع باك وأصبح قادرًا على المشي مرة أخرى۔


Quell'inverno Buck compì un'impresa che accrebbe ulteriormente la sua fama.

في ذلك الشتاء، قام باك بإنجاز أدى إلى زيادة شهرته بشكل أكبر۔

Fu un gesto meno eroico del salvataggio di Thornton, ma altrettanto impressionante.

لقد كان الأمر أقل بطولية من إنقاذ ثورنتون، لكنه كان مثيرًا للإعجاب بنفس القدر۔

A Dawson, i soci avevano bisogno di provviste per un viaggio lontano.

في داوسون، احتاج الشركاء إلى إمدادات لرحلة بعيدة۔

Volevano viaggiare verso est, in terre selvagge e incontaminate.

أرادوا السفر شرقًا، إلى الأراضي البرية غير المستكشفة۔

Quel viaggio fu possibile grazie all'impresa compiuta da Buck nell'Eldorado Saloon.

لقد جعلت أفعال باك في صالون إلدورادو هذه الرحلة ممكنة۔

Tutto cominciò con degli uomini che si vantavano dei loro cani bevendo qualcosa.

بدأ الأمر مع الرجال الذين يتفاخرون بكلابهم أثناء شرب المشروبات۔

La fama di Buck lo rese bersaglio di sfide e dubbi.

لقد جعلت شهرة باك منه هدفًا للتحديات والشكوك۔

Thornton, fiero e calmo, rimase fermo nel difendere il nome di Buck.

وقف ثورنتون بفخر وهدوء، وظل ثابتًا في الدفاع عن اسم باك۔

Un uomo ha affermato che il suo cane riusciva a trainare facilmente duecentocinquanta chili.

قال أحد الرجال إن كلبه يستطيع سحب خمسمائة رطل بسهولة.

Un altro disse seicento, e un terzo si vantò di settecento.

وقال آخر ستمائة، وقال ثالث سبعمائة.

"Pfft!" disse John Thornton, "Buck può trainare una slitta da mille libbre."

"بفت. "قال جون ثورنتون، "يستطيع باك سحب زلاجة تزن ألف رطل."

Matthewson, un Bonanza King, si sporse in avanti e lo sfidò.

انحنى ماثيوسون، ملك بونانزا، إلى الأمام وتحداه.

"Pensi che possa spostare tutto quel peso?"

"هل تعتقد أنه قادر على وضع هذا القدر من الوزن في الحركة؟"

"E pensi che riesca a sollevare il peso per cento metri?"

"وهل تعتقد أنه قادر على رفع الوزن لمسافة مائة ياردة كاملة؟"

Thornton rispose freddamente: "Sì. Buck è abbastanza cane da farlo."

"أجاب ثورنتون ببرود" :نعم. باك جبانٌ بما يكفي ليفعل ذلك.

"Metterà in moto mille libbre e la tirerà per cento metri."

"سيضع ألف جنيه في الحركة، ويسحبها لمسافة مائة ياردة."

Matthewson sorrise lentamente e si assicurò che tutti gli uomini udissero le sue parole.

ابتسم ماثيوسون ببطء وتأكد من أن جميع الرجال سمعوا كلماته.

"Ho mille dollari che dicono che non può. Eccoli."

"لديّ ألف دولار تُشير إلى أنه لا يستطيع. ها هو ذا."

Sbatté sul bancone un sacco di polvere d'oro grande quanto una salsiccia.

ضرب كيسًا من غبار الذهب بحجم السجق على البار.

Nessuno disse una parola. Il silenzio si fece pesante e teso intorno a loro.

لم ينطق أحد بكلمة. ساد الصمت بينهم توتر وثقل.

Il bluff di Thornton, se mai lo fu, era stato preso sul serio.

لقد تم أخذ خدعة ثورنتون - إن كانت حقيقية - على محمل الجد.

Sentì il calore salirgli al viso mentre il sangue gli affluiva alle guance.

شعر بارتفاع الحرارة في وجهه بينما اندفع الدم إلى خديه.

In quel momento la sua lingua aveva preceduto la ragione.

لقد سبق لسانه عقله في تلك اللحظة.

Non sapeva davvero se Buck sarebbe riuscito a spostare mille libbre.

إنه حقا لا يعرف إذا كان باك قادرا على نقل ألف جنيه.

Mezza tonnellata! Solo la sua mole gli faceva sentire il cuore pesante.

نصف طن. حجمه وحده أثقل قلبه.

Aveva fiducia nella forza di Buck e lo riteneva capace.

لقد كان لديه ثقة في قوة باك وكان يعتقد أنه قادر.

Ma non aveva mai affrontato una sfida di questo tipo, non in questo modo.

ولكنه لم يواجه هذا النوع من التحدي من قبل، ليس بهذه الطريقة.

Una dozzina di uomini lo osservavano in silenzio, in attesa di vedere cosa avrebbe fatto.

كان هناك عشرة رجال يراقبونه بهدوء، في انتظار رؤية ما سيفعله.

Lui non aveva i soldi, e nemmeno Hans e Pete.

لم يكن لديه المال - ولا هانز أو بيت.

"Ho una slitta fuori", disse Matthewson in modo freddo e diretto.

"لقد حصلت على مزلجة بالخارج"، قال ماثيوسون ببرود وبشكل مباشر.

"È carico di venti sacchi, da cinquanta libbre ciascuno, tutti di farina.

"إنها محملة بعشرين كيسًا، كل كيس يزن خمسين رطلاً، كلها من الدقيق.

Quindi non lasciare che la scomparsa della slitta diventi la tua scusa", ha aggiunto.

وأضاف "لذا لا تدع فقدان الزلاجة يكون عذرك الآن".

Thornton rimase in silenzio. Non sapeva che parole dire.

وقف ثورنتون صامتًا. لم يعرف الكلمات التي سيقولها.

Guardò i volti intorno a sé senza vederli chiaramente.

كان ينظر حوله إلى الوجوه دون أن يراها بوضوح.

Sembrava un uomo immerso nei suoi pensieri, che cercava di ripartire.

لقد بدا وكأنه رجل متجمد في أفكاره، يحاول البدء من جديد.

Poi incontrò Jim O'Brien, un amico dei tempi dei Mastodon.

ثم رأى جيم أوبراين، وهو صديق من أيام ماستودون.

Quel volto familiare gli diede un coraggio che non sapeva di avere.

لقد أعطاه هذا الوجه المألوف الشجاعة التي لم يكن أنه يمتلكها.

Si voltò e chiese a bassa voce: "Puoi prestarmi mille dollari?"

ثم التفت وسأل بصوت منخفض: هل يمكنك أن تقرضني ألفًا؟

"Certo", disse O'Brien, lasciando cadere un pesante sacco vicino all'oro.

بالتأكيد، "قال أوبراين، وهو يسقط كيسًا ثقيلًا بجوار الذهب بالفعل."

"Ma sinceramente, John, non credo che la bestia possa fare questo."

"لكن الحقيقة يا جون، أنا لا أعتقد أن الوحش قادر على فعل هذا."

Tutti quelli presenti all'Eldorado Saloon si precipitarono fuori per assistere all'evento.

هرع الجميع في صالون إلدورادو إلى الخارج لمشاهدة الحدث.

Lasciarono tavoli e bevande e perfino le partite furono sospese.

لقد تركوا الطاولات والمشروبات، وحتى الألعاب توقفت.

Croupier e giocatori accorsero per assistere alla conclusione di questa audace scommessa.

حضر التجار والمقامرون ليشهدوا نهاية الرهان الجريء.

Centinaia di persone si radunarono attorno alla slitta sulla strada ghiacciata.

تجمع المئات حول الزلاجة في الشارع المفتوح الجليدي.

La slitta di Matthewson era carica di un carico completo di sacchi di farina.

كانت زلاجة ماثيوسون تحمل حمولة كاملة من أكياس الدقيق.

La slitta era rimasta ferma per ore a temperature sotto lo zero.

ظلت الزلاجة جالسة لعدة ساعات في درجات حرارة منخفضة تحت الصفر.

I pattini della slitta erano congelati e incollati alla neve compatta.

كانت عجلات الزلاجة متجمدة بإحكام بسبب الثلوج المتراكمة.

Gli uomini scommettevano due a uno che Buck non sarebbe riuscito a spostare la slitta.

وقد عرض الرجال احتمالات بنسبة اثنين إلى واحد بأن باك لن يتمكن من تحريك الزلاجة.

Scoppiò una disputa su cosa significasse realmente "break out".

لقد نشأ نزاع حول ما يعنيه "الاندلاع "في الواقع.

O'Brien ha affermato che Thornton dovrebbe allentare la base ghiacciata della slitta.

قال أوبراين أن ثورنتون يجب أن يخفف قاعدة الزلاجة المتجمدة.

Buck potrebbe quindi "rompere" una partenza solida e immobile.

وقد يتمكن باك بعد ذلك من "الانطلاق "من بداية ثابتة ثابتة.

Matthewson sosteneva che anche il cane doveva liberare i corridoi.

وزعم ماثيوسون أن الكلب يجب أن يحرر العدائين أيضًا.

Gli uomini che avevano sentito la scommessa concordavano con Matthewson.

واتفق الرجال الذين سمعوا الرهان مع وجهة نظر ماثيوسون.

Con questa sentenza, le probabilità contro Buck salirono a tre a uno.

ومع هذا القرار، ارتفعت احتمالات الفوز ضد باك إلى ثلاثة مقابل واحد.

Nessuno si fece avanti per accettare le crescenti quote di tre a uno.

ولم يتقدم أحد ليأخذ فرص الفوز المتزايدة التي وصلت إلى ثلاثة مقابل واحد.

Nessuno credeva che Buck potesse compiere la grande impresa.

لم يعتقد أي رجل أن باك قادر على تحقيق هذا الإنجاز العظيم.

Thornton era stato spinto a scommettere, pieno di dubbi.

لقد تم دفع ثورنتون إلى الرهان، وهو مثقل بالشكوك.

Ora guardava la slitta e la muta di dieci cani accanto ad essa.

والآن نظر إلى الزلاجة وفريق الكلاب العشرة بجانبها.

Vedere la realtà del compito lo faceva sembrare ancora più impossibile.

إن رؤية حقيقة المهمة جعلتها تبدو أكثر استحالة.

In quel momento Matthewson era pieno di orgoglio e sicurezza.

كان ماثيوسون مليئًا بالفخر والثقة في تلك اللحظة.

"Tre a uno!" urlò. "Ne scommetto altri mille, Thornton!

"ثلاثة إلى واحد." "صرخ. "أراهن بألف أخرى يا ثورنتون."

"Cosa dici?" aggiunse, abbastanza forte da farsi sentire da tutti.

ماذا تقول؟ "أضاف بصوت عالٍ بما يكفي ليسمعه الجميع."

Il volto di Thornton esprimeva i suoi dubbi, ma il suo spirito era sollevato.

أظهر وجه ثورنتون شكوكه، لكن روحه ارتفعت.

Quello spirito combattivo ignorava le avversità e non temeva nulla.

لقد تجاهلت روح القتال الصعاب ولم تخش شيئًا على الإطلاق.

Chiamò Hans e Pete perché portassero tutti i loro soldi al tavolo.

اتصل بهانز وبيت ليحضرا كل أموالهما إلى الطاولة.

Non gli era rimasto molto altro: solo duecento dollari in tutto.

لم يتبق لديهم سوى القليل - مائتي دولار فقط

Questa piccola somma costituiva la loro intera fortuna nei momenti difficili.

وكان هذا المبلغ الصغير هو مجموع ثروتهم خلال الأوقات الصعبة.

Ciononostante puntarono tutta la loro fortuna contro la scommessa di Matthewson.

ومع ذلك، فقد وضعوا كل ثروتهم ضد رهان ماثيويسون.

La muta composta da dieci cani venne sganciata e allontanata dalla slitta.

تم فك ربط فريق الكلاب العشرة وتحرك بعيدًا عن الزلاجة.

Buck venne messo alle redini, indossando la sua consueta imbracatura.

تم وضع باك في اللجام، مرتديًا حزامه المألوف.

Aveva colto l'energia della folla e ne aveva percepito la tensione.

لقد التقط طاقة الحشد وشعر بالتوتر.

In qualche modo sapeva che doveva fare qualcosa per John Thornton.

بطريقة ما، كان يعلم أنه يجب عليه أن يفعل شيئًا من أجل جون ثورنتون.

La gente mormorava ammirata di fronte alla figura fiera del cane.

همس الناس بإعجاب عند رؤية شكل الكلب الفخور.

Era magro e forte, senza un solo grammo di carne in più.

لقد كان نحيفًا وقويًا، ولم يكن لديه ذرة إضافية من اللحم.

Il suo peso di centocinquanta chili era sinonimo di potenza e resistenza.

كان وزنه الكامل الذي بلغ مائة وخمسين رطلاً هو القوة والقدرة على التحمل.

Il mantello di Buck brillava come la seta, denso di salute e forza.

كان معطف باك لامعًا مثل الحرير، سميكًا بالصحة والقوة.

La pelliccia sul collo e sulle spalle sembrava sollevarsi e drizzarsi.

بدا الفراء على طول رقبته وكتفيه وكأنه يرتفع وينتفخ.

La sua criniera si muoveva leggermente, ogni capello era animato dalla sua grande energia.

تحرك شعره قليلاً، وكل شعرة منه مليئة بطاقته العظيمة.

Il suo petto ampio e le sue gambe forti si sposavano bene con la sua corporatura pesante e robusta.

صدره العريض وساقيه القويتين يتناسبان مع جسده الثقيل والقوي.

I muscoli si tesero sotto il cappotto, tesi e sodi come ferro legato.

كانت عضلاته تتقلص تحت معطفه، مشدودة وقوية مثل الحديد المقيد.

Gli uomini lo toccavano e giuravano che era fatto come una macchina d'acciaio.

لمسه الرجال وأقسموا أنه كان مبنيًا مثل آلة فولاذية.

Le probabilità contro il grande cane sono scese leggermente a due a uno.

انخفضت الاحتمالات قليلاً إلى اثنين إلى واحد ضد الكلب العظيم.

Un uomo dei banchi di Skookum si fece avanti balbettando.

تقدم رجل من مقاعد سكوكوم إلى الأمام، متلعثمًا.

"Bene, signore! Offro ottocento per lui... prima della prova, signore!"

حسنًا يا سيدي. أعرض عليه ثمانمائة جنيه قبل الاختبار يا سيدي.

"Ottocento, così com'è adesso!" insistette l'uomo.

ثمانمائة، كما هو واقفًا الآن. "أصر الرجل."

Thornton fece un passo avanti, sorrise e scosse la testa con calma.

تقدم ثورنتون للأمام، وابتسم، وهز رأسه بهدوء.

Matthewson intervenne rapidamente con tono ammonitore e aggrottando la fronte.

تدخل ماثيوسون بسرعة بصوت تحذيري وعبوس.

"Devi allontanarti da lui", disse. "Dagli spazio."

قال» :يجب أن تبتعد عنه، وأعطه مساحة«.

La folla tacque; solo i giocatori continuavano a offrire due a uno.

ساد الصمت بين الحشد؛ ولم يبق إلا المقامرون الذين عرضوا رهان اثنين إلى واحد.

Tutti ammiravano la corporatura di Buck, ma il carico sembrava troppo pesante.

أعجب الجميع ببنية باك، لكن الحمل بدا ثقيلاً للغاية.

Venti sacchi di farina, ciascuno del peso di cinquanta libbre, sembravano decisamente troppi.

بدت عشرون كيسًا من الدقيق - يزن كل منها خمسين رطلاً - أكثر مما يمكن تحمله.

Nessuno era disposto ad aprire la borsa e a rischiare i propri soldi.

لم يكن أحد على استعداد لفتح حقيبته والمخاطرة بأمواله.

Thornton si inginocchiò accanto a Buck e gli prese la testa tra entrambe le mani.

ركع ثورنتون بجانب باك وأمسك رأسه بكلتا يديه.

Premette la guancia contro quella di Buck e gli parlò all'orecchio.

ضغط خده على خد باك وتحدث في أذنه.

Non c'erano più né scossoni giocosi né insulti affettuosi sussurrati.

لم يعد هناك اهتزاز مرح أو إهانات محبة همسًا الآن.

Mormorò solo dolcemente: "Quanto mi ami, Buck."

"لقد همس بهدوء، "بقدر ما تحبني، باك.

Buck emise un gemito sommesso, trattenendo a stento la sua impazienza.

أطلق باك صرخة هادئة، وكان حماسه بالكاد مقيّدًا.

Gli astanti osservavano con curiosità la tensione che aleggiava nell'aria.

كان المتفرجون يراقبون بفضول بينما كان التوتر يملأ الهواء.

Quel momento sembrava quasi irreale, qualcosa che trascendeva la ragione.

كانت تلك اللحظة تبدو غير واقعية تقريبًا، وكأنها شيء خارج عن المنطق.

Quando Thornton si alzò, Buck gli prese delicatamente la mano tra le fauci.

عندما وقف ثورنتون، أمسك باك يده بلطف بين فكيه.

Premette con i denti, poi lasciò andare lentamente e delicatamente.

ضغط عليها بأسنانه، ثم أطلقها ببطء ولطف.

Fu una risposta silenziosa d'amore, non detta, ma compresa.

لقد كان جوابا صامتا للحب، لم يتم التحدث عنه، بل تم فهمه.

Thornton si allontanò di molto dal cane e diede il segnale.

ابتعد ثورنتون خطوة إلى الوراء قليلاً عن الكلب وأعطى الإشارة.

"Ora, Buck", disse, e Buck rispose con calma concentrata.

حسنًا، باك"، قال، ورد باك بهدوء وتركيز.-"

Buck tese le corde, poi le allentò di qualche centimetro.

شد باك المسارات، ثم خففها ببضعة بوصات.

Questo era il metodo che aveva imparato; il suo modo per rompere la slitta.

كانت هذه هي الطريقة التي تعلمها، طريقته في كسر الزلاجة.

"Caspita!" urlò Thornton, con voce acuta nel silenzio pesante.

جي- "صرخ ثورنتون بصوت حاد في الصمت الثقيل.-"

Buck si girò verso destra e si lanciò con tutto il suo peso.

اتجه باك إلى اليمين وانقض بكل وزنه.

Il gioco svanì e tutta la massa di Buck colpì le timonerie strette.

اختفى التراخي، وضربت كتلة باك الكاملة الآثار الضيقة.

La slitta tremò e i pattini produssero un suono secco e scoppiettante.

ارتجفت الزلاجة، وأصدر المتسابقون صوت طقطقة واضح.

"Haw!" ordinò Thornton, cambiando di nuovo direzione a Buck.

هاو- "أمر ثورنتون، وهو يغير اتجاه باك مرة أخرى."

Buck ripeté la mossa, questa volta tirando bruscamente verso sinistra.

كرر باك الحركة، هذه المرة سحب بقوة إلى اليسار.-

La slitta scricchiolava più forte, i pattini schioccavano e si spostavano.

تصاعد صوت الزلاجة بشكل أعلى، وبدأ العدائون في التحرك والتحرك.

Il pesante carico scivolò leggermente di lato sulla neve ghiacciata.

انزلق الحمل الثقيل قليلاً إلى الجانب عبر الثلج المتجمد.

La slitta si era liberata dalla presa del sentiero ghiacciato!

لقد انطلقت الزلاجة من قبضة الطريق الجليدي.

Gli uomini trattennero il respiro, inconsapevoli di non stare
nemmeno respirando.

حبس الرجال أنفاسهم، دون أن يدركوا أنهم لا يتنفسون.

"Ora, TIRA!" gridò Thornton nel silenzio glaciale.

الآن، اسحب. "صرخ ثورنتون عبر الصمت المتجمد."

Il comando di Thornton risuonò netto, come lo schiocco di
una frusta.

لقد كان أمر ثورنتون حادًا، مثل صوت السوط.

Buck si lanciò in avanti con un affondo violento e violento.

ألقى باك بنفسه إلى الأمام بهجوم شرس ومزعج.

Tutto il suo corpo si irrigidì e si contrasse sotto l'enorme
sforzo.

كان جسده بأكمله متوترًا ومتجمعًا بسبب الضغط الهائل.

I muscoli si muovevano sotto la pelliccia come serpenti che
prendevano vita.

تموجت العضلات تحت فروه مثل الثعابين التي تنبض بالحياة.

Il suo grande petto era basso e la testa era protesa in avanti
verso la slitta.

كان صدره الكبير منخفضًا، ورأسه ممتدًا للأمام نحو الزلاجة.

Le sue zampe si muovevano come fulmini e gli artigli
fendevano il terreno ghiacciato.

تحركت مخالبه مثل البرق، ومخالبه تقطع الأرض المتجمدة.

I solchi erano profondi mentre lottava per ogni centimetro di
trazione.

تم قطع الأخاديد عميقًا أثناء محاولته الحصول على كل بوصة من الجر.

La slitta ondeggiò, tremò e cominciò a muoversi lentamente
e in modo inquieto.

بدأت الزلاجة تتأرجح، وترتجف، وبدأت حركة بطيئة وغير مريحة.

Un piede scivolò e un uomo tra la folla gemette ad alta voce.

انزلقت إحدى القدمين، وأطلق أحد الرجال من بين الحشد أنينًا بصوت
عالٍ.

Poi la slitta si lanciò in avanti con un movimento brusco e a
scatti.

ثم اندفعت الزلاجة إلى الأمام في حركة متقطعة وخشنة.

Non si fermò più: mezzo pollice...un pollice...cinque pollici
in più.

ولم تتوقف مرة أخرى - نصف بوصة... بوصة... بوصتين أكثر.

Gli scossoni si fecero più lievi man mano che la slitta
cominciava ad acquistare velocità.

أصبحت الهزات أصغر عندما بدأت الزلاجة تكتسب السرعة.

Presto Buck cominciò a tirare con una potenza fluida e
uniforme.

وبعد قليل أصبح باك يسحب بقوة متدحرجة سلسة ومتساوية.

Gli uomini sussultarono e finalmente si ricordarono di
respirare di nuovo.

شهق الرجال وأخيراً تذكروا أن يتنفسوا مرة أخرى.

Non si erano accorti che il loro respiro si era fermato per lo
stupore.

ولم يلاحظوا أن أنفاسهم توقفت من الرهبة.

Thornton gli corse dietro, gridando comandi brevi e allegri.

ركض ثورنتون خلفه، وهو يصدر أوامر قصيرة ومبهجة.

Davanti a noi c'era una catasta di legna da ardere che
segnava la distanza.

كان أمامنا كومة من الحطب تشير إلى المسافة.

Mentre Buck si avvicinava al mucchio, gli applausi
diventavano sempre più forti.

وعندما اقترب باك من الكومة، أصبح الهتاف أعلى وأعلى.

Gli applausi crebbero fino a diventare un boato quando
Buck superò il traguardo.

ارتفعت الهتافات إلى هدير عندما تجاوز باك نقطة النهاية.

Gli uomini saltarono e gridarono, perfino Matthewson
sorrise.

قفز الرجال وصاحوا، حتى أن ماثيوسون ابتسم.

I cappelli volavano in aria e i guanti venivano lanciati senza
pensarci o mirare.

طارت القبعات في الهواء، وألقيت القفازات دون تفكير أو هدف.

Gli uomini si afferrarono e si strinsero la mano senza sapere
chi.

أمسك الرجال ببعضهم البعض وتصافحوا دون أن يعرفوا من هو.

Tutta la folla era in delirio, in un tripudio di gioia e di
entusiasmo.

كان الحشد بأكمله يحتفل بفرحة غامرة.

Thornton cadde in ginocchio accanto a Buck con le mani tremanti.

سقط ثورنتون على ركبتيه بجانب باك ويداه ترتعشان.

Premette la testa contro quella di Buck e lo scosse delicatamente avanti e indietro.

ضغط رأسه على رأس باك وهزه بلطف ذهابًا وإيابًا.

Chi si avvicinava lo sentiva maledire il cane con amore silenzioso.

سمع الذين اقتربوا منه يلعن الكلب بحب هادئ.

Imprecò a lungo contro Buck, con dolcezza, calore, emozione.

لقد أقسم على باك لفترة طويلة - بهدوء، بحرارة، وبعاطفة.

"Bene, signore! Bene, signore!" esclamò di corsa il re della panchina di Skookum.

حسنًا، سيدي. حسنًا، سيدي. "صرخ ملك مقعد سكوكوم مسرعًا."

"Le darò mille, anzi milleduecento, per quel cane, signore!"

"سأعطيك ألفًا - لا، ألفًا ومائتين - مقابل هذا الكلب يا سيدي."

Thornton si alzò lentamente in piedi, con gli occhi brillanti di emozione.

نهض ثورنتون ببطء على قدميه، وكانت عيناه تتألقان بالعاطفة.

Le lacrime gli rigavano le guance senza alcuna vergogna.

تدفقت الدموع على خديه بكل حرية دون أي خجل.

"Signore", disse al re della panchina di Skookum, con fermezza e fermezza

سيدي، "قال لملك مقعد سكوكوم، بثبات وحزم"

"No, signore. Può andare all'inferno, signore. Questa è la mia risposta definitiva."

لا يا سيدي. اذهب إلى الجحيم يا سيدي. هذا جوابي النهائي.

Buck afferrò delicatamente la mano di Thornton tra le sue forti mascelle.

أمسك باك يد ثورنتون بلطف بفكيه القويين.

Thornton lo scosse scherzosamente; il loro legame era più profondo che mai.

هزه ثورنتون بطريقة مرحة، وكانت علاقتهما عميقة كما كانت دائمًا.

La folla, commossa dal momento, fece un passo indietro in silenzio.

تحرك الحشد في تلك اللحظة وتراجع إلى الوراء في صمت.

Da quel momento in poi nessuno osò più interrompere un affetto così sacro.

ومنذ ذلك الحين، لم يجرؤ أحد على مقاطعة هذا المودة المقدسة.

## Il suono della chiamata
صوت النداء

Buck aveva guadagnato milleseicento dollari in cinque minuti.

لقد ربح باك ستة عشر مائة دولار في خمس دقائق.

Il denaro permise a John Thornton di saldare alcuni dei suoi debiti.

مكّنت الأموال جون ثورنتون من سداد بعض ديونه.

Con il resto del denaro si diresse verso est insieme ai suoi soci.

وببقية الأموال توجه شرقًا مع شركائه.

Cercarono una leggendaria miniera perduta, antica quanto il paese stesso.

لقد بحثوا عن منجم مفقود أسطوري، قديم قدم البلد نفسه.

Molti uomini avevano cercato la miniera, ma pochi l'avevano trovata.

لقد بحث العديد من الرجال عن المنجم، لكن قليل منهم من وجده.

Molti uomini erano scomparsi durante la pericolosa ricerca.

لقد اختفى أكثر من رجل خلال المهمة الخطيرة.

Questa miniera perduta era avvolta nel mistero e nella vecchia tragedia.

كان هذا المنجم المفقود محاطًا بالغموض والمأساة القديمة.

Nessuno sapeva chi fosse stato il primo uomo a scoprire la miniera.

لم يكن أحد يعلم من هو الرجل الأول الذي عثر على المنجم.

Le storie più antiche non menzionano nessuno per nome.

القصص القديمة لا تذكر أحداً بالاسم.

Lì c'era sempre stata una vecchia capanna fatiscente.

لقد كان هناك دائمًا كوخًا قديمًا متهالكًا هناك.

I moribondi avevano giurato che vicino a quella vecchia capanna ci fosse una miniera.

أقسم الرجال المحتضرون أن هناك منجمًا بجوار تلك الكابينة القديمة.

Hanno dimostrato le loro storie con un oro che non ha eguali altrove.

لقد أثبتوا قصصهم بالذهب كما لم نجد مثله في أي مكان آخر.

Nessuna anima viva aveva mai saccheggiato il tesoro da quel luogo.

لم يسبق لأي روح حية أن نهبت الكنز من هذا المكان.

I morti erano morti e i morti non raccontano storie.

لقد كان الموتى أمواتًا، والموتى لا يروون حكايات.

Così Thornton e i suoi amici si diressero verso Est.

لذا توجه ثورنتون وأصدقاؤه إلى الشرق.

Si unirono a noi Pete e Hans, portando con sé Buck e sei cani robusti.

انضم بيت وهانز، وأحضروا باك وستة كلاب قوية.

Si avviarono lungo un sentiero sconosciuto dove altri avevano fallito.

انطلقوا في طريق غير معروف حيث فشل الآخرون.

Percorsero in slitta settanta miglia lungo il fiume Yukon ghiacciato.

لقد تزلجوا على مسافة سبعين ميلاً على نهر يوكون المتجمد.

Girarono a sinistra e seguirono il sentiero verso lo Stewart.

اتجهوا إلى اليسار وتبعوا المسار إلى ستيوارت.

Superarono il Mayo e il McQuestion e proseguirono oltre.

لقد تجاوزوا مايو ومكويستيون، واستمروا في الضغط على بعضهم البعض.

Lo Stewart si restringeva fino a diventare un ruscello, infilandosi tra cime frastagliate.

انكمش نهر ستيوارت إلى مجرى مائي، يتخلله قمم متعرجة.

Queste vette aguzze rappresentavano la spina dorsale del continente.

تشكل هذه القمم الحادة العمود الفقري للقارة.

John Thornton pretendeva poco dagli uomini e dalla terra selvaggia.

لم يطلب جون ثورنتون الكثير من الرجال أو من الأرض البرية.

Non temeva nulla della natura e affrontava la natura selvaggia con disinvoltura.

لم يكن يخاف من أي شيء في الطبيعة وواجه البرية بكل سهولة.

Con solo del sale e un fucile poteva viaggiare dove voleva.

باستخدام الملح والبندقية فقط، كان بإمكانه السفر إلى أي مكان يريده.

Come gli indigeni, durante il viaggio cacciava per procurarsi il cibo.

مثل السكان الأصليين، كان يبحث عن الطعام أثناء رحلاته.

Se non prendeva nulla, continuava ad andare avanti,
confidando nella fortuna che lo attendeva.

إذا لم يتمكن من الحصول على شيء، فإنه يستمر في طريقه، معتمدًا على
الحظ في المستقبل.

Durante questo lungo viaggio, la carne era l'alimento
principale di cui si nutrivano.

في هذه الرحلة الطويلة، كان اللحم هو الشيء الرئيسي الذي تناولوه.

La slitta trasportava attrezzi e munizioni, ma non c'era un
orario preciso.

كانت الزلاجة تحمل أدوات وذخيرة، ولكن لم يكن هناك جدول زمني
صارم.

Buck amava questo vagabondare, la caccia e la pesca senza
fine.

كان باك يحب هذا التجوال؛ والصيد وصيد الأسماك الذي لا ينتهي.

Per settimane viaggiarono senza sosta, giorno dopo giorno.

لمدة أسابيع كانوا يسافرون يومًا بعد يوم.

Altre volte si accampavano e restavano fermi per settimane.

وفي أوقات أخرى، أقاموا معسكرات وبقوا في أماكنهم لأسابيع.

I cani riposarono mentre gli uomini scavavano nel terreno
ghiacciato.

استراحت الكلاب بينما قام الرجال بالحفر في التراب المتجمد.

Scaldavano le padelle sul fuoco e cercavano l'oro nascosto.

قاموا بتسخين المقالي على النار وبحثوا عن الذهب المخفي.

C'erano giorni in cui pativano la fame, altri in cui
banchettavano.

في بعض الأيام كانوا يموتون من الجوع، وفي بعض الأيام كانوا يقيمون
وليمة.

Il loro pasto dipendeva dalla selvaggina e dalla fortuna della
caccia.

وكانت وجباتهم تعتمد على اللعبة وحظ الصيد.

Con l'arrivo dell'estate, uomini e cani caricavano carichi
sulle spalle.

عندما جاء الصيف، كان الرجال والكلاب يحملون الأحمال على ظهورهم.

Fecero rafting sui laghi azzurri nascosti nelle foreste di
montagna.

لقد قاموا بالتجول عبر البحيرات الزرقاء المخفية في الغابات الجبلية.

Navigavano su imbarcazioni sottili su fiumi che nessun
uomo aveva mai mappato.

لقد أبحروا بقوارب نحيفة على أنهار لم يسبق لأي إنسان أن رسم خريطة
لها.

Quelle barche venivano costruite con gli alberi che avevano
segato in natura.

تم بناء هذه القوارب من الأشجار التي قطعوها في البرية.

Passarono i mesi e loro viaggiarono attraverso terre selvagge
e sconosciute.

ومرت الأشهر، وتجولوا عبر الأراضي البرية المجهولة.

Non c'erano uomini lì, ma vecchie tracce lasciavano
intendere che alcuni di loro fossero presenti.

لم يكن هناك رجال هناك، لكن الآثار القديمة كانت تشير إلى وجود رجال
هناك.

Se la Capanna Perduta fosse esistita davvero, allora altre
persone in passato erano passate da lì.

إذا كانت الكابينة المفقودة حقيقية، فهذا يعني أن آخرين قد أتوا من هنا في
وقت ما.

Attraversavano passi alti durante le bufere di neve, anche
d'estate.

لقد عبروا الممرات المرتفعة أثناء العواصف الثلجية، حتى خلال فصل
الصيف.

Rabbrividivano sotto il sole di mezzanotte sui pendii brulli
delle montagne.

كانوا يرتجفون تحت شمس منتصف الليل على منحدرات الجبال العارية.

Tra il limite degli alberi e i campi di neve, salivano
lentamente.

بين خط الأشجار وحقول الثلوج، تسلقوا ببطء.

Nelle valli calde, scacciavano nuvole di moscerini e mosche.

في الوديان الدافئة، قاموا بضرب سحب البعوض والذباب.

Raccolsero bacche dolci vicino ai ghiacciai nel pieno della
fioritura estiva.

قاموا بقطف التوت الحلو بالقرب من الأنهار الجليدية في أوج ازدهارها
في الصيف.

I fiori che trovarono erano belli quanto quelli del Southland.

وكانت الزهور التي وجدوها جميلة مثل تلك الموجودة في ساوثلاند.

Quell'autunno giunsero in una regione solitaria piena di laghi silenziosi.

وفي ذلك الخريف وصلوا إلى منطقة منعزلة مليئة بالبحيرات الصامتة.

La terra era triste e vuota, un tempo brulicava di uccelli e animali.

كانت الأرض حزينة وخالية، وكانت مليئة بالطيور والوحوش.

Ora non c'era più vita, solo il vento e il ghiaccio che si formava nelle pozze.

والآن لم تعد هناك حياة، فقط الرياح والجليد يتشكل في البرك.

Le onde lambivano le rive deserte con un suono dolce e lugubre.

تلاطمت الأمواج على الشواطئ الفارغة بصوت ناعم وحزين.

Arrivò un altro inverno e loro seguirono di nuovo deboli e vecchi sentieri.

ثم جاء شتاء آخر، وتبعوا مسارات قديمة خافتة مرة أخرى.

Erano le tracce di uomini che avevano cercato molto prima di loro.

كانت هذه هي آثار الرجال الذين بحثوا قبلهم بوقت طويل.

Una volta trovarono un sentiero che si inoltrava nel profondo della foresta oscura.

ذات مرة، وجدوا طريقًا مقطوعًا عميقًا في الغابة المظلمة.

Era un vecchio sentiero e sentivano che la baita perduta era vicina.

لقد كان دربًا قديمًا، وشعروا أن الكابينة المفقودة كانت قريبة.

Ma il sentiero non portava da nessuna parte e si perdeva nel fitto del bosco.

لكن الطريق لم يؤدِ إلى أي مكان وتلاشى في الغابة الكثيفة.

Nessuno sapeva chi avesse tracciato il sentiero e perché lo avesse fatto.

من صنع هذا المسار، ولماذا صنعه، لا أحد يعلم.

Più tardi trovarono i resti di una capanna nascosta tra gli alberi.

وفي وقت لاحق، عثروا على حطام نزل مخفي بين الأشجار.

Coperte marce erano sparse dove un tempo qualcuno aveva dormito.

كانت هناك بطانيات متعفنة متناثرة حيث كان شخص ما ينام ذات يوم.

John Thornton trovò sepolto all'interno un fucile a pietra focaia a canna lunga.

عثر جون ثورنتون على بندقية ذات ماسورة طويلة مدفونة بالداخل.

Sapeva fin dai primi tempi che si trattava di un cannone della Hudson Bay.

لقد علم أن هذا كان مدفع خليج هدسون من أيام التجارة المبكرة.

A quei tempi, tali armi venivano barattate con pile di pelli di castoro.

في تلك الأيام كان يتم مقايضة هذه الأسلحة بأكوام من جلود القندس.

Questo era tutto: non rimaneva alcuna traccia dell'uomo che aveva costruito la loggia.

كان هذا كل شيء - لم يتبق أي دليل على الرجل الذي بنى النزل.


Arrivò di nuovo la primavera e non trovarono traccia della Capanna Perduta.

لقد جاء الربيع مرة أخرى، ولم يجدوا أي أثر للكوخ المفقود.

Invece trovarono un'ampia valle con un ruscello poco profondo.

وبدلاً من ذلك، وجدوا وادياً واسعًا مع مجرى ماني ضحل.

L'oro si stendeva sul fondo della pentola come burro giallo e liscio.

كان الذهب متوضعًا في قاع المقلاة مثل الزبدة الصفراء الناعمة.

Si fermarono lì e non cercarono oltre la cabina.

توقفوا هناك ولم يبحثوا عن الكابينة أبعد من ذلك.

Ogni giorno lavoravano e ne trovavano migliaia di pezzi in polvere d'oro.

كل يوم عملوا ووجدوا الآلاف في غبار الذهب.

Confezionarono l'oro in sacchi di pelle di alce, da cinquanta libbre ciascuno.

قاموا بتعبئة الذهب في أكياس من جلد الموظ، خمسين رطلاً لكل كيس.

I sacchi erano accatastati come legna da ardere fuori dal loro piccolo rifugio.

كانت الحقائب مكدسة مثل الحطب خارج نزلهم الصغير.

Lavoravano come giganti e i giorni trascorrevano veloci come sogni.

لقد عملوا مثل العمالقة، ومرت الأيام مثل الأحلام السريعة.

Accumularono tesori mentre gli infiniti giorni trascorrevano rapidamente.

لقد جمعوا الكنز بينما مرت الأيام التي لا نهاية لها بسرعة.

I cani avevano ben poco da fare, se non trasportare la carne di tanto in tanto.

لم يكن هناك الكثير مما يمكن للكلاب فعله باستثناء نقل اللحوم من وقت لآخر.

Thornton cacciò e uccise la selvaggina, mentre Buck si sdraiò accanto al fuoco.

كان ثورنتون يصطاد ويقتل الطرائد، وكان باك مستلقيًا بجانب النار.

Trascorse lunghe ore in silenzio, perso nei pensieri e nei ricordi.

أمضى ساعات طويلة في صمت، غارقًا في الفكر والذاكرة.

L'immagine dell'uomo peloso tornava sempre più spesso alla mente di Buck.

كانت صورة الرجل المشعر تظهر في ذهن باك أكثر من أي وقت مضى.

Ora che il lavoro scarseggiava, Buck sognava mentre sbatteva le palpebre verso il fuoco.

الآن بعد أن أصبح العمل نادرًا، حلم باك بينما كان يرمش أمام النار.

In quei sogni, Buck vagava con l'uomo in un altro mondo.

في تلك الأحلام، كان باك يتجول مع الرجل في عالم آخر.

La paura sembrava il sentimento più forte in quel mondo lontano.

يبدو أن الخوف هو الشعور الأقوى في ذلك العالم البعيد.

Buck vide l'uomo peloso dormire con la testa bassa.

رأى باك الرجل المشعر نائماً ورأسه منحنياً إلى أسفل.

Aveva le mani giunte e il suo sonno era agitato e interrotto.

كانت يداه مشبوكتين، وكان نومه مضطربًا ومتقطعًا.

Si svegliava di soprassalto e fissava il buio con timore.

كان يستيقظ فجأة ويحدق بخوف في الظلام.

Poi aggiungeva altra legna al fuoco per mantenere viva la fiamma.

ثم يقوم بإلقاء المزيد من الخشب على النار للحفاظ على اشتعال اللهب.

A volte camminavano lungo una spiaggia in riva a un mare grigio e infinito.

في بعض الأحيان كانوا يسيرون على طول الشاطئ بجانب بحر رمادي لا نهاية له.

L'uomo peloso raccolse i frutti di mare e li mangiò mentre
camminava.

كان الرجل المشعر يلتقط المحار ويأكله أثناء سيره.

I suoi occhi cercavano sempre pericoli nascosti nell'ombra.

كانت عيناه تبحث دائمًا عن المخاطر المخفية في الظل.

Le sue gambe erano sempre pronte a scattare al primo segno
di minaccia.

كانت ساقيه مستعدة دائمًا للركض عند أول علامة تهديد.

Avanzavano furtivamente nella foresta, silenziosi e cauti,
uno accanto all'altro.

تسللوا عبر الغابة، صامتين وحذرين، جنبًا إلى جنب.

Buck lo seguì alle calcagna, ed entrambi rimasero all'erta.

وتبعه باك، وبقي كلاهما في حالة تأهب.

Le loro orecchie si muovevano e si contraevano, i loro nasi
fiutavano l'aria.

ارتعشت آذانهم وتحركت، واستنشقت أنوفهم الهواء.

L'uomo riusciva a sentire e ad annusare la foresta in modo
altrettanto acuto quanto Buck.

كان الرجل يستطيع سماع الغابة وشم رائحتها بنفس حدة باك.

L'uomo peloso si lanciò tra gli alberi a velocità improvvisa.

تأرجح الرجل المشعر بين الأشجار بسرعة مفاجئة.

Saltava da un ramo all'altro senza mai perdere la presa.

كان يقفز من فرع إلى فرع، دون أن يفقد قبضته أبدًا.

Si muoveva con la stessa rapidità con cui si muoveva sopra e
sopra il terreno.

لقد تحرك فوق الأرض بنفس السرعة التي تحرك بها عليها.

Buck ricordava le lunghe notti passate sotto gli alberi a fare
la guardia.

تذكر باك الليالي الطويلة التي قضاها تحت الأشجار وهو يراقب.

L'uomo dormiva appollaiato sui rami, aggrappandosi forte.

كان الرجل ينام في الأغصان، متشبثًا بها بقوة.

Questa visione dell'uomo peloso era strettamente legata al
richiamo profondo.

كانت رؤية الرجل المشعر مرتبطة ارتباطًا وثيقًا بالدعوة العميقة.

Il richiamo risuonava ancora nella foresta con una forza
inquietante.

لا يزال النداء يتردد في الغابة بقوة مخيفة.

La chiamata riempì Buck di desiderio e di un inquieto senso di gioia.

لقد ملأت المكالمة باك بالشوق والشعور المضطرب بالفرح.

Sentì strani impulsi e stimoli a cui non riusciva a dare un nome.

كان يشعر برغبات وتحركات غريبة لم يستطع تسميتها.

A volte seguiva la chiamata inoltrandosi nel silenzio dei boschi.

وفي بعض الأحيان كان يتبع النداء إلى أعماق الغابة الهادئة.

Cercava il richiamo, abbaiando piano o bruscamente mentre camminava.

كان يبحث عن النداء، وينبح بهدوء أو بحدة أثناء سيره.

Annusò il muschio e il terreno nero dove cresceva l'erba.

كان يشتم الطحالب والتربة السوداء حيث تنمو الأعشاب.

Sbuffò di piacere sentendo i ricchi odori della terra profonda.

كان يشخر بسعادة عند سماعه الروائح الغنية للأرض العميقة.

Rimase accovacciato per ore dietro i tronchi ricoperti di funghi.

اختبأ لساعات خلف جذوع الأشجار المغطاة بالفطريات.

Rimase immobile, ascoltando con gli occhi sgranati ogni minimo rumore.

لقد بقي ساكنًا، يستمع بعينين واسعتين إلى كل صوت صغير.

Forse sperava di sorprendere la cosa che aveva emesso la chiamata.

ربما كان يأمل أن يفاجئ الشيء الذي أعطى المكالمة.

Non sapeva perché si comportava in quel modo: lo faceva e basta.

لم يكن يعلم لماذا يتصرف بهذه الطريقة، لقد فعل ذلك ببساطة.

Questi impulsi provenivano dal profondo, al di là del pensiero o della ragione.

جاءت الرغبات من أعماقنا، بعيدًا عن الفكر والعقل.

Buck fu colto da impulsi irresistibili, senza preavviso o motivo.

سيطرت رغبات لا تقاوم على باك دون سابق إنذار أو سبب.

A volte sonnecchiava pigramente nell'accampamento, sotto il caldo di mezzogiorno.

في بعض الأحيان كان ينام ببطء في المخيم تحت حرارة منتصف النهار.

All'improvviso sollevò la testa e le sue orecchie si drizzarono in allerta.

فجأة، رفع رأسه وارتفعت أذنيه في حالة تأهب.

Poi balzò in piedi e si lanciò nella natura selvaggia senza fermarsi.

ثم قفز وانطلق إلى البرية دون توقف.

Corse per ore attraverso sentieri forestali e spazi aperti.

ركض لساعات عبر مسارات الغابات والمساحات المفتوحة.

Amava seguire i letti asciutti dei torrenti e spiare gli uccelli sugli alberi.

كان يحب متابعة مجاري الأنهار الجافة والتجسس على الطيور في الأشجار.

Poteva restare nascosto tutto il giorno, osservando le pernici che si pavoneggiavano in giro.

كان بإمكانه البقاء مختبئًا طوال اليوم، وهو يراقب طيور الحجل وهي تتبختر حوله.

Suonavano i tamburi e marciavano, ignari della presenza immobile di Buck.

لقد طبلوا وساروا، غير مدركين لوجود باك.

Ma ciò che amava di più era correre al crepuscolo estivo.

لكن ما كان يحبه أكثر من أي شيء آخر هو الجري عند الغسق في الصيف.

La luce fioca e i suoni assonnati della foresta lo riempivano di gioia.

كان الضوء الخافت وأصوات الغابة النائمة تملأه بالفرح.

Leggeva i cartelli della foresta con la stessa chiarezza con cui un uomo legge un libro.

كان يقرأ علامات الغابة بوضوح كما يقرأ الرجل كتابًا.

E cercava sempre la strana cosa che lo chiamava.

وكان يبحث دائمًا عن الشيء الغريب الذي يناديه.

Quella chiamata non si è mai fermata: lo raggiungeva sia da sveglio che nel sonno.

لم يتوقف هذا النداء أبدًا ـ فقد وصل إليه وهو مستيقظ أو نائم.

Una notte si svegliò di soprassalto, con gli occhi acuti e le orecchie tese.

في إحدى الليالي، استيقظ مذعوراً، وكانت عيناه حادتين وأذناه مرتفعتين.

Le sue narici si contrassero mentre la sua criniera si rizzava in onde.

ارتعش أنفه بينما وقف شعره منتصبا في الأمواج.

Dal profondo della foresta giunse di nuovo quel suono, il vecchio richiamo.

من أعماق الغابة جاء الصوت مرة أخرى، النداء القديم.

Questa volta il suono risuonò chiaro, un ululato lungo, inquietante e familiare.

هذه المرة كان الصوت واضحا، عواء طويل، مخيف، مألوف.

Era come il verso di un husky, ma dal tono strano e selvaggio.

لقد كان مثل صراخ كلب الهاسكي، ولكن غريب ومتوحش في نبرته.

Buck riconobbe subito quel suono: lo aveva già sentito molto tempo prima.

عرف باك الصوت على الفور ـ لقد سمع الصوت بالضبط منذ زمن طويل.

Attraversò con un balzo l'accampamento e scomparve rapidamente nel bosco.

قفز عبر المخيم واختفى بسرعة في الغابة.

Avvicinandosi al suono, rallentò e si mosse con cautela.

وعندما اقترب من الصوت، أبطأ وتحرك بحذر.

Presto raggiunse una radura tra fitti pini.

وسرعان ما وصل إلى فسحة بين أشجار الصنوبر الكثيفة.

Lì, ritto sulle zampe posteriori, sedeva un lupo grigio alto e magro.

هناك، جلس ذئب خشبي طويل ونحيف على ركبتيه.

Il naso del lupo puntava verso il cielo, continuando a riecheggiare il richiamo.

أشار أنف الذئب نحو السماء، ولا يزال يردد النداء.

Buck non aveva emesso alcun suono, eppure il lupo si fermò e ascoltò.

لم يصدر باك أي صوت، ومع ذلك توقف الذئب واستمع.

Percependo qualcosa, il lupo si irrigidì e scrutò l'oscurità.

عندما شعر الذئب بشيء ما، توتر، باحثًا في الظلام.

Buck si fece avanti furtivamente, con il corpo basso e i piedi ben appoggiati al terreno.

تسلل باك إلى المشهد، وكان جسده منخفضًا وقدميه هادئتين على الأرض.

La sua coda era dritta e il suo corpo era teso e teso.

كان ذيله مستقيما، وجسمه ملتفًا بإحكام بسبب التوتر.

Manifestava sia un atteggiamento minaccioso che una sorta di rude amicizia.

لقد أظهر التهديد ونوعًا من الصداقة القاسية.

Era il saluto cauto tipico delle bestie selvatiche.

لقد كانت هذه التحية الحذرة التي يتبادلها الوحوش البرية.

Ma il lupo si voltò e fuggì non appena vide Buck.

لكن الذئب استدار وهرب بمجرد أن رأى باك.

Buck si lanciò all'inseguimento, saltando selvaggiamente, desideroso di raggiungerlo.

طارده باك، وقفز بعنف، راغبًا في تجاوزه.

Seguì il lupo in un ruscello secco bloccato da un ingorgo di tronchi.

تبع الذئب إلى جدول جاف مسدود بكتلة من الخشب.

Messo alle strette, il lupo si voltò e rimase fermo.

عندما حوصر الذئب، استدار ووقف في مكانه.

Il lupo ringhiò e schioccò i denti come un husky intrappolato in una rissa.

زأر الذئب وانفجر مثل كلب أجش محاصر في قتال.

I denti del lupo schioccarono rapidamente e il suo corpo si irrigidì per la furia selvaggia.

نقرت أسنان الذئب بسرعة، وكان جسده مليئًا بالغضب الجامح.

Buck non attaccò, ma girò intorno al lupo con attenta cordialità.

لم يهاجم باك الذئب بل دار حوله بحذر وود.

Cercò di bloccargli la fuga con movimenti lenti e innocui.

حاول منع هروبه بحركات بطيئة وغير ضارة.

Il lupo era cauto e spaventato: Buck lo superava di peso tre volte.

كان الذئب حذرًا وخائفًا ـ فقد كان وزن باك يفوق وزنه بثلاث مرات.

La testa del lupo arrivava a malapena all'altezza della spalla massiccia di Buck.

بالكاد وصل رأس الذئب إلى كتف باك الضخم.

Il lupo, attento a individuare un varco, si lanciò e l'inseguimento ricominciò.

وبينما كان الذئب يراقب الفجوة، انطلق مسرعًا وبدأ المطاردة مرة أخرى.

Buck lo mise alle strette più volte e la danza si ripeté.

عدة مرات حاصره باك، وتكررت الرقصة.

Il lupo era magro e debole, altrimenti Buck non avrebbe potuto catturarlo.

كان الذئب نحيفًا وضعيفًا، وإلا لما استطاع باك أن يمسكه.

Ogni volta che Buck si avvicinava, il lupo si girava di scatto e lo affrontava spaventato.

في كل مرة يقترب باك، يدور الذئب ويواجهه في خوف.

Poi, alla prima occasione, si precipitò di nuovo nel bosco.

ثم في أول فرصة، اندفع إلى الغابة مرة أخرى.

Ma Buck non si arrese e alla fine il lupo imparò a fidarsi di lui.

ولكن باك لم يستسلم، وأخيرًا جاء الذئب ليثق به.

Annusò il naso di Buck e i due diventarono giocosi e attenti.

شمّ أنف باك، وأصبح الاثنان مرحين ومتيقظين.

Giocavano come animali selvaggi, feroci ma timidi nella loro gioia.

لقد لعبوا مثل الحيوانات البرية، شرسين ولكن خجولين في فرحهم.

Dopo un po' il lupo trotterellò via con calma e decisione.

وبعد فترة من الوقت، هرع الذئب بعيدًا بهدوء.

Dimostrò chiaramente a Buck che intendeva essere seguito.

لقد أظهر لباك بوضوح أنه يقصد أن يتم اتباعه.

Correvano fianco a fianco nel buio della sera.

لقد ركضوا جنبًا إلى جنب في ظلام الشفق.

Seguirono il letto del torrente fino alla gola rocciosa.

ثم تبعوا مجرى النهر حتى وصلوا إلى الوادي الصخري.

Attraversarono un freddo spartiacque nel punto in cui aveva avuto origine il fiume.

لقد عبروا مضيقًا باردًا حيث بدأ التيار.

Sul pendio più lontano trovarono un'ampia foresta e molti corsi d'acqua.

وعلى المنحدر البعيد وجدوا غابة واسعة والعديد من الجداول.

Corsero per ore senza fermarsi attraverso quella terra immensa.

عبر هذه الأرض الشاسعة، ركضوا لساعات دون توقف.

Il sole saliva sempre più alto, l'aria si faceva calda, ma loro continuavano a correre.

ارتفعت الشمس، وأصبح الهواء دافئًا، لكنهم واصلوا الركض.

Buck era pieno di gioia: sapeva di aver risposto alla sua chiamata.

كان باك مليئًا بالفرح ـ لقد علم أنه يجيب على نداءه.

Corse accanto al fratello della foresta, più vicino alla fonte della chiamata.

ركض بجانب أخيه في الغابة، أقرب إلى مصدر المكالمة.

I vecchi sentimenti ritornano, potenti e difficili da ignorare.

عادت المشاعر القديمة، قوية ويصعب تجاهلها.

Queste erano le verità nascoste nei ricordi dei suoi sogni.

كانت هذه هي الحقائق وراء ذكريات أحلامه.

Tutto questo lo aveva già fatto in un mondo lontano e oscuro.

لقد فعل كل هذا من قبل في عالم بعيد ومظلم.

Questa volta lo fece di nuovo, scatenandosi con il cielo aperto sopra di lui.

والآن فعل ذلك مرة أخرى، وهو يركض في جنون مع السماء المفتوحة أعلاه.

Si fermarono presso un ruscello per bere l'acqua fredda che scorreva.

توقفوا عند مجرى مائي ليشربوا من الماء البارد المتدفق.

Mentre beveva, Buck si ricordò improvvisamente di John Thornton.

وبينما كان يشرب، تذكر باك فجأة جون ثورنتون.

Si sedette in silenzio, lacerato dal sentimento di lealtà e dalla chiamata.

جلس في صمت، ممزقًا بين جاذبية الولاء والدعوة.

Il lupo continuò a trottare, ma tornò indietro per incitare Buck ad andare avanti.

ركض الذئب، لكنه عاد ليحث باك على المضي قدمًا.

Gli annusò il naso e cercò di convincerlo con gesti gentili.

شمّ أنفه وحاول إقناعه بإيماءات ناعمة.

Ma Buck si voltò e riprese a tornare indietro per la strada da cui era venuto.

لكن باك استدار وبدأ العودة من حيث أتى.

Il lupo gli corse accanto per molto tempo, guaindo piano.

ركض الذئب بجانبه لفترة طويلة، وهو يئن بهدوء.

Poi si sedette, alzò il naso ed emise un lungo ululato.

ثم جلس ورفع أنفه وأطلق عواءً طويلاً.

Era un grido lugubre, che si addolcì mentre Buck si
allontanava.

لقد كانت صرخة حزينة، خففت عندما ابتعد باك.

Buck ascoltò mentre il suono del grido svaniva lentamente
nel silenzio della foresta.

استمع باك إلى صوت الصراخ وهو يتلاشى ببطء في صمت الغابة.

John Thornton stava cenando quando Buck irruppe
nell'accampamento.

كان جون ثورنتون يتناول العشاء عندما اقتحم باك المخيم.

Buck gli saltò addosso selvaggiamente, leccandolo,
mordendolo e facendolo rotolare.

قفز باك عليه بعنف، يلعقه، ويعضه، ويسقطه أرضًا.

Lo fece cadere, gli saltò sopra e gli baciò il viso.

لقد دفعه أرضًا، وتسلق فوقه، وقبل وجهه.

Thornton lo definì con affetto "fare il buffone".

أطلق ثورنتون على هذا الأمر اسم "اللعب بدور الأحمق العام "بمودة.

Nel frattempo, imprecava dolcemente contro Buck e lo
scuoteva avanti e indietro.

في هذه الأثناء، كان يلعن باك بلطف ويهزه ذهابًا وإيابًا.

Per due interi giorni e due notti, Buck non lasciò
l'accampamento nemmeno una volta.

لمدة يومين وليلتين كاملتين، لم يغادر باك المخيم مرة واحدة.

Si teneva vicino a Thornton e non lo perdeva mai di vista.

لقد ظل قريبًا من ثورنتون ولم يتركه بعيدًا عن نظره أبدًا.

Lo seguiva mentre lavorava e lo osservava mentre mangiava.

كان يتبعه أثناء عمله ويراقبه أثناء تناوله الطعام.

Di notte vedeva Thornton avvolto nelle sue coperte e ogni
mattina lo vedeva uscire.

لقد رأى ثورنتون في بطانياته في الليل وخارجه كل صباح.

Ma presto il richiamo della foresta ritornò, più forte che mai.

ولكن سرعان ما عاد نداء الغابة، وكان أعلى من أي وقت مضى.

Buck si sentì di nuovo irrequieto, agitato dal pensiero del
lupo selvatico.

أصبح باك مضطربًا مرة أخرى، وقد تحركت أفكاره حول الذئب البري.

Ricordava la terra aperta e le corse fianco a fianco.

تذكر الأرض المفتوحة والجري جنبًا إلى جنب.

Ricominciò a vagare nella foresta, solo e vigile.

بدأ يتجول في الغابة مرة أخرى، وحيدًا ويقظًا.

Ma il fratello selvaggio non tornò e l'ululato non fu udito.

ولكن الأخ البري لم يعود، ولم يسمع العواء.

Buck cominciò a dormire all'aperto, restando lontano anche per giorni interi.

بدأ باك في النوم بالخارج، والبقاء بعيدًا لعدة أيام في كل مرة.

Una volta attraversò l'alto spartiacque dove aveva origine il torrente.

وبمجرد عبوره للتقسيم المرتفع حيث بدأ الخور.

Entrò nella terra degli alberi scuri e dei grandi corsi d'acqua.

دخل إلى أرض الأشجار المظلمة والجداول المتدفقة الواسعة.

Vagò per una settimana alla ricerca di tracce del fratello selvaggio.

تجول لمدة أسبوع، باحثًا عن علامات الأخ البري.

Uccideva la propria carne e viaggiava a passi lunghi e instancabili.

كان يذبح لحمه بنفسه ويسافر بخطوات طويلة لا تعرف الكلل.

Pescò salmoni in un ampio fiume che arrivava fino al mare.

كان يصطاد سمك السلمون في نهر واسع يصل إلى البحر.

Lì lottò e uccise un orso nero reso pazzo dagli insetti.

هناك، قاتل وقتل دبًا أسودًا غاضبًا من الحشرات.

L'orso stava pescando e corse alla cieca tra gli alberi.

كان الدب يصطاد السمك ويركض بشكل أعمى بين الأشجار.

La battaglia fu feroce e risvegliò il profondo spirito combattivo di Buck.

كانت المعركة شرسة، مما أيقظ روح القتال العميقة لدى باك.

Due giorni dopo, Buck tornò e trovò dei ghiottoni nei pressi della sua preda.

بعد يومين، عاد باك ليجد حيوان الوشق في مكان صيده.

Una dozzina di loro litigarono furiosamente e rumorosamente per la carne.

تشاجر نحو عشرة منهم على اللحوم بغضب شديد.

Buck caricò e li disperse come foglie al vento.

هاجمهم باك وشتتهم مثل الأوراق في الريح.

Due lupi rimasero indietro: silenziosi, senza vita e immobili per sempre.

بقي ذئبان خلفنا - صامتين، بلا حياة، ولا حركة إلى الأبد.

La sete di sangue divenne più forte che mai.

لقد أصبح التعطش للدماء أقوى من أي وقت مضى.

Buck era un cacciatore, un assassino, che si nutriva di creature viventi.

كان باك صيادًا وقاتلًا، يتغذى على الكائنات الحية.

Sopravvisse da solo, affidandosi alla sua forza e ai suoi sensi acuti.

لقد نجا وحيدًا، معتمدًا على قوته وحواسه الحادة.

Prosperava nella natura selvaggia, dove solo i più forti potevano sopravvivere.

لقد ازدهر في البرية، حيث لا يمكن أن يعيش إلا الأقوى.

Da ciò nacque un grande orgoglio che riempì tutto l'essere di Buck.

ومن هنا ارتفع كبرياء عظيم وملأ كيان باك بأكمله.

Il suo orgoglio traspariva da ogni passo, dal fremito di ogni muscolo.

كان فخره يظهر في كل خطوة، وفي تموج كل عضلة.

Il suo orgoglio era evidente, come si vedeva dal suo comportamento.

كان كبرياؤه واضحا مثل الكلام، ويتجلى ذلك في الطريقة التي يحمل بها نفسه.

Persino il suo spesso mantello appariva più maestoso e splendeva di più.

حتى معطفه السميك بدا أكثر روعة وألمع إشراقا.

Buck avrebbe potuto essere scambiato per un lupo grigio gigante.

ربما كان من الممكن الخلط بين باك وذئب الخشب العملاق.

A parte il marrone sul muso e le macchie sopra gli occhi.

باستثناء اللون البني على وجهه والبقع فوق عينيه.

E la striscia bianca di pelo che gli correva lungo il centro del petto.

والخط الأبيض من الفراء الذي يمتد على طول منتصف صدره.

Era addirittura più grande del più grande lupo di quella feroce razza.

لقد كان أكبر من أكبر ذئب من هذا الصنف الشرس.

Suo padre, un San Bernardo, gli ha trasmesso la stazza e la corporatura robusta.

أعطاه والده، وهو من فصيلة سانت برنارد، حجمًا وجسمًا ثقيلًا.

Sua madre, una pastorella, plasmò quella mole conferendole la forma di un lupo.

قامت أمه، وهي راعية، بتشكيل هذا الجسم الضخم على شكل ذئب.

Aveva il muso lungo di un lupo, anche se più pesante e largo.

كان لديه كمامة طويلة مثل كمامة الذئب، على الرغم من أنها أثقل وأوسع.

La sua testa era quella di un lupo, ma di dimensioni enormi e maestose.

كان رأسه مثل رأس ذئب، لكنه مبني على نطاق ضخم ومهيب.

L'astuzia di Buck era l'astuzia del lupo e della natura selvaggia.

كان مكر باك بمثابة مكر الذئب والبرية.

La sua intelligenza gli venne sia dal Pastore Tedesco che dal San Bernardo.

لقد جاء ذكاؤه من الراعي الألماني والقديس برنارد.

Tutto ciò, unito alla dura esperienza, lo rese una creatura temibile.

كل هذا، بالإضافة إلى التجربة القاسية، جعله مخلوقًا مخيفًا.

Era formidabile quanto qualsiasi animale che vagasse nelle terre selvagge del nord.

لقد كان هائلاً مثل أي وحش يجوب البرية الشمالية.

Nutrendosi solo di carne, Buck raggiunse l'apice della sua forza.

بفضل اعتماده على اللحوم فقط، وصل باك إلى ذروة قوته.

Trasudava potenza e forza maschile in ogni fibra del suo corpo.

لقد فاض بالقوة والقوة الذكورية في كل أليافه.

Quando Thornton gli accarezzò la schiena, i peli brillarono di energia.

عندما قام ثورنتون بمداعبة ظهره، كانت الشعرات تتألق بالطاقة.

Ogni capello scricchiolava, carico del tocco di un magnetismo vivente.

كانت كل شعرة تتشقق، مشحونة بلمسة من المغناطيسية الحية.

Il suo corpo e il suo cervello erano sintonizzati sulla tonalità più fine possibile.

لقد تم ضبط جسده وعقله على أعلى درجة ممكنة.

Ogni nervo, ogni fibra e ogni muscolo lavoravano in perfetta armonia.

كل عصب وليفة وعضلة عملت في تناغم تام.

A qualsiasi suono o visione che richiedesse un intervento, rispondeva immediatamente.

لقد استجاب على الفور لأي صوت أو مشهد يحتاج إلى عمل.

Se un husky saltava per attaccare, Buck poteva saltare due volte più velocemente.

إذا قفز الهاسكي للهجوم، يمكن لباك أن يقفز بسرعة مضاعفة.

Reagì più rapidamente di quanto gli altri potessero vedere o sentire.

لقد كان رد فعله أسرع مما يمكن للآخرين رؤيته أو سماعه.

Percezione, decisione e azione avvennero tutte in un unico, fluido istante.

الإدراك، والقرار، والفعل، كل ذلك جاء في لحظة واحدة سلسة.

In realtà si tratta di atti separati, ma troppo rapidi per essere notati.

في الحقيقة، كانت هذه الأفعال منفصلة، ولكنها كانت سريعة جدًا بحيث لم يتم ملاحظتها.

Gli intervalli tra questi atti erano così brevi che sembravano uno solo.

كانت الفجوات بين هذه الأفعال قصيرة جدًا، حتى أنها بدت وكأنها فعل واحد.

I suoi muscoli e il suo essere erano come molle strettamente avvolte.

كانت عضلاته و كيانه مثل الينابيع الملفوفة بإحكام.

Il suo corpo traboccava di vita, selvaggia e gioiosa nella sua potenza.

كان جسده مليئًا بالحياة، جامحًا ومبهجا في قوته.

A volte aveva la sensazione che la forza stesse per esplodere completamente dentro di lui.

في بعض الأحيان كان يشعر وكأن القوة ستخرج منه بالكامل.

"Non c'è mai stato un cane simile", disse Thornton un giorno tranquillo.

لم يكن هناك قط كلب مثله"، قال ثورنتون في أحد الأيام الهادئة."

I soci osservarono Buck uscire fiero dall'accampamento.

كان الشركاء يراقبون باك وهو يخرج بفخر من المخيم.

"Quando è stato creato, ha cambiato il modo in cui un cane può essere", ha detto Pete.

عندما تم صنعه، غيّر ما يمكن أن يكون عليه الكلب"، قال بيت."

"Per Dio! Lo penso anch'io", concordò subito Hans.

يا إلهي. أعتقد ذلك بنفسي"، وافق هانز بسرعة."

Lo videro allontanarsi, ma non il cambiamento che avvenne dopo.

لقد رأوه يبتعد، ولكنهم لم يروا التغيير الذي حدث بعد ذلك.

Non appena entrò nel bosco, Buck si trasformò completamente.

بمجرد دخوله الغابة، تحول باك بشكل كامل.

Non marciava più, ma si muoveva come uno spettro selvaggio tra gli alberi.

لم يعد يسير، بل كان يتحرك مثل شبح بري بين الأشجار.

Divenne silenzioso, come un gatto, un bagliore che attraversava le ombre.

أصبح صامتًا، يتحرك كالقط، وميض يمر عبر الظلال.

Usava la copertura con abilità, strisciando sulla pancia come un serpente.

لقد استخدم الغطاء بمهارة، وكان يزحف على بطنه مثل الثعبان.

E come un serpente, sapeva balzare in avanti e colpire in silenzio.

ومثل الثعبان، كان بإمكانه أن يقفز إلى الأمام ويضرب في صمت.

Potrebbe rubare una pernice bianca direttamente dal suo nido nascosto.

كان بإمكانه سرقة طائر الطيهوج مباشرة من عشه المخفي.

Uccideva i conigli addormentati senza emettere alcun suono.

لقد قتل الأرانب النائمة دون أن يصدر صوتًا واحدًا.

Riusciva a catturare gli scoiattoli a mezz'aria anche se fuggivano troppo lentamente.

كان بإمكانه اصطياد السناجب في الهواء لأنها كانت تهرب ببطء شديد.

Nemmeno i pesci nelle pozze riuscivano a sfuggire ai suoi attacchi improvvisi.

حتى الأسماك في البرك لم تستطع النجاة من ضرباته المفاجئة.

Nemmeno i furbi castori impegnati a riparare le dighe erano al sicuro da lui.

حتى القنادس الذكية التي تعمل على إصلاح السدود لم تكن في مأمن منه.

Uccideva per nutrirsi, non per divertirsi, ma preferiva uccidere le proprie vittime.

كان يقتل من أجل الغذاء، وليس من أجل المتعة، لكنه كان يحب أن يقتل بنفسه أكثر.

Eppure, un umorismo subdolo permeava alcune delle sue cacce silenziose.

ومع ذلك، كان هناك روح الدعابة الماكرة في بعض رحلات الصيد الصامتة التي قام بها.

Si avvicinò furtivamente agli scoiattoli, solo per lasciarli scappare.

لقد تسلل إلى جانب السناجب، فقط ليسمح لهم بالهروب.

Stavano per fuggire tra gli alberi, chiacchierando con rabbia e paura.

كانوا في طريقهم للفرار إلى الأشجار، وهم يتحادثون بغضب مخيف.

Con l'arrivo dell'autunno, le alci cominciarono ad apparire in numero maggiore.

مع حلول فصل الخريف، بدأ ظهور الموظ بأعداد أكبر.

Si spostarono lentamente verso le basse valli per affrontare l'inverno.

انتقلوا ببطء إلى الوديان المنخفضة لمواجهة الشتاء.

Buck aveva già abbattuto un giovane vitello randagio.

كان باك قد أحضر بالفعل عجلًا صغيرًا ضالًا.

Ma lui desiderava ardentemente affrontare prede più grandi e pericolose.

ولكنه كان يتوق لمواجهة فريسة أكبر وأكثر خطورة.

Un giorno, sul crinale, alla sorgente del torrente, trovò la sua occasione.

ذات يوم، على التقسيم، عند رأس الخور، وجد فرصته.

Una mandria di venti alci era giunta da terre boscose.

لقد عبر قطيع مكون من عشرين موسًا من الأراضي الحرجية.

Tra loro c'era un possente toro, il capo del gruppo.

وكان من بينهم ثور عظيم، زعيم المجموعة.

Il toro era alto più di due metri e mezzo e appariva feroce e selvaggio.

كان الثور يبلغ طوله أكثر من ستة أقدام ويبدو شرسًا ووحشيًا.

Lanciò le sue grandi corna, le cui quattordici punte si diramavano verso l'esterno.

ألقى بقرونه العريضة، التي تتفرع منها أربعة عشر نقطة نحو الخارج.

Le punte di quelle corna si estendevano per due metri.

امتدت أطراف تلك القرون إلى مسافة سبعة أقدام.

I suoi piccoli occhi ardevano di rabbia quando vide Buck lì vicino.

اشتعلت عيناه الصغيرة بالغضب عندما رأى باك في مكان قريب.

Emise un ruggito furioso, tremando di rabbia e dolore.

أطلق هديرًا غاضبًا، يرتجف من الغضب والألم.

Vicino al suo fianco spuntava la punta di una freccia, appuntita e piumata.

برزت نهاية السهم بالقرب من جنبه، وكانت ريشية وحادة.

Questa ferita contribuì a spiegare il suo umore selvaggio e amareggiato.

ساعد هذا الجرح في تفسير مزاجه الوحشي والمرير.

Buck, guidato dall'antico istinto di caccia, fece la sua mossa.

لقد قام باك، مسترشدًا بغريزة الصيد القديمة، بالتحرك.

Il suo obiettivo era separare il toro dal resto della mandria.

وكان هدفه فصل الثور عن باقي القطيع.

Non era un compito facile: richiedeva velocità e una grande astuzia.

لم تكن هذه مهمة سهلة، بل تطلبت السرعة والدهاء الشديد.

Abbaiava e danzava vicino al toro, appena fuori dalla sua portata.

نبح ورقص بالقرب من الثور، خارج نطاقه.

L'alce si lanciò con enormi zoccoli e corna mortali.

انقض الموظ بحوافر ضخمة وقرون مميتة.

Un colpo avrebbe potuto porre fine alla vita di Buck in un batter d'occhio.

ضربة واحدة كانت كفيلة بإنهاء حياة باك في لحظة.

Incapace di abbandonare la minaccia, il toro si infuriò.

لم يتمكن الثور من ترك التهديد خلفه، فغضب بشدة.

Lui caricava con furia, ma Buck riusciva sempre a sfuggirgli.

لقد هاجم بغضب، لكن باك كان دائمًا يفلت من العقاب.

Buck finse di essere debole, allontanandosi ulteriormente dalla mandria.

تظاهر باك بالضعف، وأغراه بالابتعاد عن القطيع.

Ma i giovani tori sarebbero tornati alla carica per proteggere il capo.

لكن الثيران الصغيرة كانت على وشك الهجوم لحماية الزعيم.

Costrinsero Buck a ritirarsi e il toro a ricongiungersi al gruppo.

أجبروا باك على التراجع والثور على الانضمام إلى المجموعة.

C'è una pazienza nella natura selvaggia, profonda e inarrestabile.

هناك صبر في البرية، عميق ولا يمكن إيقافه.

Un ragno resta immobile nella sua tela per innumerevoli ore.

يظل العنكبوت ينتظر بلا حراك في شبكته لساعات لا حصر لها.

Un serpente si avvolge su se stesso senza contrarsi e aspetta il momento giusto.

الثعبان يتلوى دون أن يرتعش، وينتظر حتى يحين الوقت.

Una pantera è in agguato, finché non arriva il momento.

النمر يكمن في الكمين، حتى تأتي اللحظة.

Questa è la pazienza dei predatori che cacciano per sopravvivere.

هذا هو صبر الحيوانات المفترسة التي تصطاد من أجل البقاء.

La stessa pazienza ardeva dentro Buck mentre gli restava accanto.

كان نفس الصبر يحترق داخل باك وهو يبقى قريبًا.

Rimase vicino alla mandria, rallentandone la marcia e incutendo timore.

وبقي بالقرب من القطيع، يبطئ مسيرته ويثير الخوف فيه.

Provocava i giovani tori e molestava le mucche madri.

لقد أزعج الثيران الصغيرة وأزعج الأبقار الأمهات.

Spinse il toro ferito in una rabbia ancora più profonda e impotente.

لقد دفع الثور الجريح إلى غضب أعمق وعاجز.

Per mezza giornata il combattimento si trascinò senza alcuna tregua.

لمدة نصف يوم، استمر القتال دون أي راحة على الإطلاق.

Buck attaccò da ogni angolazione, veloce e feroce come il vento.

هاجم باك من كل زاوية، بسرعة وعنيفة مثل الريح.

Impedì al toro di riposare o di nascondersi con la mandria.

لقد منع الثور من الراحة أو الاختباء مع قطيعه.

Buck logorò la volontà dell'alce più velocemente del suo corpo.

لقد أنهك باك إرادة الموظ أسرع من جسده.

Il giorno passò e il sole tramontò basso nel cielo a nord-ovest.

مر اليوم وغابت الشمس في السماء الشمالية الغربية.

I giovani tori tornarono più lentamente per aiutare il loro capo.

عاد الثيران الصغار ببطء أكثر لمساعدة زعيمهم.

Erano tornate le notti autunnali e il buio durava ormai sei ore.

عادت ليالي الخريف، واستمر الظلام الآن لمدة ست ساعات.

L'inverno li spingeva verso valli più sicure e calde.

كان الشتاء يدفعهم إلى أسفل التل نحو وديان أكثر أمانًا ودفئًا.

Ma non riuscirono comunque a sfuggire al cacciatore che li tratteneva.

لكنهم لم يتمكنوا من الهروب من الصياد الذي كان يحتجزهم.

Era in gioco solo una vita: non quella del branco, ma quella del loro capo.

كانت حياة واحدة فقط على المحك - ليست حياة القطيع، بل حياة زعيمهم فقط

Ciò rendeva la minaccia lontana e non una loro preoccupazione urgente.

وهذا ما جعل التهديد بعيدًا وليس مصدر قلقهم العاجل.

Col tempo accettarono questo prezzo e lasciarono che Buck prendesse il vecchio toro.

وبمرور الوقت، تقبلوا هذه التكلفة وسمحوا لباك بأخذ الثور القديم.

Mentre calava il crepuscolo, il vecchio toro rimase in piedi con la testa bassa.

وعندما حل الشفق، وقف الثور العجوز ورأسه إلى أسفل.

Guardò la mandria che aveva guidato svanire nella luce morente.

لقد شاهد القطيع الذي قاده يختفي في الضوء الخافت.

C'erano mucche che aveva conosciuto, vitelli che un tempo aveva generato.

كانت هناك أبقار كان يعرفها، وعجول كان والده في السابق.

C'erano tori più giovani con cui aveva combattuto e che aveva dominato nelle stagioni passate.

كان هناك ثيران أصغر سناً حاربها وحكمها في المواسم الماضية.

Non poteva seguirli, perché davanti a lui era di nuovo accovacciato Buck.

لم يكن بوسعه أن يتبعهم، لأن باك كان يجلس القرفصاء أمامه مرة أخرى.

Il terrore spietato e zannuto gli bloccava ogni via che potesse percorrere.

لقد سدت أنياب الرعب التي لا ترحم كل طريق قد يسلكه.

Il toro pesava più di trecento chili di potenza densa.

كان وزن الثور أكثر من ثلاثمائة رطل من القوة الكثيفة.

Aveva vissuto a lungo e lottato duramente in un mondo di difficoltà.

لقد عاش طويلاً وقاتل بشدة في عالم من النضال.

Eppure, alla fine, la morte gli venne commessa da una bestia molto più bassa di lui.

ولكن الآن، في النهاية، جاء الموت من وحش بعيد تحته.

La testa di Buck non arrivò nemmeno alle enormi ginocchia noccate del toro.

لم يرتفع رأس باك حتى إلى ركبتي الثور الضخمتين.

Da quel momento in poi, Buck rimase con il toro notte e giorno.

منذ تلك اللحظة، بقي باك مع الثور ليلًا ونهارًا.

Non gli dava mai tregua, non gli permetteva mai di brucare o bere.

لم يمنحه الراحة أبدًا، ولم يسمح له بالرعي أو الشرب.

Il toro cercò di mangiare giovani germogli di betulla e foglie di salice.

حاول الثور أن يأكل براعم البتولا الصغيرة وأوراق الصفصاف.

Ma Buck lo scacciò, sempre all'erta e sempre all'attacco.

لكن باك أبعده بعيدًا، وكان دائمًا متيقظًا ومهاجمًا.

Anche nei torrenti che scorrevano, Buck bloccava ogni assetato tentativo.

حتى في الجداول المتساقطة، حجب باك كل محاولة عطشى.

A volte, in preda alla disperazione, il toro fuggiva a tutta velocità.

في بعض الأحيان، في حالة اليأس، كان الثور يهرب بأقصى سرعة.

Buck lo lasciò correre, avanzando tranquillamente dietro di lui, senza mai allontanarsi troppo.

تركه باك يركض، وكان يركض بهدوء خلفه مباشرة، ولم يكن بعيدًا عنه أبدًا.

Quando l'alce si fermò, Buck si sdraiò, ma rimase pronto.

عندما توقف الموظ، استلقى باك، لكنه بقي مستعدًا.

Se il toro provava a mangiare o a bere, Buck colpiva con tutta la sua furia.

إذا حاول الثور أن يأكل أو يشرب، كان باك يضربه بكل غضبه.

La grande testa del toro si abbassava sotto le enormi corna.

انحنى رأس الثور الكبير إلى أسفل تحت قرونه الضخمة.

Il suo passo rallentò, il trotto divenne pesante, un'andatura barcollante.

تباطأت خطواته، وأصبح الهرولة ثقيلة، ومشية متعثرة.

Spesso restava immobile con le orecchie abbassate e il naso rivolto verso il terreno.

كان يقف في كثير من الأحيان ساكنًا، وأذنيه متدليتان وأنفه على الأرض.

In quei momenti Buck si prese del tempo per bere e riposare.

خلال تلك اللحظات، أخذ باك بعض الوقت للشرب والراحة.

Con la lingua fuori e gli occhi fissi, Buck sentì che la terra stava cambiando.

أخرج لسانه، وثبت عينيه، وشعر باك أن الأرض كانت تتغير.

Sentì qualcosa di nuovo muoversi nella foresta e nel cielo.

شعر بشيء جديد يتحرك عبر الغابة والسماء.

Con il ritorno delle alci tornarono anche altre creature selvatiche.

مع عودة الموظ، عادت معه بقية المخلوقات البرية.

La terra sembrava viva di una presenza invisibile ma fortemente nota.

كانت الأرض مليئة بالحياة والحضور، غير مرئي ولكن معروف بقوة.

Buck non lo sapeva tramite l'udito, la vista o l'olfatto.

لم يكن باك يعرف ذلك عن طريق الصوت أو البصر أو الرائحة.

Un sentimento più profondo gli diceva che nuove forze erano in movimento.

أخبره إحساس أعمق أن قوى جديدة كانت تتحرك.

Una strana vita si agitava nei boschi e lungo i corsi d'acqua.

كانت هناك حياة غريبة تتحرك في الغابات وعلى طول الجداول.

Decise di esplorare questo spirito una volta completata la caccia.

قرر استكشاف هذه الروح، بعد انتهاء الصيد.

Il quarto giorno, Buck riuscì finalmente a catturare l'alce.

في اليوم الرابع، تمكن باك أخيرًا من اصطياد الموظ.

Rimase nei pressi della preda per un giorno e una notte interi, nutrendosi e riposandosi.

بقي بالقرب من الفريسة لمدة يوم كامل وليلة كاملة، يتغذى ويستريح.

Mangiò, poi dormì, poi mangiò ancora, finché non fu forte e sazio.

أكل ثم نام ثم أكل مرة أخرى حتى شبع وقوي.

Quando fu pronto, tornò indietro verso l'accampamento e Thornton.

عندما أصبح مستعدًا، عاد إلى المخيم وثورنتون.

Con passo costante iniziò il lungo viaggio di ritorno verso casa.

بخطى ثابتة، بدأ رحلة العودة الطويلة إلى المنزل.

Correva con la sua andatura instancabile, ora dopo ora, senza mai smarrirsi.

كان يركض بلا كلل، ساعة بعد ساعة، دون أن يضل طريقه ولو مرة واحدة.

Attraverso terre sconosciute, si muoveva dritto come l'ago di una bussola.

عبر الأراضي المجهولة، تحرك بشكل مستقيم مثل إبرة البوصلة.

Il suo senso dell'orientamento faceva sembrare deboli, al confronto, l'uomo e la mappa.

إن إحساسه بالاتجاهات جعل الإنسان والخريطة يبدوان ضعيفين بالمقارنة.

Mentre Buck correva, sentiva sempre più forte l'agitazione nella terra selvaggia.

وبينما كان باك يركض، شعر بقوة أكبر بالضجة في الأرض البرية.

Era un nuovo tipo di vita, diverso da quello dei tranquilli mesi estivi.

لقد كانت حياة جديدة، مختلفة عن حياة أشهر الصيف الهادئة.

Questa sensazione non giungeva più come un messaggio sottile o distante.

لم يعد هذا الشعور يأتي كرسالة خفية أو بعيدة.

Ora gli uccelli parlavano di questa vita e gli scoiattoli chiacchieravano.

والآن تحدثت الطيور عن هذه الحياة، وتحدثت السناجب عنها.

Persino la brezza sussurrava avvertimenti tra gli alberi silenziosi.

حتى النسيم كان يهمس بالتحذيرات من خلال الأشجار الصامتة.

Più volte si fermò ad annusare l'aria fresca del mattino.

توقف عدة مرات واستنشق هواء الصباح النقي.

Lì lesse un messaggio che lo fece fare un balzo in avanti più velocemente.

قرأ هناك رسالة جعلته يقفز للأمام بشكل أسرع.

Fu pervaso da un forte senso di pericolo, come se qualcosa fosse andato storto.

كان يشعر بخطر شديد، وكأن شيئًا ما قد حدث خطأ.

Temeva che la calamità stesse per arrivare, o che fosse già arrivata.

كان يخشى أن تكون الكارثة قادمة ـ أو أنها جاءت بالفعل.

Superò l'ultima cresta ed entrò nella valle sottostante.

عبر التلال الأخيرة ودخل الوادي أدناه.

Si muoveva più lentamente, attento e cauto a ogni passo.

كان يتحرك ببطء أكثر، ويقظًا وحذرًا مع كل خطوة.

Dopo tre miglia trovò una pista fresca che lo fece irrigidire.

على بعد ثلاثة أميال وجد مسارًا جديدًا جعله متيبسًا.

I peli sul collo si rizzarono e si rizzarono in segno di allarme.

كان شعر رقبته يتجعد ويشعر بالانزعاج.

Il sentiero portava dritto all'accampamento dove Thornton aspettava.

كان الطريق يؤدي مباشرة إلى المخيم حيث كان ثورنتون ينتظر.

Buck ora si muoveva più velocemente, con passi silenziosi e rapidi.

تحرك باك بشكل أسرع الآن، وكانت خطواته صامتة وسريعة.

I suoi nervi si irrigidirono mentre leggeva segnali che altri non avrebbero notato.

توترت أعصابه عندما قرأ العلامات التي كان من الممكن أن يغفلها الآخرون.

Ogni dettaglio del percorso raccontava una storia, tranne l'ultimo pezzo.

كل تفصيل في المسار كان يحكي قصة، باستثناء القطعة الأخيرة.

Il suo naso gli raccontò della vita che aveva trascorso lì.

أخبره أنفه عن الحياة التي مرت بهذه الطريقة.

L'odore gli fornì un'immagine mutevole mentre lo seguiva da vicino.

أعطته الرائحة صورة متغيرة عندما تبعه عن كثب.

Ma la foresta stessa era diventata silenziosa, innaturalmente immobile.

لكن الغابة نفسها أصبحت هادئة، ساكنة بشكل غير طبيعي.

Gli uccelli erano scomparsi, gli scoiattoli erano nascosti, silenziosi e immobili.

اختفت الطيور، واختفت السناجب، صامتة وساكنة.

Vide solo uno scoiattolo grigio, sdraiato su un albero morto.

لقد رأى سنجابًا رماديًا واحدًا فقط، مستلقيًا على شجرة ميتة.

Lo scoiattolo si mimetizzava, rigido e immobile come una parte della foresta.

اندمج السنجاب، جامدًا وثابتًا مثل جزء من الغابة.

Buck si muoveva come un'ombra, silenzioso e sicuro tra gli alberi.

تحرك باك مثل الظل، صامتًا ومتأكدًا من خلال الأشجار.

Il suo naso si mosse di lato come se fosse stato tirato da una mano invisibile.

تحرك أنفه إلى الجانب كما لو كان يتم سحبه بواسطة يد غير مرئية.

Si voltò e seguì il nuovo odore nel profondo di un boschetto.

استدار وتبع الرائحة الجديدة في أعماق الغابة.

Lì trovò Nig, steso morto, trafitto da una freccia.

وهناك وجد نيج ملقىً ميتًا، وقد اخترق سهمٌ جسده.

La freccia gli attraversò il corpo, lasciando ancora visibili le piume.

لقد مر العمود من خلال جسده، والريش لا يزال يظهر.

Nig si era trascinato fin lì, ma era morto prima di riuscire a raggiungere i soccorsi.

سحب نيج نفسه إلى هناك، لكنه مات قبل أن يصل إلى المساعدة.

Cento metri più avanti, Buck trovò un altro cane da slitta.

على بعد مائة ياردة، وجد باك كلب زلاجة آخر.

Era un cane che Thornton aveva comprato a Dawson City.

كان هذا كلبًا اشتراه ثورنتون في داوسون سيتي.

Il cane lottava con tutte le sue forze, dimenandosi violentemente sul sentiero.

كان الكلب في صراع مميت، يضرب بقوة على الطريق.

Buck gli passò accanto senza fermarsi, con gli occhi fissi davanti a sé.

مر باك حوله، دون توقف، وكانت عيناه مثبتتين للأمام.

Dalla direzione dell'accampamento proveniva un canto lontano e ritmico.

ومن جهة المخيم جاءت ترنيمة بعيدة إيقاعية.

Le voci si alzavano e si abbassavano con un tono strano, inquietante, cantilenante.

ارتفعت الأصوات وانخفضت بنبرة غريبة ومرعبة وغنائية.

Buck strisciò in silenzio fino al limite della radura.

زحف باك إلى الأمام نحو حافة المقاصة في صمت.

Lì vide Hans disteso a faccia in giù, trafitto da numerose frecce.

هناك رأى هانز ملقى على وجهه، وقد اخترقته العديد من السهام.

Il suo corpo sembrava quello di un porcospino, irto di penne.

كان جسده يبدو مثل القنفذ، ممتلئًا بالريش.

Nello stesso momento, Buck guardò verso la capanna in rovina.

وفي نفس اللحظة، نظر باك نحو النزل المدمر.

Quella vista gli fece rizzare i capelli sul collo e sulle spalle.

أدى هذا المنظر إلى تصلب شعر رقبته وكتفيه.

Un'ondata di rabbia selvaggia travolse tutto il corpo di Buck.

اجتاحت عاصفة من الغضب الجامح جسد باك بأكمله.

Ringhiò forte, anche se non ne era consapevole.

لقد هدر بصوت عال، على الرغم من أنه لم يكن يعلم أنه فعل ذلك.

Il suono era crudo, pieno di una furia terrificante e selvaggia.

كان الصوت خامًا، مليئًا بالغضب المرعب والوحشي.

Per l'ultima volta nella sua vita, Buck perse la ragione a causa delle emozioni.

للمرة الأخيرة في حياته، فقد باك عقله أمام العاطفة.

Fu l'amore per John Thornton a spezzare il suo attento controllo.

لقد كان حب جون ثورنتون هو الذي كسر سيطرته الدقيقة.

Gli Yeehats ballavano attorno alla baita in legno di abete rosso distrutta.

كان أفراد عائلة بيهات يرقصون حول كوخ التنوب المدمر.

Poi si udì un ruggito e una bestia sconosciuta si lanciò verso di loro.

ثم جاء هدير - وهاجمهم وحش مجهول.

Era Buck: una furia in movimento, una tempesta vivente di vendetta.

لقد كان باك؛ غضبًا في الحركة؛ عاصفة حية من الانتقام.

Si gettò in mezzo a loro, folle di voglia di uccidere.

ألقى بنفسه في وسطهم، مجنونًا بالحاجة إلى القتل.

Si lanciò contro il primo uomo, il capo Yeehat, e colpì nel segno.

قفز على الرجل الأول، رئيس البيهات، وضربه في مكانه.

La sua gola era squarciata e il sangue schizzava a fiotti.

لقد تمزق حلقه، وتدفق الدم على شكل جدول.

Buck non si fermò, ma con un balzo squarciò la gola dell'uomo successivo.

لم يتوقف باك، بل مزق حلق الرجل التالي بقفزة واحدة.

Era inarrestabile: squarciava, tagliava, non si fermava mai a riposare.

لقد كان لا يمكن إيقافه - يمزق، ويقطع، ولا يتوقف أبدًا للراحة.

Si lanciò e balzò così velocemente che le loro frecce non riuscirono a toccarlo.

لقد انطلق بسرعة كبيرة لدرجة أن سهامهم لم تستطع أن تلمسه.

Gli Yeehats erano in preda al panico e alla confusione.

لقد وقع آل بيهات في حالة من الذعر والارتباك.

Le loro frecce non colpirono Buck e si colpirono tra loro.

لقد أخطأت سهامهم باك وضربت بعضها البعض بدلا من ذلك.

Un giovane scagliò una lancia contro Buck e colpì un altro uomo.

ألقى أحد الشباب رمحًا على باك وأصاب رجلاً آخر.

La lancia gli trapassò il petto e la punta gli trafisse la schiena.

انطلق الرمح عبر صدره،، وضربت النقطة ظهره.

Il terrore travolse gli Yeehats, che si diedero alla ritirata.

سيطر الرعب على أهل ييهات، مما دفعهم إلى التراجع الكامل.

Urlarono allo Spirito Maligno e fuggirono nelle ombre della foresta.

صرخوا من الروح الشريرة وهربوا إلى ظلال الغابة.

Buck era davvero come un demone mentre inseguiva gli Yeehats.

في الحقيقة، كان باك مثل الشيطان عندما طارد عائلة ييهات.

Li inseguì attraverso la foresta, abbattendoli come cervi.

انطلق وراءهم عبر الغابة، وأسقطهم مثل الغزلان.

Divenne un giorno di destino e terrore per gli spaventati Yeehats.

لقد أصبح يومًا من القدر والرعب لليهات الخائفين.

Si dispersero sul territorio, fuggendo in ogni direzione.

وتفرقوا في جميع أنحاء الأرض، وهربوا في كل اتجاه.

Passò un'intera settimana prima che gli ultimi sopravvissuti si incontrassero in una valle.

لقد مر أسبوع كامل قبل أن يلتقي آخر الناجين في الوادي.

Solo allora contarono le perdite e raccontarono quanto accaduto.

حينها فقط بدأوا يحسبون خسائرهم ويتحدثون عما حدث.

Buck, stanco dell'inseguimento, ritornò all'accampamento in rovina.

بعد أن سئم باك من المطاردة، عاد إلى المخيم المدمر.

Trovò Pete, ancora avvolto nelle coperte, ucciso nel primo attacco.

ووجد بيت، وهو لا يزال في بطانيته، مقتولاً في الهجوم الأول.

I segni dell'ultima lotta di Thornton erano visibili nella terra lì vicino.

كانت علامات كفاح ثورنتون الأخير واضحة على التراب القريب.

Buck seguì ogni traccia, annusando ogni segno fino al punto finale.

تبع باك كل أثر، واستنشق كل علامة حتى وصل إلى النقطة النهائية.

Sul bordo di una profonda pozza trovò il fedele Skeet, immobile.

وعلى حافة بركة عميقة، وجد سكيت المؤمن مستلقياً في صمت.

La testa e le zampe anteriori di Skeet erano nell'acqua, immobili nella morte.

كان رأس سكيت ومخالبه الأمامية في الماء، بلا حراك في الموت.

La piscina era fangosa e contaminata dai liquidi di scarico delle chiuse.

كان المسبح موحلًا وملوثًا بالمياه المتدفقة من صناديق الصرف.

La sua superficie torbida nascondeva ciò che si trovava sotto, ma Buck conosceva la verità.

لقد أخفى سطحها الغائم ما كان تحته، لكن باك عرف الحقيقة.

Seguì l'odore di Thornton nella piscina, ma non lo portò da nessun'altra parte.

لقد تتبع رائحة ثورنتون إلى المسبح - لكن الرائحة لم تقد إلى أي مكان آخر.

Non c'era alcun odore che provenisse, solo il silenzio dell'acqua profonda.

لم تكن هناك رائحة تؤدي إلى الخارج - فقط صمت المياه العميقة.

Buck rimase tutto il giorno vicino alla piscina, camminando avanti e indietro per l'accampamento, addolorato.

بقي باك طوال اليوم بالقرب من المسبح، يتجول في المخيم في حزن.

Vagava irrequieto o sedeva immobile, immerso nei suoi pensieri.

كان يتجول بلا راحة أو يجلس في صمت، غارقًا في أفكار ثقيلة.

Conosceva la morte, la fine della vita, la scomparsa di ogni movimento.

لقد عرف الموت، ونهاية الحياة، واختفاء كل حركة.

Capì che John Thornton se n'era andato e non sarebbe mai più tornato.

لقد فهم أن جون ثورنتون قد رحل ولن يعود أبدًا.

La perdita lasciò in lui un vuoto che pulsava come la fame.

لقد تركت الخسارة فراغًا في داخله ينبض مثل الجوع.

Ma questa era una fame che il cibo non riusciva a placare, non importava quanto ne mangiasse.

لكن هذا الجوع كان طعامًا لا يستطيع إشباعه، بغض النظر عن كمية الطعام التي تناولها.

A volte, mentre guardava i cadaveri di Yeehats, il dolore si attenuava.

في بعض الأحيان، عندما كان ينظر إلى بيهات الميتة، كان الألم يتلاشى.

E poi dentro di lui nacque uno strano orgoglio, feroce e totale.

ثم ارتفع في داخله كبرياء غريب، شرس وكامل.

Aveva ucciso l'uomo, la preda più alta e pericolosa di tutte.

لقد قتل الإنسان، اللعبة الأعلى والأخطر على الإطلاق.

Aveva ucciso in violazione dell'antica legge del bastone e della zanna.

لقد قتل متحديًا القانون القديم للهراوة والأنياب.

Buck annusò i loro corpi senza vita, curioso e pensieroso.

استنشق باك أجسادهم الخالية من الحياة، فضوليًا ومدروسًا.

Erano morti così facilmente, molto più facilmente di un husky in combattimento.

لقد ماتوا بسهولة ـ أسهل بكثير من موت كلب الهاسكي في قتال.

Senza le armi non avrebbero avuto vera forza né avrebbero rappresentato una minaccia.

بدون أسلحتهم، لم تكن لديهم أي قوة أو تهديد حقيقي.

Buck non avrebbe più avuto paura di loro, a meno che non fossero stati armati.

لن يخاف باك منهم مرة أخرى، إلا إذا كانوا مسلحين.

Stava attento solo quando portavano clave, lance o frecce.

فقط عندما يحملون الهراوات أو الرماح أو السهام كان يحذر.

Calò la notte e la luna piena spuntò alta sopra le cime degli alberi.

حل الليل، وارتفع القمر عالياً فوق قمم الأشجار.

La pallida luce della luna avvolgeva la terra in un tenue e spettrale chiarore, come se fosse giorno.

غمر ضوء القمر الخافت الأرض بوهج ناعم يشبه النهار.

Mentre la notte avanzava, Buck continuava a piangere presso la pozza silenziosa.

ومع تعمق الليل، كان باك لا يزال حزينًا بجانب المسبح الصامت.

Poi si accorse di un diverso movimento nella foresta.

ثم أدرك أن هناك تحركًا مختلفًا في الغابة.

L'agitazione non proveniva dagli Yeehats, ma da qualcosa di
più antico e profondo.

لم يكن التحريك من ييهات، ولكن من شيء أقدم وأعمق.

Si alzò in piedi, drizzò le orecchie e tastò con attenzione la
brezza con il naso.

وقف، وأذنيه مرفوعتين، وأنفه يختبر النسيم بعناية.

Da lontano giunse un debole e acuto grido che squarciò il
silenzio.

من بعيد جاء صوت خافت حاد يخترق الصمت.

Poi un coro di grida simili seguì subito dopo il primo.

ثم تبعتها جوقة من الصيحات المشابهة مباشرة خلف الصيحة الأولى.

Il suono si avvicinava sempre di più, diventando sempre più
forte con il passare dei minuti.

كان الصوت يقترب أكثر فأكثر، ويزداد قوة مع كل لحظة تمر.

Buck conosceva quel grido: proveniva da quell'altro mondo
nella sua memoria.

عرف باك هذه الصرخة ـ لقد جاءت من ذلك العالم الآخر في ذاكرته.

Si recò al centro dello spazio aperto e ascoltò attentamente.

توجه إلى وسط المساحة المفتوحة واستمع باهتمام.

L'appello risuonò più forte che mai, più sentito e più potente
che mai.

لقد دوى النداء، وكان كثير الأصوات وأقوى من أي وقت مضى.

E ora, più che mai, Buck era pronto a rispondere alla sua
chiamata.

والآن، أكثر من أي وقت مضى، أصبح باك مستعدًا للإجابة على ندائه.

John Thornton era morto e in lui non era rimasto alcun
legame con l'uomo.

لقد مات جون ثورنتون، ولم يبق في داخله أي رابط إنساني.

L'uomo e tutte le pretese umane erano svaniti: era
finalmente libero.

لقد ذهب الإنسان وكل المطالبات الإنسانية ـ لقد أصبح حرا في النهاية.

Il branco di lupi era a caccia di carne, proprio come un
tempo avevano fatto gli Yeehats.

كانت مجموعة الذئاب تطارد اللحوم مثلما كان يفعل ييهات ذات يوم.

Avevano seguito le alci mentre scendevano dalle terre boscose.

لقد تبعوا الموظ من الأراضي المشجرة.

Ora, selvaggi e affamati di prede, attraversarono la sua valle.

والآن، وهم متوحشون وجائعون للفريسة، عبروا إلى الوادي.

Giunsero nella radura illuminata dalla luna, scorrendo come acqua argentata.

لقد جاءوا إلى المقاصة المضاءة بالقمر، يتدفقون مثل الماء الفضي.

Buck rimase immobile al centro, in attesa.

كان باك واقفا في الوسط، بلا حراك، وينتظرهم.

La sua presenza calma e imponente lasciò il branco senza parole, tanto da farlo restare per un breve periodo in silenzio.

لقد أذهل حضوره الهادئ والكبير المجموعة في صمت قصير.

Allora il lupo più audace gli saltò addosso senza esitazione.

ثم قفز الذئب الأكثر جرأة نحوه مباشرة دون تردد.

Buck colpì rapidamente e spezzò il collo del lupo con un solo colpo.

ضرب باك بسرعة وكسر رقبة الذئب بضربة واحدة.

Rimase di nuovo immobile mentre il lupo morente si contorceva dietro di lui.

لقد وقف بلا حراك مرة أخرى بينما كان الذئب المحتضر يتلوى خلفه.

Altri tre lupi attaccarono rapidamente, uno dopo l'altro.

هاجمت ثلاثة ذئاب أخرى بسرعة، واحدًا تلو الآخر.

Ognuno di loro si ritrasse sanguinante, con la gola o le spalle tagliate.

تراجع كل منهم ينزف، وكان حنجرته أو كتفه مقطوعة.

Ciò fu sufficiente a scatenare una carica selvaggia da parte dell'intero branco.

كان ذلك كافيا لتحريك العبوة بأكملها إلى هجوم بري.

Si precipitarono tutti insieme, troppo impazienti e troppo ammassati per colpire bene.

لقد اندفعوا معًا، وكانوا متلهفين للغاية ومزدحمين لدرجة أنهم لم يتمكنوا من الضرب بشكل جيد.

La velocità e l'abilità di Buck gli permisero di anticipare l'attacco.

سمحت سرعة باك ومهارته له بالبقاء في صدارة الهجوم.

Girò sulle zampe posteriori, schioccando i denti e colpendo in tutte le direzioni.

لقد دار على رجليه الخلفيتين، وكان يلتقط ويضرب في جميع الاتجاهات.

Ai lupi sembrò che la sua difesa non si fosse mai aperta o avesse vacillato.

بالنسبة للذئاب، بدا الأمر كما لو أن دفاعه لم يفتح أو يتعثر أبدًا.

Si voltò e colpì così velocemente che non riuscirono a raggiungerlo alle spalle.

استدار وضرب بسرعة كبيرة حتى أنهم لم يتمكنوا من الوصول خلفه.

Ciononostante, il loro numero lo costrinse a cedere terreno e a ritirarsi.

ومع ذلك، فإن أعدادهم أجبرته على التراجع والتراجع.

Superò la piscina e scese nel letto roccioso del torrente.

انتقل عبر المسبح إلى أسفل مجرى النهر الصخري.

Lì si imbatté in un ripido pendio di ghiaia e terra.

وهناك واجه ضفة شديدة الانحدار من الحصى والأوساخ.

Si è infilato in un angolo scavato durante i vecchi scavi dei minatori.

لقد اصطدم بقطع الزاوية أثناء الحفر القديم الذي قام به عمال المناجم.

Ora, protetto su tre lati, Buck si trovava di fronte solo al lupo frontale.

الآن، أصبح باك محميًا من ثلاث جهات، ولم يواجه سوى الذئب الأمامي.

Lì rimase in attesa, pronto per la successiva ondata di assalto.

هناك، وقف في مكانه، مستعدًا للموجة التالية من الهجوم.

Buck mantenne la posizione con tanta ferocia che i lupi indietreggiarono.

لقد تمسك باك بموقفه بشراسة لدرجة أن الذئاب تراجعت.

Dopo mezz'ora erano sfiniti e visibilmente sconfitti.

وبعد مرور نصف ساعة، كانوا مرهقين وواضح عليهم الهزيمة.

Le loro lingue pendevano fuori e le loro zanne bianche brillavano alla luce della luna.

كانت ألسنتهم معلقة، وأنيابهم البيضاء تلمع في ضوء القمر.

Alcuni lupi si sdraiano, con la testa alzata e le orecchie dritte verso Buck.

استلقى بعض الذئاب، ورؤوسهم مرفوعة، وآذانهم منتصبة تجاه باك.

Altri rimasero immobili, attenti e osservarono ogni suo movimento.

وكان الآخرون واقفين في مكانهم، متيقظين ويراقبون كل تحركاته.

Qualcuno si avvicinò alla piscina e bevve l'acqua fredda.

توجه عدد قليل منهم إلى المسبح وشربوا الماء البارد.

Poi un lupo grigio, lungo e magro, si fece avanti furtivamente, con passo gentile.

ثم زحف ذئب رمادي طويل ونحيف إلى الأمام بطريقة لطيفة.

Buck lo riconobbe: era il fratello selvaggio di prima.

تعرف عليه باك ـ لقد كان الأخ البري من قبل.

Il lupo grigio uggiolò dolcemente e Buck rispose con un guaito.

أطلق الذئب الرمادي أنينًا خفيفًا، ورد باك بأنين.

Si toccarono il naso, silenziosamente, senza timore o minaccia.

لقد تلامسوا أنوفهم بهدوء ومن دون تهديد أو خوف.

Poi venne un lupo più anziano, scarno e segnato dalle numerose battaglie.

وبعد ذلك جاء ذئب أكبر سنًا، نحيفًا ومُصابًا بندوب نتيجة معارك عديدة.

Buck cominciò a ringhiare, ma si fermò e annusò il naso del vecchio lupo.

بدأ باك في الهدير، لكنه توقف واستنشق أنف الذئب العجوز.

Il vecchio si sedette, alzò il naso e ululò alla luna.

جلس الرجل العجوز، ورفع أنفه، وعوى على القمر.

Il resto del branco si sedette e si unì al lungo ululato.

جلس بقية القطيع وانضموا إلى العواء الطويل.

E ora la chiamata giunse a Buck, inequivocabile e forte.

والآن جاء النداء إلى باك، لا لبس فيه وقوية.

Si sedette, alzò la testa e ululò insieme agli altri.

جلس ورفع رأسه وعوى مع الآخرين.

Quando l'ululato cessò, Buck uscì dal suo riparo roccioso.

عندما انتهى العواء، خرج باك من ملجأه الصخري.

Il branco si strinse attorno a lui, annusando con gentilezza e cautela.

أحاطت به المجموعة، وهي تشم رائحته بلطف وحذر.

Allora i capi lanciarono un grido e si precipitarono nella foresta.

ثم أطلق القادة صرخة عالية وانطلقوا إلى الغابة.

Gli altri lupi li seguirono, guaendo in coro, selvaggi e veloci
nella notte.

وتبعه الذئاب الأخرى، وهم ينبحون في جوقة، وحشيين وسريعين في الليل.

Buck corse con loro, accanto al suo selvaggio fratello,
ululando mentre correva.

ركض باك معهم، بجانب أخيه البري، وهو يعوي أثناء ركضه.

Qui la storia di Buck giunge al termine.

وهنا تصل قصة باك إلى نهايتها.

Negli anni a seguire, gli Yeehats notarono degli strani lupi.

وفي السنوات التي تلت ذلك، لاحظ البيهات ذئابًا غريبة.

Alcuni avevano la testa e il muso marroni e il petto bianco.

وكان بعضهم بني اللون على رؤوسهم وخطمهم، وأبيض اللون على
صدورهم.

Ma ancora di più temevano la presenza di una figura
spettrale tra i lupi.

ولكن أكثر من ذلك، كانوا يخافون من وجود شخصية شبحية بين الذئاب.

Parlavano a bassa voce del Cane Fantasma, il capo del
branco.

لقد تحدثوا همسًا عن الكلب الشبح، زعيم المجموعة.

Questo Ghost Dog era più astuto del più audace cacciatore di
Yeehat.

كان هذا الكلب الشبح أكثر دهاءً من صياد بيهات الأكثر جرأة.

Il cane fantasma rubava dagli accampamenti nel cuore
dell'inverno e faceva a pezzi le loro trappole.

سرق الكلب الشبح من المخيمات في الشتاء القارس ومزق مصائدهم.

Il cane fantasma uccise i loro cani e sfuggì alle loro frecce
senza lasciare traccia.

قتل الكلب الشبح كلابهم ونجا من سهامهم دون أن يترك أثرا.

Perfino i guerrieri più coraggiosi avevano paura di
affrontare questo spirito selvaggio.

حتى محاربيهم الأكثر شجاعة كانوا يخافون من مواجهة هذه الروح البرية.

No, la storia diventa ancora più oscura con il passare degli
anni trascorsi nella natura selvaggia.

لا، فالقصة تصبح أكثر ظلمة مع مرور السنين في البرية.

Alcuni cacciatori scompaiono e non fanno più ritorno ai loro accampamenti lontani.

يختفي بعض الصيادين ولا يعودون أبدًا إلى معسكراتهم البعيدة.

Altri vengono trovati con la gola squarciata, uccisi nella neve.

وقد تم العثور على آخرين وقد تمزقت حناجرهم، مقتولين في الثلج.

Intorno ai loro corpi ci sono delle impronte più grandi di quelle che un lupo potrebbe mai lasciare.

حول أجسادهم آثار أقدام أكبر من تلك التي يمكن لأي ذئب أن يتركها.

Ogni autunno, gli Yeehats seguono le tracce dell'alce.

في كل خريف، يتبع ييهات أثر الموظ.

Ma evitano una valle perché la paura è scolpita nel profondo del loro cuore.

لكنهم يتجنبون واديًا واحدًا بسبب الخوف المحفور عميقًا في قلوبهم.

Si dice che la valle sia stata scelta dallo Spirito Maligno come sua dimora.

يقال أن الروح الشريرة اختارت الوادي ليكون موطنها.

E quando la storia viene raccontata, alcune donne piangono accanto al fuoco.

وعندما تُحكى الحكاية، تبكي بعض النساء بجانب النار.

Ma d'estate, c'è un visitatore che giunge in quella valle sacra e silenziosa.

ولكن في الصيف، يأتي زائر واحد إلى هذا الوادي الهادئ المقدس.

Gli Yeehats non lo conoscono e non potrebbero capirlo.

لا يعرفه أهل ييهات، ولا يستطيعون أن يفهموه.

Il lupo è un animale grandioso, ricoperto di gloria, come nessun altro della sua specie.

الذئب عظيم، مغطى بالمجد، لا يشبه أي شخص آخر من نوعه.

Lui solo attraversa il bosco verde ed entra nella radura della foresta.

يعبر وحده من الغابة الخضراء ويدخل إلى فسحات الغابة.

Lì, la polvere dorata contenuta nei sacchi di pelle d'alce si infiltra nel terreno.

هناك، يتسرب الغبار الذهبي من أكياس جلد الموظ إلى التربة.

L'erba e le foglie vecchie hanno nascosto il giallo del sole.

لقد أخفى العشب والأوراق القديمة اللون الأصفر من الشمس.

Qui il lupo resta in silenzio, pensando e ricordando.

وهنا يقف الذئب في صمت، يفكر ويتذكر۔

Urla una volta sola, a lungo e lugubremente, prima di girarsi e andarsene.

يصرخ مرة واحدة ـ طويلًا وحزينًا ـ قبل أن يستدير ليذهب۔

Ma non è sempre solo nella terra del freddo e della neve.

ولكنه ليس وحيدًا دائمًا في أرض البرد والثلوج۔

Quando le lunghe notti invernali scendono sulle valli più basse.

عندما تهبط ليالي الشتاء الطويلة على الوديان السفلية۔

Quando i lupi seguono la selvaggina attraverso il chiaro di luna e il gelo.

عندما تتبع الذئاب الطرائد عبر ضوء القمر والصقيع۔

Poi corre in testa al gruppo, saltando in alto e in modo selvaggio.

ثم يركض نحو رأس المجموعة، ويقفز عالياً وبجنون۔

La sua figura svetta sulle altre, la sua gola risuona di canto.

شكله يرتفع فوق الآخرين، وحلقه ينبض بالحياة مع الأغنية۔

È il canto del mondo più giovane, la voce del branco.

إنها أغنية العالم الأصغر، صوت القطيع۔

Canta mentre corre: forte, libero e per sempre selvaggio.

إنه يغني أثناء ركضه ـ قويًا، حرًا، ومتوحشًا إلى الأبد۔